科学家学术成长资料采集工程
中国科学院院士传记丛书

情系化学 返璞归真
徐晓白 传

胡晓菁　黄少凯　黄艳红 ◎ 著

1944年	1948年	1952年	1955年	1975年	1995年	2014年
考入交通大学	在中央研究院化学研究所工作	迁往长春	来到中国科学院化学研究所	在中国科学院环境化学研究所工作	当选为中国科学院院士	逝世于北京

老科学家学术成长资料采集工程
中国科学院院士传记丛书

情系化学 返璞归真

徐晓白 传

胡晓菁 黄少凯 黄艳红 ◎ 著

中国科学技术出版社
上海交通大学出版社

图书在版编目（CIP）数据

情系化学　返璞归真：徐晓白传／胡晓菁，黄少凯，黄艳红著 .—北京：中国科学技术出版社，2018.3

（老科学家学术成长资料采集工程丛书；中国科学院院士传记丛书）

ISBN 978-7-5046-7974-1

Ⅰ.①情… Ⅱ.①胡… ②黄… ③黄… Ⅲ.①徐晓白－传记 Ⅳ.① K826.13

中国版本图书馆 CIP 数据核字（2018）第 037049 号

责任编辑	何红哲　李　红
责任校对	杨京华
责任印制	马宇晨
版式设计	中文天地

出　　版	中国科学技术出版社　上海交通大学出版社
发　　行	中国科学技术出版社发行部
地　　址	北京市海淀区中关村南大街 16 号
邮　　编	100081
发行电话	010-62173865
传　　真	010-62173081
网　　址	http://www.cspbooks.com.cn

开　　本	787mm×1092mm　1/16
字　　数	240 千字
印　　张	16.75
彩　　插	2
版　　次	2018 年 3 月第 1 版
印　　次	2018 年 3 月第 1 次印刷
印　　刷	北京华联印刷有限公司
书　　号	ISBN 978-7-5046-7974-1 / K・237
定　　价	68.00 元

（凡购买本社图书，如有缺页、倒页、脱页者，本社发行部负责调换）

老科学家学术成长资料采集工程
领导小组专家委员会

主　任：杜祥琬
委　员：（以姓氏拼音为序）
　　　　巴德年　陈佳洱　胡启恒　李振声
　　　　齐　让　王礼恒　王春法

老科学家学术成长资料采集工程
丛书组织机构

特邀顾问（以姓氏拼音为序）
　　　　樊洪业　方　新　谢克昌

编委会
主　编：王春法　张　藜
编　委：（以姓氏拼音为序）
　　　　艾素珍　崔宇红　定宜庄　董庆九　郭　哲
　　　　韩建民　何素兴　胡化凯　胡宗刚　刘晓勘
　　　　罗　晖　吕瑞花　秦德继　王　挺　王扬宗
　　　　熊卫民　姚　力　张大庆　张　剑　周德进

编委会办公室
主　任：孟令耘　张利洁
副主任：许　慧　刘佩英
成　员：（以姓氏拼音为序）
　　　　董亚峥　冯　勤　高文静　韩　颖　李　梅
　　　　刘如溪　罗兴波　沈林苣　田　田　王传超
　　　　余　君　张海新　张佳静

老科学家学术成长资料采集工程简介

❦

　　老科学家学术成长资料采集工程（以下简称"采集工程"）是根据国务院领导同志的指示精神，由国家科教领导小组于2010年正式启动，中国科协牵头，联合中组部、教育部、科技部、工信部、财政部、文化部、国资委、解放军总政治部、中国科学院、中国工程院、国家自然科学基金委员会等11部委共同实施的一项抢救性工程，旨在通过实物采集、口述访谈、录音录像等方法，把反映老科学家学术成长历程的关键事件、重要节点、师承关系等各方面的资料保存下来，为深入研究科技人才成长规律，宣传优秀科技人物提供第一手资料和原始素材。

　　采集工程是一项开创性工作。为确保采集工作规范科学，启动之初即成立了由中国科协主要领导任组长、12个部委分管领导任成员的领导小组，负责采集工程的宏观指导和重要政策措施制定，同时成立领导小组专家委员会负责采集原则确定、采集名单审定和学术咨询，委托科学史学者承担学术指导与组织工作，建立专门的馆藏基地确保采集资料的永久性收藏和提供使用，并研究制定了《采集工作流程》《采集工作规范》等一系列基础文件，作为采集人员的工作指南。截至2016年6月，已启动400多位老科学家的学术成长资料采集工作，获得手稿、书信等实物原件资料73968件，数字化资料178326件，视频资料4037小时，音频资料4963小时，具有重要的史料价值。

采集工程的成果目前主要有三种体现形式，一是建设"中国科学家博物馆网络版"，提供学术研究和弘扬科学精神、宣传科学家之用；二是编辑制作科学家专题资料片系列，以视频形式播出；三是研究撰写客观反映老科学家学术成长经历的研究报告，以学术传记的形式，与中国科学院、中国工程院联合出版。随着采集工程的不断拓展和深入，将有更多形式的采集成果问世，为社会公众了解老科学家的感人事迹，探索科技人才成长规律，研究中国科技事业的发展历程提供客观翔实的史料支撑。

总序一

中国科学技术协会主席　韩启德

老科学家是共和国建设的重要参与者，也是新中国科技发展历史的亲历者和见证者，他们的学术成长历程生动反映了近现代中国科技事业与科技教育的进展，本身就是新中国科技发展历史的重要组成部分。针对近年来老科学家相继辞世、学术成长资料大量散失的突出问题，中国科协于2009年向国务院提出抢救老科学家学术成长资料的建议，受到国务院领导同志的高度重视和充分肯定，并明确责成中国科协牵头，联合相关部门共同组织实施。根据国务院批复的《老科学家学术成长资料采集工程实施方案》，中国科协联合中组部、教育部、科技部、工业和信息化部、财政部、文化部、国资委、解放军总政治部、中国科学院、中国工程院、国家自然科学基金委员会等11部委共同组成领导小组，从2010年开始组织实施老科学家学术成长资料采集工程。

老科学家学术成长资料采集是一项系统工程，通过文献与口述资料的搜集和整理、录音录像、实物采集等形式，把反映老科学家求学历程、师承关系、科研活动、学术成就等学术成长中关键节点和重要事件的口述资料、实物资料和音像资料完整系统地保存下来，对于充实新中国科技发展的历史文献，理清我国科技界学术传承脉络，探索我国科技发展规律和科技人才成长规律，弘扬我国科技工作者求真务实、无私奉献的精神，在全社会营造爱科学、学科学、用科学的良好氛围，是一件很有意义的事情。采集工程把重点放在年龄在 80 岁以上、学术成长经历丰富的两院院士，以及虽然不是两院院士、但在我国科技事业发展中作出突出贡献的老科技工作者，充分体现了党和国家对老科学家的关心和爱护。

自 2010 年启动实施以来，采集工程以对历史负责、对国家负责、对科技事业负责的精神，开展了一系列工作，获得大量反映老科学家学术成长历程的文字资料、实物资料和音视频资料，其中有一些资料具有很高的史料价值和学术价值，弥足珍贵。

以传记丛书的形式把采集工程的成果展现给社会公众，是采集工程的目标之一，也是社会各界的共同期待。在我看来，这些传记丛书大都是在充分挖掘档案和书信等各种文献资料、与口述访谈相互印证校核、严密考证的基础之上形成的，内中还有许多很有价值的照片、手稿影印件等珍贵图片，基本做到了图文并茂，语言生动，既体现了历史的鲜活，又立体化地刻画了人物，较好地实现了真实性、专业性、可读性的有机统一。通过这套传记丛书，学者能够获得更加丰富扎实的文献依据，公众能够更加系统深入地了解老一辈科学家的成就、贡献、经历和品格，青少年可以更真实地了解科学家、了解科技活动，进而充分激发对科学家职业的浓厚兴趣。

借此机会，向所有接受采集的老科学家及其亲属朋友，向参与采集工程的工作人员和单位，表示衷心感谢。真诚希望这套丛书能够得到学术界的认可和读者的喜爱，希望采集工程能够得到更广泛的关注和支持。我期待并相信，随着时间的流逝，采集工程的成果将以更加丰富多样的形式呈现给社会公众，采集工程的意义也将越来越彰显于天下。

是为序。

总序二

中国科学院院长　白春礼

由国家科教领导小组直接启动，中国科学技术协会和中国科学院等12个部门和单位共同组织实施的老科学家学术成长资料采集工程，是国务院交办的一项重要任务，也是中国科技界的一件大事。值此采集工程传记丛书出版之际，我向采集工程的顺利实施表示热烈祝贺，向参与采集工程的老科学家和工作人员表示衷心感谢！

按照国务院批准实施的《老科学家学术成长资料采集工程实施方案》，开展这一工作的主要目的就是要通过录音录像、实物采集等多种方式，把反映老科学家学术成长历史的重要资料保存下来，丰富新中国科技发展的历史资料，推动形成新中国的学术传统，激发科技工作者的创新热情和创造活力，在全社会营造爱科学、学科学、用科学的良好氛围。通过实施采集工程，系统搜集、整理反映这些老科学家学术成长历程的关键事件、重要节点、学术传承关系等的各类文献、实物和音视频资料，并结合不同时期的社会发展和国际相关学科领域的发展背景加以梳理和研究，不仅有利于深入了解新中国科学发展的进程特别是老科学家所在学科的发展脉络，而且有利于发现老科学家成长成才中的关键人物、关键事件、关键因素，探索和把握高层次人才培养规律和创新人才成长规律，更有利于理清我国科技界学术传承脉络，深入了解我国科学传统的形成过程，在全社会范围内宣传弘扬老科学家的科学思想、卓越贡献和高尚品质，推动社会主义科学文化和创新文化建设。从这个意义上说，采集工程不仅是一项文化工程，更是一项严肃认真的学术建设工作。

中国科学院是科技事业的国家队，也是凝聚和团结广大院士的大家庭。早在1955年，中国科学院选举产生了第一批学部委员，1993年国务院决定中国科学院学部委员改称中国科学院院士。半个多世纪以来，从学部委员到院士，经历了一个艰难的制度化进程，在我国科学事业发展史上书写了浓墨重彩的一笔。在目前已接受采集的老科学家中，有很大一部分即是上个世纪80、90年代当选的中国科学院学部委员、院士，其中既有学科领域的奠基人和开拓者，也有作出过重大科学成就的著名科学家，更有毕生在专门学科领域默默耕耘的一流学者。作为声誉卓著的学术带头人，他们以发展科技、服务国家、造福人民为己任，求真务实、开拓创新，为我国经济建设、社会发展、科技进步和国家安全作出了重要贡献；作为杰出的科学教育家，他们着力培养、大力提携青年人才，在弘扬科学精神、倡树科学理念方面书写了可歌可泣的光辉篇章。他们的学术成就和成长经历既是新中国科技发展的一个缩影，也是国家和社会的宝贵财富。通过采集工程为老科学家树碑立传，不仅对老科学家们的成就和贡献是一份肯定和安慰，也使我们多年的夙愿得偿！

鲁迅说过，"跨过那站着的前人"。过去的辉煌历史是老一辈科学家铸就的，新的历史篇章需要我们来谱写。衷心希望广大科技工作者能够通过"采集工程"的这套老科学家传记丛书和院士丛书等类似著作，深入具体地了解和学习老一辈科学家学术成长历程中的感人事迹和优秀品质；继承和弘扬老一辈科学家求真务实、勇于创新的科学精神，不畏艰险、勇攀高峰的探索精神，团结协作、淡泊名利的团队精神，报效祖国、服务社会的奉献精神，在推动科技发展和创新型国家建设的广阔道路上取得更辉煌的成绩。

总序三

中国工程院院长　周　济

由中国科协联合相关部门共同组织实施的老科学家学术成长资料采集工程，是一项经国务院批准开展的弘扬老一辈科技专家崇高精神、加强科学道德建设的重要工作，也是我国科技界的共同责任。中国工程院作为采集工程领导小组的成员单位，能够直接参与此项工作，深感责任重大、意义非凡。

在新的历史时期，科学技术作为第一生产力，已经日益成为经济社会发展的主要驱动力。科技工作者作为先进生产力的开拓者和先进文化的传播者，在推动科学技术进步和科技事业发展方面发挥着关键的决定的作用。

新中国成立以来，特别是改革开放30多年来，我们国家的工程科技取得了伟大的历史性成就，为祖国的现代化事业作出了巨大的历史性贡献。两弹一星、三峡工程、高速铁路、载人航天、杂交水稻、载人深潜、超级计算机……一项项重大工程为社会主义事业的蓬勃发展和祖国富强书写了浓墨重彩的篇章。

这些伟大的重大工程成就，凝聚和倾注了以钱学森、朱光亚、周光召、侯祥麟、袁隆平等为代表的一代又一代科技专家们的心血和智慧。他们克服重重困难，攻克无数技术难关，潜心开展科技研究，致力推动创新发展，为实现我国工程科技水平大幅提升和国家综合实力显著增强作出了杰出贡献。他们热爱祖国，忠于人民，自觉把个人事业融入到国家建设大局之中，为实现国家富强而不断奋斗；他们求真务实，勇于创新，用科技为中华民族的伟大复兴铸就了辉煌；他们治学严谨，鞠躬尽瘁，具有崇高的科学精神和科学道德，是我们后代学习的楷模。科学家们的一生是一本珍贵的教科书，他们坚定的理想信念和淡泊名利的崇高品格是中华民族自强不息精神的宝贵财富，永远值得后人铭记和敬仰。

通过实施采集工程，把反映老科学家学术成长经历的重要文字资料、实物资料和音像资料保存下来，把他们卓越的技术成就和可贵的精神品质记录下来，并编辑出版他们的学术传记，对于进一步宣传他们为我国科技发展和民族进步作出的不朽功勋，引导青年科技工作者学习继承他们的可贵精神和优秀品质，不断攀登世界科技高峰，推动在全社会弘扬科学精神，营造爱科学、讲科学、学科学、用科学的良好氛围，无疑有着十分重要的意义。

中国工程院是我国工程科技界的最高荣誉性、咨询性学术机构，集中了一大批成就卓著、德高望重的老科技专家。以各种形式把他们的学术成长经历留存下来，为后人提供启迪，为社会提供借鉴，为共和国的科技发展留下一份珍贵资料。这是我们的愿望和责任，也是科技界和全社会的共同期待。

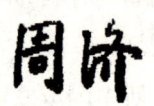

周济

徐晓白院士

2017年5月3日胡克源研究员与采集小组合影

2013年11月11日采集小组访谈蒋湘宁教授　　2013年12月14日采集小组访谈郑明辉研究员

唐有祺为徐晓白题词

怀念晓白
殚精竭虑
辗转于国家多急需
科研前沿奉献一生

唐有祺

序　为祖国奉献一生[*]

徐晓白出生于书香世家，家风淳朴，家教严整。青少年时期家陷敌占区，其父是民国航海界元老之一，因拒为日伪工作，家庭生活拮据。她毅力坚强，勤奋刻苦，靠打工补助完成学业，学习成绩从初中到大学均名列前茅。徐晓白与社会接触较少，思想较单纯，既坚守中国传统道德之规束，又因受科学救国思想的影响而养成强烈事业心。

1949年以后，徐晓白因受牵连，在20世纪50年代以来的政治运动中受到一些冲击，但她始终正确对待组织的考查，坚信组织。在此期间，她对研究工作无丝毫懈怠，即使在1957年家庭遭受重大变故，她仍兢兢业业、全力以赴，完成多项国家任务，如土壤硅化加固、盐湖研究；重大的任务如日光灯荧光料研制、稀土新材料以及核燃料后处理预研工作。

徐晓白早期专心于科研工作，其思想本质是爱国，期望能为国家建设多做贡献。她为人正直，立场坚定。特别是在"文化大革命"严酷考验下始终坚持实事求是，忠诚老实，沉着冷静，"从不乱说"。徐晓白在极其艰难的环境中，坚持原则和立场，受到组织表扬。经过30余年的考

---

[*] 中国科学院生态环境研究中心原有机分析研究室主任莫汉宏同志对本序言的撰写提供了重要帮助。

察，她光荣地加入中国共产党。从此，徐晓白更以共产党员应起的先锋模范作用严格要求自己，并以《人民日报》刊文《人民论坛：祖国我能为你做什么？》为座右铭鞭策自己。徐晓白的精神品质已从爱国知识分子的事业心和责任感，上升到为祖国、为人民无私奉献一生的崇高共产主义人生观。

1980年，徐晓白在美国参与跟能源政策相关的柴油机尾气颗粒物中潜在化学致癌物的研究，取得了重大突破。她首次从柴油机尾气颗粒物中分离并鉴定出高致癌物2-硝基芴和50多种硝基多环芳烃以及含氧硝基多环芳烃等直接致突物，受到国际同行赞誉。此后，她深刻理解到研究环境中潜在化学致癌污染物的重大意义，总结了研究此类问题的系统思路和方法，希望能用于研究中国环境有毒有机污染物的问题并做出开拓性、奠基性的贡献。为推动我国环境科研事业的建立和发展，她在以下三方面做了大量工作，奉献出后半生。

开拓性的研究工作

大力开展了有机污染物分析检测方法研究。早期推动建立一批有机污染物标准分析方法为国家环保局采纳；发展了一系列痕量/超痕量复杂有机污染物的净化、分离、同类物异构体的识别方法，降解产物以及与生物组织相作用产物的鉴定方法，所开展的前瞻性、开拓性的基础研究为环境化学研究提供了有力的先进手段。徐晓白科研团队所建立的有机污染物现代分析方法体系为我国深入研究环境污染问题提供了技术保障，推动了我国环保事业的发展，是我国环境化学新学科的重要开拓者。

研究环境中有毒有机污染物在环境中的迁移、转化、归趋和生态效应是了解其潜在危害的基础工作。徐晓白一直大力推动我国在区域性环境污染方面的研究，其中重要的有全国表层土壤中有机氯农药、北京地区大气多环芳烃、硝基多环芳烃污染；温台地区多氯联苯、多溴二苯醚污染以及血吸虫地区二噁英污染等。

徐晓白还开展了网格化的全国土壤中持久性有机污染物的长期观测和

系统研究，推动了地球化学与环境化学相结合的探索。为中国加入《关于持久性有机污染物的斯德哥尔摩公约》做了大量的前期准备技术支持工作并提供重要科学资料。

为评价污染物的危害，徐晓白带领她的团队开展了与有机污染物环境行为密切相关的生态毒理研究，如结构与毒性关系、生物代谢、DNA加合物、血红蛋白加合物等工作，又进一步将两栖动物模型——非洲爪蟾引入内分泌干扰物研究，为筛查和干扰机制研究提供了重要平台。

经过30余年的辛勤工作，徐晓白在有机污染物分析、环境行为和生态毒理三方面耕耘出片片沃土，为后继者攀登高峰做出了无私的奉献，是中国环境化学学科的主要奠基人之一。

徐晓白学风严谨、淡泊名利、提携后学，通过这些开拓性的研究工作，培养出一批专业人才，她的学生遍及环境科学多个研究领域，他们大都成为环境化学领域的中坚力量，其中不乏领军人物。徐晓白组建的中国化学会环境化学专业委员会，吸纳了在全国范围具有广泛影响的环境化学专家学者，建立了每两年一届的全国环境化学学术大会的机制，使中国环境化学学科日益发展壮大。

推动多学科的合作研究

徐晓白在研究环境污染问题上的一个重要学术思想是复杂的环境问题要用多学科的手段来解决，只有这样才能解决更大的环境问题。

20世纪80年代，中国科学院生态环境研究中心有机分析研究室在室主任徐晓白与全室同事的努力下，工作协作气氛浓厚，形成了全室一盘棋的局面，环境有毒有机污染物污染问题的研究得以蓬勃开展。然而要解决更大的环境问题，承担国家重大课题，这就需要组织更大的研究队伍，并采取多学科的合作研究。

1988年，徐晓白牵头组织中国科学院4个研究所共同承担中国科学院择优支持项目《有毒有机物环境化学行为及毒理研究》。该项目研究人员达45人。项目的主要内容是对国产新农药、有机锡化合物、硝基多环芳烃及氯代二噁英和氯代二苯并呋喃等有毒污染物在环境中的迁移、转化和归宿等环境化学行为和生态毒理效应，所取得的成果为我国环境化学发展，特别是环境有机化学学科的建立奠定了重要基础。这是她组织中国科学院内各研究所进行多学科联合研究的首次尝试。

1990年5月，中国科学院环境科学委员会召开了"有毒有机物在环境中的行为和生态毒理研究"学术交流会。参加会议的有中国科学院所属的15个研究所和三所高校。徐晓白所领导的研究团队报告了多项研究进展。会后由徐晓白负责主编了《有毒有机物环境行为和生态毒理论文集》，刊载大会报告70篇以及350余篇学术论文摘要。

首次联合研究获得成功，激励着她向更高的目标前进。徐晓白于1992—1996年参与组织国家自然科学基金委首个环境问题的重大项目《典型化学污染物在环境中的变化及生态效应研究》。参加这项研究工作的有中国科学院内外多个研究所和高校共9个单位、151人。该项目进一步拓宽到不同学科，包括环境化学、环境毒理学、环境生态学、动物学、植物学、微生物学、海洋环境以及计算数学等，研究了国产新农药、有毒金属有机化合物、潜在有机致癌物、有机氯化合物以及硒、氟、砷等典型污染物在环境中的环境化学行为，在多介质环境中的环境归宿及模型；生态毒理学效应；对生态系统结构与功能的影响；提出了生态调控对策，为阻断及防治相应污染提供了科学依据。在此基础上建立了一套综合研究污染物化学行为和生态效应的先进方法。多学科的大力协作，显示了交叉学科和优势互补的巨大潜力。经过四年的努力，取得了重大科研成果，成果的创新性、系统性、完整性、整合性达到了国际同类工作的先进水平，该项目在国内外核心刊物上发表学术论文200多篇。

徐晓白组织开展环境化学方面的系列研究和多学科交叉的系统研究，开拓了我国环境有机污染物化学研究的新领域，提高了中国环境化学研究的整体水平。同时，也促进了环境科研队伍的壮大和学科间更广泛的交叉融合，为拓展环境化学研究领域奠定了坚实基础。

推动国际交流

为了让世界了解中国环境化学研究现状，把握国际环境研究新趋势，徐晓白曾三次去美国做短期合作研究，也与其他国家开展了科研项目合作，或共同组织了环境问题学术讨论。她多次出席国际学术会议，仅1998—2002年就有十多次。她参加了多个国际组织，如担任国际科联环境问题委员会（SCOPE）中国区顾问，国际科联环境问题委员会化学品安全性评价方法科学小组（SCOPE/SCOMEC）成员。徐晓白在国际交往中，不亢不卑，待人友善，坚守中国人的尊严，被国际友人喻为"中国友谊使者"，得到国际同行的尊重和赞誉。鉴于徐晓白在环境化学，尤其是对致癌物、内分泌干扰物的分离、鉴定、危害评估，以及对环境有毒物，特别对持久性有机污染物类（POPs），如多环芳烃、硝基多环芳烃、多氯联苯、二噁英等在环境中的趋归、环境行为、生态效应等方面的研究具有极丰富、高水平的专长，领导了相关环境问题的重要科研项目，2002年联合国环境规划署/全球环境基金委（UNEP/GEF）增选徐晓白为其第三届科学技术咨询委员会（STAPIII）POPs咨询成员。

在徐晓白人生最后的30年，她终日处在紧张、繁忙的状态，为弥补从事学术研究时间的不足，一直坚持夜间在家工作，每晚都是短时间的睡眠与阅读资料、制订方案、修改文章等。长年的忙碌、奔波，极大地消耗了她的体力，损害了她的健康。2000年她在去台湾参加学术会议回北京的途中病倒了，被诊断为右脑较大面积梗阻，但病情稍缓解后她又奔忙于多项重要科研工作，最后于2007年在下班时摔倒在回家的电梯中，自此一病不起。

徐晓白严守一条原则：国家利益至上，顾全局，坚守中国人的尊严。她一生的科研实践充分体现了为祖国鞠躬尽瘁的忠诚。

徐晓白已辞世三年多，她留下的最宝贵精神遗产是其强烈的爱国心，爱祖国、爱人民、敢于担当、无私奉献、为祖国的科研事业奉献一生。她怀着爱祖国的激情，全力以赴，投入国家建设急需的多项科研任务，完成了许多开拓性的奠基工作，培养出许多科研战线的骨干。

热爱祖国之心使徐晓白在几十年的磨炼中不断提升她自己的精神品

质和人生观，使她从一个坚定的爱国知识分子升华为忠诚的共产主义战士。

徐晓白为祖国奉献一生的精神品质，高尚的人格将长久留在人们的心中，引导和鼓舞一代代后人去为祖国做更大的贡献。

胡克源　许后效

2017 年 9 月

胡克源：无机化学和环境化学家，中国科学院生态环境研究中心研究员，博士生导师。
许后效：环境化学家，中国科学院生态环境研究中心研究员。

目 录

老科学家学术成长资料采集工程简介

总序一·····································韩启德

总序二·····································白春礼

总序三·····································周　济

唐有祺为徐晓白题词·························唐有祺

序　为祖国奉献一生·················胡克源　许后效

导　言······································· 1

第一章 | 家世渊源······························· 7

　　徐氏家族································· 7
　　徐祖藩与吴淞商船专科学校················· 10

从吴县到上海 …… 17

第二章 小荷才露尖尖角 22

南洋模范的女中学生 …… 22
交大求学 …… 32
一场风波 …… 36

第三章 踏上学术之路 46

在中央研究院化学研究所 …… 46
"应变护院" …… 53
名师柳大纲 …… 61

第四章 初展身手 69

迁至长春 …… 69
研制新型荧光材料 …… 87
土壤加固工程 …… 94

第五章 在迷茫中前行 98

来到化学所 …… 98
困惑与挫折 …… 107
聚焦"盐"化学 …… 117

第六章 再换研究方向 128

合成稀土新材料 …… 128
参与原子能化学研究任务 …… 136

创伤岁月 ·· 141

第七章　走进新时代 ·· 144

　　投身环境化学 ·· 144
　　远赴重洋、刻苦进修 ·· 150
　　检出大气中的致癌物 ·· 157

第八章　环境保护新话题 ·· 163

　　共和国的女院士 ·· 163
　　厚积薄发的二噁英研究 ······································ 168
　　开拓新研究，探寻环境化学的新深度 ················ 173

第九章　夕阳无限好 ·· 184

　　为中国加入并履行《斯德哥尔摩公约》提供科学依据 ······ 184
　　桃李成蹊 ··· 194
　　蜡炬成灰、意犹未尽 ··· 200

结　语 ·· 209

附录一　徐晓白年表 ·· 215

附录二　徐晓白主要论著目录 ·· 227

参考文献 ·· 234

后　记 ·· 237

图片目录

图 1-1　徐晓白的父亲徐祖藩和母亲夏佩玉 ⋯⋯⋯⋯⋯⋯⋯⋯⋯⋯10
图 1-2　吴淞商船专科学校校歌 ⋯⋯⋯⋯⋯⋯⋯⋯⋯⋯⋯⋯⋯⋯16
图 1-3　童年徐晓白 ⋯⋯⋯⋯⋯⋯⋯⋯⋯⋯⋯⋯⋯⋯⋯⋯⋯⋯⋯17
图 1-4　20 世纪 40 年代徐晓白和家人合影 ⋯⋯⋯⋯⋯⋯⋯⋯⋯⋯20
图 2-1　1939 年徐晓白在南洋模范中学与同学合影 ⋯⋯⋯⋯⋯⋯⋯24
图 2-2　1940 年南模师生在上海长风公园合影，背面有徐晓白的英文标注 ⋯⋯⋯⋯⋯⋯⋯⋯⋯⋯⋯⋯⋯⋯⋯⋯⋯⋯⋯⋯⋯⋯⋯26
图 2-3　徐晓白参加话剧《回家以后》演出后合影 ⋯⋯⋯⋯⋯⋯⋯28
图 2-4　1944 年 6 月南洋模范中学女高中第一届毕业生合影 ⋯⋯⋯29
图 2-5　20 世纪 80 年代末徐晓白和南模老同学聚会合影 ⋯⋯⋯⋯30
图 2-6　青年时代的徐晓白 ⋯⋯⋯⋯⋯⋯⋯⋯⋯⋯⋯⋯⋯⋯⋯⋯34
图 2-7　徐晓白着运动服照 ⋯⋯⋯⋯⋯⋯⋯⋯⋯⋯⋯⋯⋯⋯⋯⋯36
图 2-8　大学时的徐晓白在老师指导下做实验 ⋯⋯⋯⋯⋯⋯⋯⋯⋯40
图 2-9　1948 年徐晓白申请留学基金的自传底稿 ⋯⋯⋯⋯⋯⋯⋯⋯44
图 3-1　徐晓白着学士服照 ⋯⋯⋯⋯⋯⋯⋯⋯⋯⋯⋯⋯⋯⋯⋯⋯47
图 3-2　吴学周 ⋯⋯⋯⋯⋯⋯⋯⋯⋯⋯⋯⋯⋯⋯⋯⋯⋯⋯⋯⋯⋯48
图 3-3　徐晓白骑自行车照 ⋯⋯⋯⋯⋯⋯⋯⋯⋯⋯⋯⋯⋯⋯⋯⋯49
图 3-4　梁树权 ⋯⋯⋯⋯⋯⋯⋯⋯⋯⋯⋯⋯⋯⋯⋯⋯⋯⋯⋯⋯⋯50
图 3-5　徐晓白与先后在梁树权领导下工作过的女性同行合影 ⋯⋯51
图 3-6　原物理化学所、动物所、植物所、医学所旧址 ⋯⋯⋯⋯⋯59
图 3-7　徐晓白与中科院的女同事们合影 ⋯⋯⋯⋯⋯⋯⋯⋯⋯⋯⋯60
图 3-8　徐晓白在柳大纲从事化学工作五十五周年纪念会上 ⋯⋯⋯65
图 3-9　1952 年柳大纲在杭州 ⋯⋯⋯⋯⋯⋯⋯⋯⋯⋯⋯⋯⋯⋯⋯67
图 3-10　20 世纪 80 年代徐晓白与柳大纲夫妇合影 ⋯⋯⋯⋯⋯⋯68
图 4-1　1952 年 8 月物化所迁长春前赴东北了解情况 ⋯⋯⋯⋯⋯79

IV

图 4-2	20 世纪 50 年代初的长春应化所本馆	81
图 4-3	20 世纪 50 年代初徐晓白与女同事在长春	82
图 4-4	1953 年徐晓白和张赣南在长春	85
图 4-5	中国科学院长春应用化学研究所现址	87
图 4-6	1954 年 1 月徐晓白所摄唐山土壤加固现场	95
图 4-7	徐晓白在土壤加固工作中所取样品	96
图 5-1	20 世纪 50 年代的化学所实验大楼	101
图 5-2	1956 年徐晓白与中国科学院化学所同事合影	104
图 5-3	1956 年的徐晓白	108
图 5-4	1956 年 8 月徐晓白和胡克源结婚照	109
图 5-5	1956 年 8 月徐晓白夫妇与家人在北海公园	110
图 5-6	1958 年徐晓白与同事们在十三陵劳动	115
图 5-7	1959 年徐晓白参加群英会时在人民大会堂留影	116
图 5-8	1959 年徐晓白成为 "三八红旗手"	117
图 5-9	1959 年徐晓白获得妇女先进工作者表彰	117
图 5-10	1955 年 7 月徐晓白在中国科学院地质研究所岩矿室参加实习	119
图 5-11	1957 年徐晓白与鲁日娜娅从事熔盐体系研究	126
图 6-1	徐晓白研究小组部分成员合影	130
图 6-2	1978 年稀土化合物制备及性质研究获得中国科学院重大科技成果奖	134
图 7-1	徐晓白手绘的有关环化所有机室设置示意图	148
图 7-2	20 世纪 80 年代徐晓白在加州大学柏克莱分校实验室里	152
图 7-3	徐晓白参加煤焦油（渣）无害综合治理技术鉴定会	159
图 7-4	1984 年徐晓白和同事们参观清洁固体燃料的设备	160
图 7-5	1990 年 10 月徐晓白研究小组成员合影	161
图 8-1	1995 年徐晓白当选为中国科学院院士	168
图 8-2	20 世纪 80 年代徐晓白参加中国科学院环境有机污染物分析方法学术报告会审稿会	175
图 8-3	1997 年徐晓白在 "典型化学污染物在环境中的变化及生态效应" 项目验收会上作报告	178
图 8-4	2005 年 "典型化学污染物环境过程机制" 获得国家自然科学奖二等奖	183

图 9-1	徐晓白在学术报告会上介绍《POP 国际公约》……………188
图 9-2	2005 年 4 月 22 日徐晓白参加中国履行《斯德哥尔摩公约》国家实施方案第二次技术协调会……………190
图 9-3	徐晓白获得 POPs 杰出人物奖……………192
图 9-4	1990 年徐晓白参加 1987 级博士学位论文答辩会……………194
图 9-5	1991 年徐晓白与学生刘国光的通信……………195
图 9-6	徐晓白与家人在一起……………201
图 9-7	2000 年 6 月 18 日徐晓白在第一届两岸分析化学研讨会上……203
图 9-8	2001 年徐晓白获得何梁何利奖……………205
图 9-9	2004 年 12 月日本环境化学会发给徐晓白的荣誉证书……………205
图 9-10	2005 年 11 月徐晓白在宜兴参加流域优先污染物的管理与对策国际研讨会……………206
图 9-11	2006 年 5 月徐晓白八十华诞时与学生们合影……………206
图 9-12	徐晓白夫妇与老朋友们相聚在一起……………207
图 9-13	2003 年在庆祝"三八"国际妇女节大会上，中国妇联主席顾秀莲赠予徐晓白《中国精英》画册……………208

导 言

徐晓白（1927—2014年）是我国著名的女化学家，她在无机化学和环境化学领域做了很多工作，对我国的化学学科发展有很大的贡献。徐晓白科研生涯的早期集中于无机化学方面的研究，她在荧光材料、稀土二元化合物、原子能化学等方面做了很多工作。1975年以后，她致力于发展环境有机毒物的痕量分析、环境行为与生态毒理研究。

徐晓白出生于一个书香之家，父亲徐祖藩是民国时期有名的船长，他曾在海军服役，在集美学校从事过教学，还担任过吴淞商船学校的校长和民国时期的招商局总船长等职务。徐祖藩自身受过良好的教育，学贯中西，他也十分重视儿女的教育。徐晓白受家庭的影响，从踏入学校起，便非常看重学习成绩，重视学业。

徐晓白在上海度过了她的求学生涯。她曾在上海著名的南洋模范中学（简称南模）女子部学习。这所学校是民国时期历史悠久、享有很高声望的一所中学，有名师授课，提倡的是现代化的教育。当时上海的名流、学者中有许多人都把子女送到南洋模范中学学习，例如严复的孙女、章太炎的儿子，他们都是徐晓白在南洋模范中学时的同学。徐晓白在南模接受了高质量的教育，不仅数、理、化学得很好，还练就了一口流利的英语，她会唱歌，还会打篮球，综合素质很高。在南洋模范中学里度过的六年，令徐晓白打下了良好的基础，尤其是培养了她对理科学习浓厚的兴趣。南模提倡简朴，教导学生自尊、自强、自立，优良的校风令徐晓白受益匪浅，她由此养成了独立而坚韧的性格。

1944年，徐晓白以优异的成绩考上了国立交通大学化学系。尽管这时交通大学上海分部是在日伪沦陷区组织教学，但是交通大学依然保持着抗战以前的优良学风，学校虽然是在极度艰难的条件下办学，但并不因为困难而降低对学生的要求。抗日战争胜利以后，在重庆的交通大学与在上海的交通大学合校教学。徐晓白所在的理学院化学系注重实际应用与基本理论相结合，在教学上对学生们的实验和基础学科学习都抓得很紧，课程设置偏重化工。徐晓白大学期间学习很有毅力，她最喜欢有机化学课程，化学实验课学得很好，平均成绩在班上名列前茅。年轻时候的徐晓白，以居里夫人为偶像，她立下了从事科学研究的远大志向。

1948年，徐晓白大学毕业，经著名化学家张大煜教授推荐，她来到在上海的中央研究院化学研究所就业，担任助理员。在所长吴学周的安排下，她一开始是跟随分析化学家梁树权从事无机化学分析方法方面的工作。在这段时间里，她进行了钨、钼、硫等测定方法的研究，掌握了从事化学研究的基本方法，奠定了化学分析学科的工作基础，树立了好的科学研究规范，这令她在后来的科研生涯中受益匪浅，为她未来的发展打下了坚实的基础。

1950年开始，徐晓白跟随化学家柳大纲学习，她从紫外吸收光谱研究入手，开始物理化学方面的研究工作。在物化所搬迁到长春后，因国家对发光材料的需求，徐晓白作为新型荧光材料研制小组的负责人之一和技术骨干，带领全组人员积极投入到了卤磷酸钙新型日光灯荧光材料研制工作中，在较短的时间内攻关成功，于1953年年底完成了实验室研究，提出了制备性能良好，定向合成不同色泽的荧光料的工艺方法，试制成功荧光灯管，并向南京灯泡厂技术推广成功，从而解决了国家的急需。

1955年，在土壤加固工作告一段落后，徐晓白调入新成立的中国科学院化学研究所工作。她参加了由柳大纲领导的盐湖化学研究，主要负责对盐湖水的物相分析工作，研究了青海茶卡盐湖湖水在25℃时的等温蒸发结晶路线，测定相应的液相组成和鉴定固相。她的工作取得了一定的成果，研究盐湖水蒸发结晶过程，对后来察尔汗盐滩上发现天然光卤石也有很大的帮助。

1956—1958年，徐晓白跟随苏联来华专家鲁日娜娅开展熔盐体系的研究，她探索了锂、钾、锶三种碱金属和碱土金属氯化物在熔融状态的相互作用。1958年，为了适应国家对稀土资源开发利用的需要，徐晓白放弃了已经取得了成绩的熔盐体系研究，转而对稀土元素二元高温化合物的系统开展研究。经历了一番艰苦卓绝的工作，徐晓白小组完成了一系列稀土硼化物和若干稀土硫化物等的制备、反应机理、物理化学性能以及其化学行为、元件成品加工等的研究工作。徐晓白小组制备出的六硼化镧电子发射性能好，曾分别为有关研究所、工厂的大功率电子管和真空电子束焊接机试生产中用作阴极材料，获得了满意结果。

20世纪60年代初，在苏联单方面撕毁协议、撤走专家的情况下，我国独立自主发展国防军事工业，为配合国家原子能任务的需要，徐晓白转而从事原子能化学研究。她先是参加了四氟化铀到六氟化铀之间的中间氟化物的合成研究，继而投入到核燃料后处理的工作中，这两项工作都取得了较好的成果，由徐晓白负责和参与的这两项任务"四氟化铀氟化动力学"和"流化床氟化物挥发法处理铀、铝合金元件"获得了1978年中国科学院重大科技成果奖。1968年后，因"文化大革命"的干扰，徐晓白被迫离开科研岗位，接受审查，她的科研生涯因动乱而暂时中断了。

在1949年中华人民共和国成立后的各项政治运动中，徐晓白或多或少都受到了波及。无论是在1957年"反右"，还是"文化大革命"期间，她都因为家庭出身和所谓的"历史问题"而被连累，她和她的家人在这些运动中受到了不公正待遇，徐晓白个人的科研工作也多次受到干扰。但这些困难，徐晓白都咬牙闯过来了。她心无旁骛、执着于学术上的进步。

1975年，徐晓白在新成立的中国科学院环境化学研究所（今中国科学院生态环境研究中心）工作，她由此告别了从事了近三十年的无机化学事业，投入到环境化学的研究中来。

1980年，徐晓白前往美国加州大学伯克利分校进修，在此期间，她在柴油机颗粒物中检出了强致癌物 2-硝基芴和 50 多种硝基多环芳烃及含氧硝基多环芳烃直接致突变物,她的发现引起美国环境化学界重视,她的研究成果被百余篇国外学术论文竞相引用。从这一阶段起,徐晓白把目光放在了有毒有机化合物的环境化学行为、生态毒理与分布调查等交叉学科上。她作为主要负责人之一开展了"八五"国家重大基金项目——"典型化学污染物在环境中的变化及生态效应"研究。该项目的实施进一步拓宽了我国环境科学学科的交叉与融合,建立了一套综合研究污染物化学行为和生态效应的方法体系,为阻断及防治相应污染等提供了科学依据,也为国家环保决策部门、环境监测部门等带来了重要的实用价值。这个项目在 1999 年获得中国科学院自然科学奖一等奖,徐晓白为获奖第一人。

徐晓白晚年致力于推动环境保护,她所做的另一项重要事情便是从技术上支持中国加入《斯德哥尔摩公约》。这项任务前期工作是受国家环保局委托,她做了大量的调查,为中国代表团参加有关持久性有机污染物的国际公约谈判提供了重要科学资料。徐晓白的行为,深刻表明了一位富有责任心的环境化学家,为了发展化学学科、为了改善人类的生存环境所做出的孜孜不倦的努力!

一名科学家在社会中的角色是多方面的,科学家与社会的互动、科学家的成长方式,以及科学家的行为对科学发展和社会进步的影响,这都是科学史研究中注重的问题。为了了解中国科学家对中国科学发展的贡献,了解科学家对中国社会的影响,并弘扬老一辈科学家的奉献精神,中国科协部署了"老科学家学术成长资料采集工程"项目。作为其中的一个子课题,2013 年,"徐晓白院士学术成长资料采集工程"项目正式立项,该项目围绕着徐晓白的学术成长经历进行了一系列资料搜集工作,并在此基础上,小组成员对徐晓白的学术生涯展开了深入的研究。

在采集过程中,采集小组搜集到大量与徐晓白相关的包括音视频、照片、信件、传记、报道、手稿等多种类型、数百件珍贵的历史资料。尤其是徐晓白完成科研任务的手稿、登记表,一系列不同时期的历史照片,还有存于上海交通大学档案馆的徐晓白学习成绩单、调查表,她在 20 世纪 80 年代在美国进修时带回来的八本保存完整的实验记录本,吴学周、梁树权、柳大纲、徐光宪等科学家对徐晓白的评审书和推荐信……这些都是非常珍贵的历史资料。最令我们感到收获良多的是存于中国科学院生态环境研究中心以及中国科学院长春应用化学研究所的大量档案资料。这些保存完整的档案资料，令我们深入了解到徐晓白曾经从事过的各项科研课题，以及她的事业发展历程。这些资料原原本本记录了徐晓白院士的人生轨迹，反映了她学习、研究的历程，这些资料帮助我们更好地理解徐晓白的学术生涯，也为我们提供了良好的写作素材。

在现有的资料采集中，我们发现，徐晓白为人低调，她很少接受媒体采访，现在并无与徐晓白相关的系统的研究性传记。目前见诸杂志、报端的仅有为数不多的几篇访谈文章，如《创造美好环境的女化学家——记中国科学院生态环境中心徐晓白院士》等，文章仅简单勾勒了徐晓白的学术经历，对于她学术工作的细节，并无较好的描述。另外，2012年，由徐晓白学生们集体编撰并印刷的纪念徐晓白八十五华诞的纪念册《竹苞松茂》，简要概述了徐晓白的学术经历以及学术传承情况，尤其是纪念册中记录了徐晓白学生的情况，对我们的研究有一定的参考价值。

在采集过程中，我们访问了徐晓白在南洋模范中学和上海交通大学的同学，她青少年时代的邻居，她在前中央研究院物理化学所、中国科学院长春应用化学研究所、中国科学院化学研究所和中国科学院生态环境研究中心的同事，还有她指导过的学生。我们采集到大量的口述资料，既包括徐晓白的家庭情况介绍，也包括她早年的学术经历，还有她后期从事环境化学的情况。口述访谈令我们获益匪浅，从他人的描述中，我们渐渐了解到徐晓白丰富的人生经历，了解到她高洁的人品和在科学研究中求真务实的精神。

除上述之外，更加完整的一套资料是我们搜集到的徐晓白多年以来发表的论文。这些论文的时间跨度是从1949年到2013年，既有她本人撰写的，亦有她指导学生完成的。这些论文，每一篇都是徐晓白多年研究工作的总结，都是在她精心雕琢之下完成的。这些论文完整反映了徐晓白的学术思路，是我们了解徐晓白学术人生的原始材料。

在三年多的采集工作里，我们持续工作，在搜集到的大量与徐晓白相关的资料基础上，写作了本传记。我们的采集团队里，既有科学史研究的青年学者，也有从事与化学相关学科研究人员，我们尽力以我们的所见、所感、所知来描述徐晓白院士的学术人生。

徐晓白院士虽然已经离开了我们，但她的精神将永远印刻在我们的心中。愿以此书，献给徐晓白，纪念她为我国化学事业的发展无私奉献的人生！

第一章
家世渊源

1927年徐晓白出生于江苏吴县。她所在的家族吴县徐家是当地的望族，追源溯流，祖先中出过不少名人。徐晓白的父亲徐祖藩学贯中西，文化程度很高，是民国时期有名的船长，在民国时期的航海界里享有鼎鼎大名。家庭的熏陶，令徐家孩子从小便在浸润着书香的氛围中成长。

徐 氏 家 族

1927年的江苏吴县，其辖境大体相当于现在的江苏省苏州市。在历史长河的变迁中，此地另有吴郡、吴州、苏州之名，民国时期此地称为吴县。

吴县是一个钟灵毓秀之地，此地有重视科学和教育的传统。仔细搜集资料，便会发现，吴县出了不少名人，文人墨客远有范仲淹、唐寅，近有历史学家顾颉刚。这里所出的科学家更多，中国科学院、中国工程院的院士中，很多人的籍贯或者出生地都是江苏吴县，例如函数论学家程民德、"陈省身奖"获得者洪家兴、材料学专家殷之文、应用光学专家王大珩……徐晓白是这众多吴县籍名人中的一员。

徐晓白所在的徐氏家族在苏州府（吴县）小有名气，徐家追其源流起于上虞（今属浙江省），明代时曾对抗太监魏忠贤专权的忠臣徐如翰便是徐晓白家族这一支的先祖。

徐如翰（1568—1638年），字伯鹰，号檀燕，明代上虞人。他在明代万历二十五年（1597年）考中了举人，万历二十九年（1601年）考中了进士，得到朝廷授官。一开始他的官职是功曹，后来担任了大同参政。徐如翰性格耿直，因参与了弹劾权臣方从哲，遭到政治迫害，最后不得不辞官回归故里。徐如翰回乡后，醉心学问，文名远播，以至于太监魏忠贤专权时，想拉拢徐如翰，甚至想以"一岁九迁"做诱饵利诱他成为帮凶，但遭到徐如翰的断然拒绝。徐如翰也因此遭到了魏忠贤的打击报复，不过他并没有屈服于权势。到了崇祯年间，徐如翰被朝廷任命为陕西参政。没过多久，徐如翰便辞去官职，和理学大家刘宗周在山阴蕺山一带讲学。徐如翰有《檀燕山集》《忠孝未扬疏》等著作流传于世，他和当时的会稽名人陶奭龄、陈元宴等一起，被称为"稽山八老"。徐如翰放下了政治抱负，他寄情山水，尽情游历河山，有诸多诗作流传于世，现摘录一首《雪霁行恒山道中》如下，该诗作记录了诗人大雪初晴前往恒山观景，琼山玉峰，令人心旷神怡，可见其文采飞扬、胸怀风光霁月：

名山雪后更嵯峨，积素新晖两荡磨。
始识塞关门尽玉，忽惊松壑树鸣鼍。
霏微风削瑶峰屑，滟潋光摇陆地波。
快眼远心何处尽，南天缥缈白云多。

这是徐家先祖的故事。徐氏一族原居于浙江会稽（即现在的绍兴），在时代变迁中搬迁到苏州府居住，几经繁衍，族人众多，盘根错节，发展成为当地的望族大家。

徐晓白的祖父徐致仁（1864—1919年）是晚清朝廷里的一名官僚，字九龄，号诚斋，喜欢读书，考有功名，曾为江苏候补巡检，后前往清末法政学堂学习。而法政学堂源于1905年,当时袁世凯、张之洞奏请立停科举,以便推广学堂,咸趋实学。在清廷推广学堂的过程中,法政学堂便是其中非常重要的内容。1906年袁世凯曾经说过:"法政学堂,原为造就州县吏材而设。"① 旧社会官僚的法律知识,大多来自其自修或者是历练积累,缺乏制度和章程。而且清末从维新变法到筹备立宪,对法政制度的需求,也使得清政府在各地设立法政学堂。

尽管已经有了功名,但是要出任政府官员,就算是想担任下级普通官员,也不是那么容易的,徐致仁还需要花一番功夫。因时下对法政人才的需求较盛,徐致仁便定下了成为一名"吏材"的目标,他于1906年到1908年间前往法政学堂并司法研究所学习,此后担任了丹徒(属镇江)高资镇巡检、按察使、司理刑庭、吴县地方厅看守所所官、金山县地方检察厅主簿代理检察官、川沙县及邳县典狱员等职务。

徐致仁娶妻刘氏,生育三子,长子徐祖迈、次子徐祖荫、三子徐祖藩。徐致仁的这三位儿子中,长子经历已不可考;次子徐祖荫生于1889年,字明德,号培甫,又号仲余。徐祖荫继承了父亲的志向,早年在江苏法政专门学校学习法律,曾任江苏高等审判庭、浙江高等审判庭书记官,瓯海高等分庭学习推事,京师高等检察厅书记官等。徐祖荫又生有五个儿子,徐来苏、徐裕苏、徐宝苏、徐昌苏和徐皆苏,其中徐皆苏是美国有名的华人物理学家,在非线性动力系统研究方面卓有成果。他出生于1922年5月27日,于1947年赴美国加利福尼亚州斯坦福大学研究院学习,并在1950年获工程力学博士。他在美国时,曾在钱学森的实验室工作,与钱学森有过交往。徐皆苏于1964—1991年担任伯克利加州大学应用力学教授,1988年入选美国工程科学院院士,1995年他还获得美国机械工程师学会迈葛尔斯塔德奖。

徐致仁的第三个儿子是徐晓白的父亲徐祖藩(1893—1957年),字成德,号介甫,又号季杰,为中国航海事业、航海教育业做了许多工作。

---

① 程燎原:《清末法政人的世界》。北京:法律出版社,2003年,第3页。

徐祖藩与吴淞商船专科学校

图 1-1 徐晓白的父亲徐祖藩（右）和母亲夏佩玉（左）

吴县徐家是当地的官僚家庭，虽然并非县里最显赫的家庭，但是徐家家风良好，徐家子弟秉承祖训，以刻苦读书、将来走仕途为荣。徐家子弟自幼入私塾求学，从识字起便熟读《三字经》《千家诗》，都受过较好的教育。

徐祖藩家学渊源，他的父亲供养儿子们读书，希望他们出人头地。徐家子弟和时下大多数学子一样，通过进入学堂学习，毕业后谋取出路。尽管父亲谆谆教诲，但徐祖藩并未子承父业、研习法律，他的想法是，要学习一门实用的技术。1911年，他考入吴淞商船专科学校驾驶科，毕业后从事航运及相关事业。

徐祖藩选择学习航运这门实用而稀缺的技术，与当时国家积贫积弱的现状有关。鸦片战争后，列强用坚船利炮打开了中国的国门，随着各类不平等条约的签订，国家主权丧失，资源被列强大举掠夺，与国家命运、民族强盛息息相关的航运业、商业均掌握于外国人之手。为打破国外资本对航运业的垄断，从政府到民族资产阶级，纷纷出资置办轮船，招商承运，早在1872年李鸿章在上海创办"轮船招商局"，掀开了中国近代航运业发展的序幕。到20世纪初期，中国民族资产阶级也纷纷兴办民营的轮船公司。但当时，在中国自己的江河大海上，没有经过外国侵略者的批准，中国人不能自主驾驶运载客货的船只通行，当时甚至还有一条无理规定，超过1000吨的轮船必须聘外国人操驾，否则不发给营运牌照。这样的现状对于已觉醒的中国人来说，真是莫大的耻辱。有识之士开始谋取振兴民族航运业的办法。其中一条办法便是培养自己的航运人才，认为兴办航海教育是救国图强的一条途径。

1903年，在日本参加国际博览会期间，著名实业家、政治家张謇受日本发展航海和渔业的启发，萌生了要在中国兴办商船学校的想法。1905年，他在上海吴淞炮台湾一带购置地皮，旋即将该地皮捐给了邮传部上海高等实业学堂，为将来开办商船学校所用。1909年，邮传部上海高等实业学堂设立了船政科，学制四年（其中在堂授课三年，实习一年），为将来开办商船学校培养航海人才。这便是中国近代高等航海教育的开端。

尽管已经有了邮传部上海高等实业学堂船政科，但是国内尚无培养高级航海人才的专门学校，这显然无法满足航运事业发展的需要。邮传部认为，开办专门商船学校，培养大批航海人才是亟待解决的重要问题。1911年，邮传部在筹办商船学校的奏折中提及"商业振兴，必借航业，航业发达，端赖人才"，且我国"通商以来，洋船辐辏，内河外海，门户洞开""虽有轮船招商局，仅通域内，未涉重瀛，管驾各员，且皆借材异地"，国家需要自己的航海人才，"故于历届筹备宪政折内竟以建设商船学校为船员之需"[1]。基于上述原因，1911年，邮传部在吴淞炮台湾筹建校舍，开办商船学校，初定名位邮传部高等商船学堂，并于1911年夏首次招生。

邮传部高等商船学校对于考生要求严格，首次招生便对学生的体格、英文程度等做了规定，学校的《考生须知》注明了招生条件：

> 本校学生仿造海军传统，必须服从命令；……英文程度，以能直接听讲为标准；……目力良好，无色盲。如能游泳，尤为合格。[2]

学校对所录取的学生免收学费和膳食、住宿费用。学生毕业以后，出

---

[1] 潘懋元、刘海峰编：《宣统三年邮传部筹办商船学校大概情形折》。见：《中国近代教育史资料汇编：高等教育》。上海：上海世纪出版股份有限公司，上海教育出版社，2007年，第201-203页。

[2] 王昭翮、王祖温：《大连海事大学校史 1909-2009》。大连：大连海事大学出版社，2009年，第10-11页。

路有"出洋留学""服务海军"和"派任招商局各海轮江轮二副"等①。因为学生毕业以后就业前景较好，学校从一成立便吸引了大批学生前来报考。首批招考之际，报考的学生多达3000名，最后只录取了160人（包括高等、中学和预科），录取比例还不到1/20，可谓是竞争激烈。徐祖藩参加了首批报考，以良好的身体和文化素质，成为学校首批录取的学生之一。

辛亥革命后，1912年，原邮传部上海高等商船学堂由国民政府交通部接管，更名为交通部吴淞商船学校，由近代著名的海军上将萨镇冰②接任校长。吴淞商船专科学校是中国早期航海高等学府之一，也是后来的大连海事大学、上海海事大学的前身。当时这所学校的教员有毕业于英国海军的夏孙鹏和陈伯涵，以及前招商局轮船大副、英国人奥斯汀和前招商局浦东局员、英国人贺阑比等人，可以说，该学校已经竭尽可能，集结了在当时中国能组织来的最好的海事教师队伍。

吴淞商船学校成立之后，非常重视对学生的综合能力培养，尤其是重视学生的理论和实际结合等的能力培养。学校开设的课程很多，徐祖藩和同学们在学校里广泛学习了包括天文、船艺、船经学、水道测量、航政、海商在内共28门学科的知识，除了两年的理论学习外，他们还有一年在船上的实际操作，学校里的这批学生还没出校门便已上船实习，他们不但有知识，也积累了许多有用的实际航海经验。尤其要说的是，吴淞商船学校重视英文教学，如驾驶等专业课程均由外国教员讲授，徐祖藩在学习过程中熟练掌握了英语，能够流利阅读英文原版教材，这也为他后来从事航海教学、培养中国的航运人才打下了良好的基础。值得一提的是，在校期间，他还曾跟随海军部的军舰航行南北洋，从驾驶员到舵工的工作，都实地练习过。三年来的紧张学习，为他打下了坚实的航海基础。

但令人遗憾的是，当时中国贫弱，航权旁落于外国资本手中，本国航

---

① 王昭翻，王祖温：《大连海事大学校史 1909-2009》。大连：大连海事大学出版社，2009年，第10页。

② 萨镇冰（1859-1952），字鼎铭，祖籍山西代县，出生于福建福州。近代著名的海军上将，先后担任过清朝海军统制（总司令）、民国海军总长等重要军职，还曾代理过国务总理。

运业多半聘请外国人担任高级船员，国家尽管自己培养了人才，但他们实际就业仍然困难，尤其是要找到能发挥特长的好职位更是难上加难。不久以后，因为学校经费较少，办学困难，1915年，吴淞商船学校奉国民政府之命停办，并由海军部接收其校舍和设备、书籍，打算以此为基础，将来另办海军学校[①]。

1915年吴淞商船学校停办以后，恰逢第一次世界大战，在中国的外籍船员纷纷回国，高级船员职务空缺，吴淞商船学校昔日招收的六届共72名毕业生这才有了一展抱负的机会，他们填补了因战争空缺下来的高级船员职务。吴淞商船学校被民国航运界誉为"航海家的摇篮"，正是因为很多民国早年航运界的翘楚都出于此校，例如后来担任过吴淞商船专科学校校长的著名数理学教育家周均时[②]、担任过招商局总船长的高级引航员金月石等人，后来成为中国航海界的权威人士，他们都是由这所学校输送的杰出人才。吴淞商船学校的毕业生凭借在学校里学到的娴熟技术和丰富学识渐渐得到了国内外航运界的认可，他们在社会上博得了很好的声誉，学校的招牌也由此打响。

吴淞商船学校停办以后，校产移交海军部接管，改名为吴淞海军学校，后与南京海军军官学校[③]合并，成为吴淞海军军官学校。徐祖藩等原属吴淞商船学校航海一班中的11名学生[④]后来也成了吴淞海军军官学校的第一届学生，他因此也开始了在海军服役的生涯。

1915年1月—1920年8月，徐祖藩先是在吴淞海军军官学校学习鱼雷、枪炮两科课程，后又在"楚泰""肇和"两艘船上实习，担任海副职务。"楚泰""肇和"是当时海军里两艘著名的舰船，名头响亮。"楚泰"即"楚泰号浅水炮舰"，是清末湖广总督张之洞向日本神户川崎造船厂订

---

① 吴淞商船专科学校同学会：《吴淞商船专科学校校史》。1996年，第19页。

② 周均时（1892-1949），字君适，原名周烈忠，四川省遂宁人。中国国民党革命委员会委员，曾担任吴淞商船专科学校校长；物理学教育家，著有《高等物理学》《弹道学》教科书。

③ 辛亥革命后，海军部将清末南洋海军学堂（前身为江南水师学堂）改名为海军军官学校，校址南京，并招收各舰队初级航海军官和烟台海军学校毕业生百余人，教授海军战术、海军军法等课程，毕业后分派各舰队工作。

④ 这11人为徐斌、方莹、蒋志成、蒋遽、周崇道、章成桐、徐祖藩、钦琳、霍若霖、黄显淇、徐建镳。

造的六艘浅水炮舰①之一，于 1906 年完工，回国服役，属于长江舰队。这艘炮舰响应过武昌起义，在抗日战争中，"楚泰"舰担负了保家卫国的重任，1941 年，在与日军激战之后，为避免该舰落入敌手，"楚泰"号自沉没于螺洲华龙港附近。"肇和"即"肇和号巡洋舰"，属于练习巡洋舰，是 1909 年清末海军大臣载洵和萨镇冰在欧洲考察期间向阿姆斯特朗造船厂订购，造价 21 万英镑。该舰曾于 1915 年响应过讨伐袁世凯的"二次革命"，于 1918 年南下广东加入护法舰队，支持护法运动，于 1937 年 9 月 25 日在抗击日本侵略的战斗中遭到日本飞机炸沉。这两艘船舰，在当时来说装备精良，是民国海军的基础力量之一。徐祖藩初出校门，便在这两艘船上实地学习，他不仅学到了实际的船舰操作知识，更是掌握了海军实战操作方法，了解到当时中国海军战备情况，收获很大。徐祖藩进步很快，1920 年 1 月 8 日，他获得了海军授予的七等文虎奖章，以表彰他在海军服役期间的出色表现。

在离开民国海军的"楚泰""肇和"船舰后，徐祖藩前往"华戊"②轮船实习远洋航线。1920 年 8 月—1925 年 8 月，徐祖藩先后在"华戊""华已""华癸""华丰"以及"和兴"等轮舰上工作，从二副职务做起，继而升为大副，后来还担任了轮船船长。徐祖藩得益于在学校里打下的较好基础，又长期在船上负责实际工作，这期间他获得了交通部发给甲种外洋商船的船长证书。获得这项证书在当时来说是非常不容易的事，就全国范围来说，20 世纪上半叶，取得这项证书的中国籍高级船员寥寥无几。

1925 年，徐祖藩决心结束在船上颠簸的生活，在以后数年间里，辗转于多地求职，既担任过教师，也做过政府官僚。1925 年 8 月—1928 年 7 月，他先是在江苏水产学校担任航海科主任。1928 年 8 月—1929 年 3 月，他在招商局公平船舰担任船长及实习指导职务。除此之外，徐祖藩还担任过川江公安舰队司令部参谋长兼司令职务，并曾在厦门的集美水产学

---

① 这六艘炮舰名为"楚泰""楚同""楚有""楚豫""楚观""楚谦"。
② "华戊"轮船是英国斯托克顿的克雷格泰勒船厂制造，1898 年完工，初名为 Mayflower，属于利物浦的斯图尔特有限公司。1900 年出售给 R. E. Loesener 公司，改名为 Albenga。中国接收该船后命名为"华戊"，走远洋航线，1923 年以后出售给南华轮船公司，1935 年 8 月 29 日该船在伊势湾失事沉没。

校担任过航海科主任。厦门的集美学校由陈嘉庚先生创办，1920年，他在集美学校开办水产科，招收高小毕业生入学，修业四年，成为我国最早培育水产技术人才的摇篮。1924年，集美学校水产科改称水产部。1925年，改名为高级水产航海部。1927年，集美学校扩大规模，定名为私立集美高级水产航海学校。1932年，学校招收初中毕业生入学，修业三年。至1935年，学校更名为私立集美高级水产航海职业学校。集美学校的创办人陈嘉庚是一位有远见卓识的商人，长年在外经商并经营过船运业，他看到了航运业对国家主权的重要性，向社会疾呼："开拓海洋，挽回海权！"这也是他兴办水产业航运业的初衷。陈嘉庚花费了很大的力气兴办集美学校的水产航海教育，不仅投入资金，还多方寻找合适的教师来校任教。时至今日，该校几经变迁，学校师生回忆往昔，依然怀念陈嘉庚当年的创校壮举。

在集美学校任教的时候，徐祖藩一边参加学校教务管理，一边教学。关于他参与教学的情况，集美学校的校史材料有如下记载："航海教师徐祖藩是知名船长、曾任招商局航海主任，他上课是用英文原版的教科书。"[①] 由此可见徐祖藩英语水平很高，对学校教学亦有贡献。他吸收国外航海知识，教授给学生，这对当时还处于起步阶段的中国航海学科教学来说是十分不容易的。

以上是徐祖藩早年的经历，在很长的一段时间里，他从事航海类教学工作，为民国早年的航海教育事业做了许多工作。除此之外，令徐祖藩最为骄傲的是，他对母校吴淞商船专科学校的复建，做过许多关键性的工作。在吴淞商船专科学校复建后，1929年9月—1934年7月，徐祖藩先后担任吴淞商船专科学校教务长、代理校长等职务。

无论是在何处供职，徐祖藩的心中始终记挂着复建母校这件事。吴淞商船学校于1915年停办以后，社会各界对这所培养了中国早期航海业人才的名校的关闭深感惋惜，社会上关于吴淞商船学校复校的呼声非常强烈，徐祖藩和昔日的同窗——吴淞商船学校毕业生杨志雄等人四处奔走，多方

---

① 《集美航海学院校史1920-1990》。厦门：厦门大学出版社，1990年，第45页。

活动,向交通部官员游说,向社会各界宣传,呼吁重办这所"航海家的摇篮"。他们是复校的中坚力量。

经过社会各界多方面的努力,1928年,国民政府交通部决定在原吴淞商船校舍的基础上,恢复商船学校办学。1929年,交通部成立商船学校筹备委员会,徐祖藩是筹备委员会委员之一,其他委员还有虞洽卿、夏孙鹏、赵铁桥、杨志雄、陈天骏、欧元怀、宋建勋、沈际云、金月石。这些委员,有的是民国政界、商界、教育界名流,有的是昔日吴淞商船学校的毕业生,他们为了吴淞商船学校的复建,积极奔走。在多方面筹集资金,并获得政府认可的情况下,1929年10月,经过筹备,学校招考新生,正式复校,并定名为交通部吴淞商船专科学校。

图1-2 吴淞商船专科学校校歌

徐祖藩从学校恢复起,担任学校教务长职务长达三年。教务长的职责是管理全校课程支配,考核教员服务情况,并负责学生注册和成绩等事宜。1933年1月5日—1934年7月13日,他被任命为吴淞商船专科学校校长。自学校复建以来,徐祖藩在学校发展初期担任要职,起到了非常重要的作用。他参与了学校课程设置、教学等许多具体工作。在徐祖藩和学校同人的努力下,吴淞商船专科学校复校后发展很快。学校复校之初仅有驾驶一科,到1930年逐步建立了轮机科,学校规定学制四年,其中包括在校学习两年,船上或者工厂实习两年。在课程设置上,两科共设置33门课,其中驾驶科为24门课,轮机科为15门课,内容全面,涵盖英文、驾驶、无线电、力学、气象学、水道测量、造船学、军事、急救等多方面科目。由此,学校建立了两类高级技术人才的培养体系。可见,吴淞商船专科学校十分重视对学生的全面培养和海员素质的养成,该校培养了许多航运人才。在20世纪30年代以后，我国的高等航海教育步入了一个新的发展轨道。

"七七事变"之后，有强烈民族情感的徐祖藩坚决拒绝为日伪政府工作，遂辞职赋闲在家，靠过去的积蓄清贫度日。抗战胜利以后，1945年11月开始，徐祖藩先后在台北港务管理局担任局长，在海鹰轮船公司担任船长等职务。1949年中华人民共和国成立后，他还担任过天津港务局顾问及"志新""华胜"两轮船公司的顾问职务。

从吴县到上海

徐祖藩的妻子夏佩玉（1893—1982年）出生于吴县夏氏家族。夏家是个大家族，已在吴县繁衍了数代，旁支众多。著名的现代文学评论家、对中国当代文坛有深远影响的夏济安[①]和夏志清[②]兄弟，便是出身于吴县夏家，他们与夏佩玉是同族亲属。徐祖藩与夏家兄弟的父亲夏大栋是吴淞商船学校的同学，经夏大栋介绍做媒，徐祖藩娶了夏佩玉为妻。由此，徐、夏两家既是老友，又是姻亲，在相当长的一段时间里，两家来往很多，关系亲密。20世纪三四十年代，夏家兄弟旅居上海期间，曾受过徐祖藩诸多关照。在《夏济安日记》前言（夏志清作）中有这样的记载："七七事变前，父亲把全家送到上海，自己到内地去。由一位亲戚的介绍，住

图1-3 童年徐晓白

[①] 夏济安（1916-1965）：原名夏澍元，江苏吴县人。评论家，著有《夏济安选集》《现代英文选评注》Gate of Darkness等，遗著有《夏济安日记》。他和其弟夏志清，对当代文学影响深远。

[②] 夏志清（1921-2013）：原籍江苏吴县（生于上海浦东）。中国文学评论家，台湾"中央研究院"院士。著有《中国现代小说史》和《中国古典小说史论》及其他多部著作。

第一章 家世渊源

在法租界迈尔西爱路的诚德里，租一层三楼住。那位亲戚徐祖藩，字季杰，也住在同里。……我无意中找到他（夏济安）一本日记，载的都是'诚德里'事件，原来他爱上了徐家表妹家和，所以老去串门子。"[①] 这本日记里提到的"徐家表妹徐家和"，便是徐祖藩的女儿、徐晓白的姐姐徐家和。

夏佩玉出身名门，有一定的文化水平。她在嫁给徐祖藩后相夫教子，操持家务，是一名普通的家庭妇女。徐晓白是徐祖藩和夏佩玉的女儿，她于1927年5月28日[②]出生于吴县，在她上面有姐姐徐家和[③]，徐家和中学毕业后辍学，在家帮助母亲照顾家庭。徐晓白下面有个妹妹名叫徐千里（1930年11月生），毕业于同济大学医学院，曾任安徽芜湖市第二人民人民医院病理科主任，是一名医学专家，芜湖市第二人民医院的病理科是徐千里于1970年一手创建的。1980年，徐千里参与编著了《脑脊液基础与临床》一书，这也是国内第一部关于脑脊液的专著，这部著作获得了芜湖市科委科技成果奖二等奖。工作之外，徐千里担任了中华医学会安徽省病理学会常务委员、《临床与实验病理学杂志》常务编委、芜湖市中华医学会副理事长、芜湖市女知识分子联谊会会长、亚太地区病理学会会员等职务。徐千里因工作出色，曾被评为"全国劳动模范""三八红旗手"。

徐晓白的弟弟徐民苏（1935年3月生），毕业于清华大学建筑系，是著名建筑家梁思成的一名学生。他毕业后先在宁夏石嘴山工作，后调回苏州建委，多年以来致力于苏州民居保护，参与过苏州经济开发区设计工作，著有《苏州民居》，该专著在建筑学界里受到众多好评，影响深远。不仅如此，以徐民苏为主要参与者规划设计的干将路，是苏州市中心的一条主干道，布局合理，集河道、绿化、民居、商业于一体，在苏州非常有名。徐民苏因其在苏州城市建设和设计方面的成就，获得过建设部颁发的

---

① 夏济安：《夏济安日记》，夏志清注。沈阳：辽宁出版社，1998，前言。
② 《国立交通大学学生生活调查表》记载，徐晓白的生日为民国十六年五月二十一日。但据徐晓白的亲属回忆，多年来他们都是五月二十八日给她过生日。
③ 根据徐晓白存于中国科学院生态环境研究中心的"自述"档案，实际上徐晓白上面有两个姐姐，但是长姐早年夭折，因此徐家和是徐家实际上的大女儿。

市政工程金杯奖。此外，徐家常住人口还有徐晓白的姨母夏素玉，她因为身体虚弱、常年生病没有结婚，一直和徐家人生活在一起。

徐家到徐晓白这一代，男孩的名字按"苏"字排辈，徐民苏的堂兄弟分别取名为来苏、裕苏、宝苏、昌苏和皆苏。徐家三姐妹虽然不入宗族排行，但从取名也可看出父母对子女的爱护，对她们的人生寄予了美好的祝福，大姐家和名字意为"家和万事兴"，小妹被取名为"千里"，父亲希望她有好的未来。徐晓白名字的来由，是父亲徐祖藩喜爱柳宗元的一首诗，即柳宗元的五言律诗《早梅》：

> 早梅发高树，迥映楚天碧。
> 朔风飘夜香，繁霜滋晓白。
> 欲为万里赠，杳杳山水隔。
> 寒英坐销落，何用慰远客。

徐祖藩爱梅花不惧凛冽寒风，在寒冷的天气中徐徐绽放的美丽，因此取"朔风飘夜香，繁霜滋晓白"中的二字"晓白"为爱女命名，由此也看出父亲对女儿的殷殷期盼。徐晓白不负父亲的期望，不惧寒霜，不惧困难，以"梅花香自苦寒来"的毅力渡过了人生中的每一次低谷。

徐晓白的童年是在吴县度过的。当时她家住在学士街五十七号。学士街是苏州城内一条南北向的街道，在苏州城内大有名气。宋代的时候，这里原是卖药的市场，所以人们也称它为药市街。明代时，大学士王鏊居住于此，这条街也因此得名学士街。时代几经变迁，徐家老宅早已不复存在，但从现今遗址所在的土地规模看，可隐约看出当年徐家宅院占地面积不小。苏州民居的布局，房子前面是窄小的马路和街巷，房子后面便是河道，河上常有小船来来往往，既有市井生活气息，又闹中取静。幼年的徐晓白就生活于婉约秀美的江南水乡里。

徐祖藩早年受过新式教育，他走南闯北，到过很多地方，又精通英文，熟知西方的思想，但他的举手投足仍然是老派人的风范。徐晓白眼里的父亲，即便是西装革履的时候，举止也像是穿着长袍马褂的老学究。在

情系化学　返璞归真　徐晓白传

图 1-4　20 世纪 40 年代徐晓白和家人合影
（前排左起：夏佩玉、徐祖藩；后排左起：徐千里、徐晓白、徐民苏）

家庭的合影中，父亲的面孔上即使带着微微笑容也令人感到严肃，难以亲近。徐祖藩对女儿的重视程度虽不如儿子，但他也很关心女儿的成长和生活，他把家中的孩子们都尽可能送到校风优良的学校里读书，并鼓励他们要好好学习。在徐晓白的回忆中，父亲从未放松过对子女的教育："父母从小教育我们要好好念书。"[1] 父亲对孩子们的教育是潜移默化的，他尤其重视对孩子们进行道德教育，因此，徐家的子女们从小到大，都耿直、率真，在人生道路上一直保持着一颗善良、宽容的心。

徐祖藩为了养家糊口四处奔波，工作繁忙，并不常居吴县，母亲要照顾幼小的孩子，无法兼顾徐晓白。1930 年，尚不到四岁的徐晓白便被送到离家不远的升平幼稚园，接受学前教育[2]。当时还年幼的徐晓白跟着幼稚园教师唱几首儿歌，学一些简单的算术，认识几个大字，这便是她的初蒙。两年后她升入苏州升平小学开始初小学习。

为了孩子们能接受好的教育，也为了一家团聚，1936 年，夏佩玉听从丈夫的安排，带着儿女来到了上海，跟随徐祖藩居住。徐晓白离开了故乡，从此和父母定居于上海。徐家人来到上海后，先是居住在法租界迈尔西爱路的诚德里，即今日的卢湾区茂名南路 55 弄，后搬至姚主教路（现名天平路）216 弄 11 号的一栋三层小洋房里居住。天平路上的这栋小洋房，也是令徐晓白始终怀念的故居。

---

[1]《徐晓白自传》，1958 年 7 月 26 日。存于中国科学院生态环境研究中心。
[2]《徐晓白档案：履历表》。存地同[1]。

如今的天平路位于上海的市中心，道路闹中取静，无论是在20世纪初期的上海还是在21世纪的今天，这里都是一条幽静又透着西洋情调的道路。道路两旁树木成荫，大树后面整整齐齐排列着一栋栋漂亮的小洋楼。这条道路离交通大学很近，上海许多高级知识分子都选择在这一带居住，徐家的邻居中以交通大学的教授居多，例如交通大学电机系创始人钟兆琳便是徐晓白的邻居。那时候，与徐家时常来往的都是教授亲眷，家中宾客谈学论道，举止彬彬有礼，这无疑对徐家子女有很好的影响，他们在浸润着书香的气氛中成长。

第二章
小荷才露尖尖角

徐晓白的母校是南洋模范中学，她是该校女子部第一届学生。在南模的六年学习时光，她打下了良好的基础。自尊、自强、自立，是她从小时便牢牢记在心中的规范，在南模的学习生活更加增强了她这种品质。进入到交通大学读书后，她的视野更加开阔。青年时代的徐晓白，珍惜美好的大学时光，心无旁骛，径自走在求学的道路上。

南洋模范的女中学生

1936年，徐家迁入上海定居后，徐晓白先是在离家不远、位于上海迈尔西爱路的中和小学读四年级下学期课程。1938年夏天，小学毕业后通过考试，进入到位于上海姚主教路（今天平路）200号的南洋模范中学女子部就读。

南洋模范中学是上海有名的一所中学，创建于1901年，是中国人自己创办的最早的新式学堂之一。其前身是南洋公学的附属小学，该校因创办早，提倡新式教学，也被称为中国"公立小学之始"。建校之初为南洋中小学，学校设立修身、国文、算术、历史、地理、理科、图画、体操等八门课程，对学生管束严格，注重从多方面培养学生素质，在民国的小学中有很深远的影响。

1901—1927年是南洋中小学作为交通大学附属学校的时期，这也是南洋模范中学的前身。1924年学校增设初中；1927年，国民政府交通部下令交通大学停办中小学，于是其中小学部分学校脱离大学独立，改名为私立南洋模范中小学，校址设在交通大学南院；1930年交通大学裁撤预科，学校应势设立高中部，至此，该学校成为从初小到高中的完全中小学；1938年学校因原校址被日寇占用，遂迁入姚主教路（即今天平路）200号，同年增设女子部和幼儿园。徐晓白是南模女子部招收的第一届学生。南洋模范中学历史悠久，教学风气好、质量高，许多校友后来成为地方名人，例如，新闻记者、政论家和出版家邹韬奋就是南模的毕业生，水利水电工程专家张光斗、物理学家何祚庥、汉字激光照排系统创始人王选等人也都是这个学校培养出来的优秀校友。清末极具影响的资产阶级启蒙思想家、翻译家和教育家严复的孙女，后来成长为台湾知名作家的华严[①]，便是徐晓白在南模读高中时候的同班同学。

南模名师荟萃，在20世纪上半叶，在上海流行有这样的说法："一只脚进南模，半个身子入交大。"这表明当时南模教育水平很高，学生们成绩好，毕业后考入交通大学的人数很多。南洋模范中学重视对学生的教育，尤其是肯下重金聘任名师任教，这在民国的中学教育中是十分值得称道的。当时一些教师甚至宁愿舍弃在交通大学担任副教授或者讲师的机会，来到南模任教。南洋模范中学的著名教师有从1927年起便担任校长的沈同一，还有数学教师、有"三角赵"美誉的赵宪初等人，他们都是民国、乃至中华人民共和国成立后上海教育界名人，在南模任教长达数十年，对南洋模范中学的校风、教育方法影响很大，他们深受南模历届毕业生的深深怀念，也为上海的教育事业做出了很多贡献。南模校友、汉字激光照排技术发明人王选院士回忆自己在南模受教育的情景，他忘不掉每学期开

[①] 华严（1926-），本名严停云，作家，福建闽侯人。

图2-1　1939年徐晓白在南洋模范中学与同学合影（第二排左一：施懿德；左三：徐晓白）

学典礼上，校长沈同一总是带领学生们庄严地举起右手，用崇明口音念诵校训的情景："我为陶冶品性而来，愿遵守校规；我为研究学识而来，愿尊敬师长；我为锻炼体魄而来，愿爱护自己。"[1] 从校训可看出，南模的教育围绕着陶冶学生的情操，提高学生的素质，培养学生的学识而展开。

徐晓白犹记得当初报考南洋模范中学的情况，她深感自己被录取真是十分侥幸。原来，徐晓白在吴县就读的是升平小学，当地的教育质量与上海的学校相比，教学水平不高，她自感在小学里学习到的东西不多，基础打得不好，考完试后她感到考上的把握不大。但放榜后看成绩，她被录取了，是录取榜上的倒数第二名。尽管如此，父亲徐祖藩还是由衷高兴，他当着全家人的面夸奖了女儿，还单独给女儿挑选了一只个头最大的蜜桃以示奖励[2]，徐晓白高兴不已，她一直记得那只蜜桃甜美的滋味，这是她幼时体会到父亲看重子女学习上进的一件事。

---

[1] 丛中笑：《王选传》。北京：科学出版社，2016年，第20页。
[2] 《徐晓白档案：交代在南洋模范中学时候的情况》，1969年2月20日。存于中国科学院生态环境研究中心。

南模作为一所私立学校，学费昂贵，前来就读的学生，尤其是女学生，大多家境较好，并且父母重视对子女的教育。自进入南模读书以来，徐晓白便被父亲教育要好好读书，家庭里督促子女学习的气氛很浓。徐晓白入学之际，母亲拉着她千叮万嘱，反复告诉女儿一定要好好读书，徐晓白把母亲的话记在了心中，学习抓得很紧，第一学期，徐晓白考试成绩从倒数第二上升到了第六名。父亲得知女儿在学习上取得了进步也感到高兴，特意奖励了孩子一笔不菲的零花钱。在父母的影响下，徐晓白求学期间一直都把学习成绩看得很重，在校期间，成绩优异，常常考得班级第一名。她在中学学习的情况，徐晓白形容自己那时候是："如果考个第二名心中就会闷闷不乐。"[1] 有一次数学考试，徐晓白不小心看错了题目，试卷上有三道题，她只做了两道，因此考试只得了 66 分，她心中难过，将这件事视为"奇耻大辱"，还把教师批改的分数剪下来放在铅笔匣子里，每天打开匣子便能看到，以此提醒自己以后考试都要认真、仔细，不犯错误。在南模读书期间，徐晓白养成了好强的性格。在校六年，徐晓白各门课程的成绩几乎都是班级里最好的[2]。她把全部的心思放在学习上，读书是她最大的兴趣。

南模的男生和女生是分开教学的，各自在不同的校舍中上课，并有专门的教师分别监管。徐晓白是南模女子部第一届的学生。因为当时日军入侵江浙，江浙各地的学校都设法迁往上海办学，上海房屋供应紧张，导致许多学校的办学规模跟不上，所以学校的硬件条件不算太好。南模校址一开始是设在交通大学校内，但 1937 年因为日寇侵占不得不仓皇迁出，学校先是在复旦中学借了一些房屋上课，1938 年春天，又迁到姚主教路（天平路）200 号的花园洋房上课。新校区里布置了十几间教室和几块球场供学生活动，但女子部由于是初办，学生人数不多，分得的房屋面积很小，条件也不好。徐晓白所在班级有 30 名女生，与她关系最好的同学名叫朱

---

[1] 徐晓白日记，"个人英雄主义的形成，发展及演变"，1952 年 5 月，未公开出版。
[2] 朱桐访谈，2013 年 11 月 30 日。资料存于采集工程数据库。

桐①，她后来考上了交通大学，毕业后从事放射性药物研究，并选择以教师作为终身职业。徐、朱二人关系要好，既是中学同学，又是大学同学。多年以后朱桐回忆少年时候的学习环境："记得就是一栋门房，我们那间教室很挤。因为是第一届，所以上课的环境也没有男生部那么好。"②那时候的南模女子部虽然上课条件简陋，但在教学上对女学生们的要求很高，课程设置以及任课教师都与男生部一样。

南模学生的文化课程包括英语、国文、数学、生物、化学、物理、地理、历史。自民国以来，在工商业发达的城市里，大、中、小学校都十分重视英语教育。南模重视学生的英语学习，英语教学水平尤其高。模式识别与图像处理专家鲍城志于1937年进入南洋模范中学学习，根据他的回忆，当时学校里定期举办英文大会，开设外语实习课，举办英文讲演和辩论会，鼓励学生自由参加，使用英文交流。③南洋模范中学初中的英语课本，采用的是《莎士比亚戏剧故事集》(Tales from Shakespeare)。④不仅如此，学校的立体几何、大代数、解析几何、物理、化学等课程的教材，都是从国外最新教科书中精挑细选

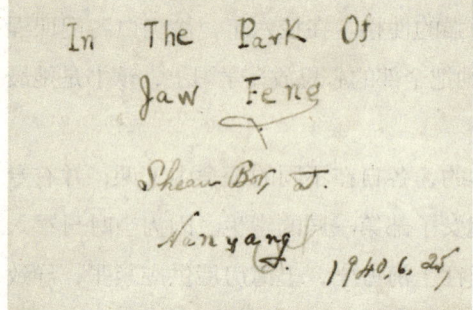

图 2-2　1940 年南模师生在上海长风公园合影，背面有徐晓白的英文标注（第三排右二：徐晓白）

---

① 朱桐（1924-），江苏昆山人。1948 年毕业于上海交通大学化学系，历任上海第一医学院药学系无机化学、物理化学和应用药学助教、讲师、教研室副主任、副教授、教授。1979-1993 年担任上海医科大学核医学研究所副所长。

② 朱桐访谈，2013 年 11 月 30 日。资料存于采集工程数据库。

③ 鲍城志：《从贫瘠到富足：一个老科学家的个人史》。上海：上海社会科学院出版社，2015 年，第 3 页。

④ 吴畏主编：《中国教育管理精览——中学教育管理》。北京：警官教育出版社，1997 年，第 655 页。

出来的，有的甚至直接采用了英文原版教材。连学生的数理化课本习题也都要求用英文来完成，考试的时候，教师还要求学生用英文答题。南洋模范的校友大多认为母校的英语教育水平优良，非常实用。例如压力加工专家、1950年毕业于南模的阮雪榆院士回忆说："我一个人去欧洲讲学，用的英语还是中学里那一点，可以过去，没有困难。"[①] 阮雪榆的回忆直接印证了南模的英文教学水平很高，令学生收获很大。徐晓白喜欢学习语言，她置身于重视英语的传统和环境中，打下了好的语言基础，她的英语不仅做到了能说会写，而且发音标准、十分流利，后来她在工作环境中与外国友人流畅交流，令许多人误以为她曾经在国外生活过很长一段时间。为了学好英文，她在日常生活中处处使用这门语言，用英文做笔记、写日记，例如在南模中学时她有一张与同学们在公园游玩后的合影照片，背面就是直接用英文做的标注。

南模除了英语教学好以外，更以学生数理化基础扎实著称。南模老教师赵宪初回忆："南模是以数理化比较扎实，为人们所称道的。数学教师如朱仲明、王季梅、吴宗初、刘叔安；物理教师如俞大年、贾冻如，化学教师如王可田、徐宗骏、沈克超，学识和经验都很丰富，教学方法都重在打基础，要求反复熟练和巩固。毕业生反映，在这些学科中获得的知识，到大学学习或工作中用到时，就可以应付自如。"[②] 南模早期的教学中，有一些教师是由交通大学的教师兼任，徐晓白清楚地记得，她们班级的代数老师是毕业于交通大学数学系的吴文俊[③]，他于1940年从交通大学毕业后，当过中学老师和大学老师，后来成为赫赫有名的数学家，并当选为中国科学院院士。化学实验课教师名叫徐宗骏，他同时也在交通大学化学系里担任教师，他授课明晰、有条理，实际操作的水平很高。徐晓白对化学产生

[①] 吴畏主编：《中国教育管理精览——中学教育管理》。北京：警官教育出版社，1997年，第655页。

[②] 赵宪初：《南洋模范中学校史简述》。见：中国人民政治协商会议上海市徐汇区委员会文史资料工作委员会编，《徐汇文史资料选辑（3）》。1989年，34页。

[③] 吴文俊（1919-2017），祖籍浙江嘉兴。中国著名的数学家，毕业于交通大学，1949年在法国斯特拉斯堡大学取得博士学位。他在拓扑学的示性类和示嵌类、数学机械化等领域中做出了重要贡献，这是近代数学史上的第一个中国原创的领域，被国际上称为"吴方法"。

兴趣，便是得益于这个时期学习到的有趣的化学知识，她一直记得老师手把手教授学生们做实验的情景。南模学生们所获得的知识无论是在质量上还是数量上，都比其他学校要高得多。徐晓白对此感到非常高兴，她很喜欢听教授们的讲课，学习的劲头很足。

南模的另一个值得称道的特色是，学校重视体育教育。南模的校训精神之一，便是要学生爱护自己的身体、锻炼体魄，无论是男子部还是女子部，都开设了体育课。篮球课是南洋模范中学的传统特色教学项目，从20世纪30年代起，南模中学生就把篮球作为锻炼身体的一种方法，并逐渐形成传统，学校组织的篮球校队，在上海小有名气。在这样的熏陶下，徐晓白的篮球和排球都打得很好，她尤其喜欢这两项运动。得益于热爱体育锻炼，年轻时候的徐晓白，身体康健、面色红润，身上洋溢着年轻人特有的青春和朝气。

南洋模范中学提倡学生全面发展，学校常常组织学生参加文艺活动，早在南模还是南洋附小的阶段，学校便开设了唱歌课。当时的教师沈叔逵编写了《沈心工唱歌集》，在江浙地区乃至全国范围内风行一时。南模的学生都唱过他编写的歌曲。徐晓白受到熏陶，一生都喜爱音乐，她特别喜欢唱歌，女高音唱得很好。每逢课间或是文艺活动，她与要好的女生们便

图 2-3 徐晓白参加话剧《回家以后》演出后合影（右三为徐晓白）

引吭高歌,吸引了学妹们前来观看。徐晓白读中学期间,还参加过学校的话剧表演。印象最深的是,她曾经参演过一个独幕话剧,剧目的名称为《回家以后》。这是著名的戏剧艺术家欧阳予倩创作的民国时期一出有名的剧作,讲的是留美学生陆治平留学期间抛弃结发妻子与女留学生刘玛丽结婚,回家之后又发现原配妻子吴自芳有许多新式女子所没有的好处,不敢也不愿离婚的故事,反映了当时社会上不同文化的冲突,有一定的社会意义。徐晓白兴致勃勃地反串了剧里的一个老头子的角色。演出时学生们特意邀请了全校的师生和家长前来观看,赢得了观众们的好评。[1]

在南模期间,徐晓白最尊重、印象最深刻的一位老师名叫施懿德,徐晓白曾回忆:"女子部的主任施懿德,一直算是我们的班主任,所以对我们影响比较大。"[2] 施懿德是南模女子部的创办人之一,担任南洋模范中学的地理教师,她在这所学校里一直工作到退休,对学校感情很深厚。施懿德

图2-4 1944年6月南洋模范中学女高中第一届毕业生合影(第三排左一为徐晓白)

---

[1] 徐晓白在上海交大期间材料,1968年6月,存于中国科学院生态环境研究中心。
[2] 徐晓白档案,《交代在南洋模范中学时候的情况》,1969年2月20日,存于中国科学院生态环境研究中心。

在担任女子部主任期间,对女学生们严格要求。据赵宪初回忆:施懿德对女学生们要求严格,严格到了什么地步呢?那就是,"对学生头发长短,也要管的,头发如果长过耳垂,她就要来替你剪短。这样的朴实生活,在学校习惯之后,毕业后会带到工作岗位上。许多校友,现在在学术上已经有所成就了,但他们回到南模母校时,往往还是一套普通的中山装,看不出名人的样子"[①]。南模的校训中有一条是要求学生要"勤、俭、敬、训",尽管学校里许多学生来自富裕的家庭,但在校训的严格要求下,即使在走出校园后很久,他们始终保持着朴实的生活作风,反对奢侈浪费。徐晓白从中学起,便习惯于保留一头齐耳的短发,亲友印象中的徐晓白,很少有留长发的时候,这一方面是因为徐晓白不愿意把时间花费在整理妆容这些琐事上,另一方面是因为她深受南模校训的影响,保留了青少年时代养成的简朴作风。尽管施懿德对学生管束很严,但是南模女子部的学生都非常敬爱她。施懿德十分喜爱徐晓白,她们一直都保持着密切的往来。徐晓白在上大学期间,还曾受施懿德的帮助,回到南模做了一段时间的教务工作以补贴家用。施懿德对学生们的学习抓得很紧,时常鼓励女孩子们要自爱、自强,鼓励她们要好好学习,女学生们仰慕并尊重这位女教师,记住了她的教诲。在南模女子部第一届毕业生的纪念册上,施懿德为学生们写下了"且以十年为期,看各人成就能有几何"的文字,激励她们未来在学业中继续进步。

徐晓白在南洋模范中学读了六年书,度过了她的少年时光。毕业之际,是继续上大学还是就业,她与家人有不同的看法。

1937 年日寇入侵后,日本人知道徐祖藩的本领,

图 2-5 20 世纪 80 年代末徐晓白和南模老同学聚会合影(右一:钟荔;右二:徐晓白;右三:朱桐)

---

① 赵宪初:南洋模范中学校史简述。见:中国人民政治协商会议上海市徐汇区委员会文史资料工作委员编,《徐汇文史资料选辑(3)》。1989 年,34 页。

想要拉拢他为伪政府服务,但被徐祖藩坚决拒绝了。他有强烈的民族情感,痛恨日本人对华的侵略,坚决不为日本人做事,宁可贫穷饥饿也绝不领伪政府的薪俸。徐祖藩在家中毫不避讳地批判日本侵略的暴行,对日本侵略中国的罪行深恶痛绝。徐家子女深受父亲的影响,徐晓白更是毫不掩饰自己对侵略者的厌恶,她说:"中学时代全部是在日伪沦陷区,所以当时对日帝痛恨。"① 徐祖藩赋闲在家后,徐家失去了经济来源,只能靠以往的积蓄度日。家中没有进项,又要应付孩子们的学费,还要管一家六口人的吃穿嚼用,坐吃山空,没几年徐家人的生活便困窘了起来。

徐晓白知道家里的困难,除了必要的支出,她很少向父母要零用钱;上了高中后,在学习之余她时常勤工俭学。她通过同学、朋友们介绍去做家庭教师的工作,为富裕家庭里的孩子们补习初、高中的英文、数学以换取一些生活费用和零花钱。她在学校是优等生,成绩好,讲解思路清晰,又有耐心,所以来找她做家庭教师的人很多。但这笔不多的费用也只够应付徐晓白日常生活的部分开支。

尽管父亲徐祖藩受过良好的教育,也看重孩子们的学业,但是家庭经济的窘迫令徐家无力支付所有孩子求学的费用。姐姐徐家和在高中毕业后未再继续升学,在家帮助母亲料理了一段时间家务后便出嫁了。1944年徐晓白即将高中毕业,父母向她提出,希望女儿能够放弃上大学,出外工作来补贴家用。恰好有介绍人告诉说海关招录打字员,收入稳定,轻松不累,在介绍人的热心游说下,徐晓白无奈之下前去参加了考试,考取了海关职员的职位,徐家父母很高兴,劝说女儿拿到高中毕业证后尽快去工作。父母为女儿想好了出路,但是徐晓白并不乐意如此,她想继续念大学。她对父母的安排十分苦恼,希望打消父母的念头。当时徐家的邻居里有一个名叫周载华的人,他是交通大学化学系1943年入学的学生,后来从事同位素环境地球化学研究,并成为美国加州大学斯克里普斯海洋研究所的高级研究员,是著名的华裔海洋化学专家。20世纪80年代以后,周载华多次回到祖国访学,他还曾拿出一笔资金帮助国内学生开展研究,如为

---

① 《徐晓白自传》,1958年7月26日。存于中国科学院生态环境研究中心。

大陆学者购买前沿科学书籍或是资助优秀的学生继续深造等。后来，为了培养优秀人才，上海交通大学于2012年设立了"周载华海外游学奖学金"，专门资助成绩优秀的青年学生赴海外学习交流。1944年前后，徐晓白有时向邻居周载华借书，有时候向他请教学业上的问题，他们之间渐渐熟悉起来。徐晓白不愿意去海关工作，她便向周载华诉说了烦恼，周载华给她出了个主意，建议她向介绍人说明自己想继续升学的打算，请介绍人不要再来徐家说工作的事。就这样，介绍人不再来徐家游说，徐晓白暂时打消了父母希望其停学就业的念头。

为了继续升学，又不欲令父母为难，徐晓白得知成绩优异可以获得大学里的奖学金，这样就能减轻家庭的负担了，于是她更加努力读书。1944年，她以第二名的优异成绩考入交通大学理学院化学系，还获得了《申报》馆提供的贷学金，一下子解决了学费的难题，也彻底说服了父母让她继续升学。大学期间徐晓白因成绩优秀多次得到学校颁发的奖学金[①]，并且常常在课余时间兼任中学生的家庭教师，从而又补贴了生活费用。

交 大 求 学

1896年清政府在上海设立的南洋公学是上海交通大学前身。

上海交通大学是我国历史最悠久的理工科大学之一，1921年南洋公学与上海工业专门学校、唐山工业专门学校、北平铁路管理学校以及北平邮电学校统一学制，统称交通大学。1937年该校隶属教育部，改称国立交通大学。作为当时上海地区师资力量很强且声望较高的大学，交通大学吸引了许多学子前来报考。抗日战争爆发以后，上海失守，交大徐汇校区被日寇占领长达八年。这期间，国民党政府一再阻挠交大内迁，交大师生为了挽救学校，只得暂时在法租界内寻找合用的校舍维持学校运转。1942年，

---

① 据王仲钧2014年6月21日回忆，徐晓白成绩在年级前三名，那时候只要考了前三名都有交通大学的奖学金。

汪伪南京政府的"教育部"接管学校，许多师生员工不愿受其管辖，愤然离校，其中一部分人历经千辛万苦，辗转来到了1942年在重庆建成的交通大学本部继续学业。抗战胜利以后，1945年8月，交通大学重庆总校返回上海，后与留在上海的交通大学合在一起，复员形成国立交通大学。

抗战期间，在上海的交通大学为了躲避日军的侵扰，校舍设置在法租界内，租用震旦大学、中华学艺社、文华墨厂和中国科学社等多处地方作为学生的教室、宿舍、试验室等。1937年全面抗战爆发后，学校的图书、仪器、设备遭受大量流失、损坏。并且学生的学习、生活条件也比战前差了许多，因为校舍不够，学校规定家在上海市的学生只能走读上学。到了1944年，学校经费越发困难，所租用的试验室房屋狭窄，还有部分房舍面临租约到期无法维系的情况。而且因战时物价飞涨，学校办学极度艰难。在这样的情况下，交大师生们依然保留着优良的校风，教师勤勉授课，学生克服困难，一心学习，实属不易。汪伪政府接管了学校以后，慑于爱国师生的抵制和社会舆论的压力，对学校的人事和教学并未做大的变动，学校每年仍然照例招生。徐晓白便是在这样的背景下，考入位于上海的交通大学化学系。

徐晓白当年报考交通大学化学系，既是出于兴趣，也是切合当时就业实际的选择。徐晓白偏爱理科，数理化基础很好，尤其喜欢化学。化学是我国起步较早的学科之一，民国时期化学既是国家急需的专业，也是一门非常实用的专业。战争要求的药品供应、矿产资源的开采加工、人民生活所需的各种日用品……都离不开化学。当时工厂、制药厂需要大量化学相关人才，研究单位也需要大批的研究者，因此，大学里化学专业的毕业生很容易便能找到工作。徐晓白选择以化学为专业除了自己喜欢学之外，也正是出于实用的目的——她希望毕业后能有一份稳定、报酬优渥的工作。除此之外，当时社会上的主流思想是"科学救国"，这也吸引着许多青年人选择以科学为职业。报考交大另外的原因是，徐晓白不愿意远离上海去外地求学，且南模的毕业生一向有报考交通大学的传统，加上交通大学与上海其他大学相比学费更加低廉，种种原因令徐晓白愿意前往交通大学深造。

尽管当时学校办学条件远不如战前，但是交大对学生的专业和成绩

情系化学　返璞归真　徐晓白传

图 2-6　青年时代的徐晓白

要求并未降低。学校在专业设置、教学水平和要求等方面与战前相比并未有大的变化。以理学院的化学系为例，在课程设置上重视实际应用和基本理论相结合，且偏重于工业化学，注重学科的实用性，这和战时对化工产品及化工行业发展有需求的实际情况是息息相关的。当时有一种说法，是说交大化学系实际上是化学工程系，因为学生们在三四年级的时候要学习化学工程、油漆与清漆、皮革、燃料与染色工艺、油和油脂这些偏重于工业的课程。为了引导学生毕业后能更好从事相关工作，化学系甚至还为学生们开设了化工厂管理的课程。除了对专业课程抓得紧，化学系也很重视学生其他课程的学习，为他们开设了国文、英文、物理、化学、微积分等基础课，鼓励学生拓宽知识面，全面发展。学校开设的许多门课程，徐晓白都学得很好，每次考试的成绩都不错。值得一说的是，大学里徐晓白最偏爱有机化学，而且据她的好朋友朱桐回忆[1]，她是当时班上学得最好的学生。

交大的学生功课重在社会上是出了名的。学生从开学到期末，三天一小考、五天一大考，不仅考试多，还有一种传统，说是要有 1/3 人不及格被淘汰，即一个班 1/3 的学生到学期末通不过考试便要留级。为了不在这1/3 之列，学生们奋发努力，开夜车是常有的事。当时社会上流传着关于交大学生的一种说法：一年级买蜡烛（开夜车），二年级买眼镜（近视），三年级买痰盂（肺病），四年级买棺材（垂死）[2]。这四句话虽然夸张，但是也真切反映出交大对学生学业抓得很紧，学生们太刻苦了，顾不上休息，导致身体变差的情况。

徐晓白还在南模读书时，教师们便告诉女学生们要自强、自爱，徐晓

[1]　朱桐访谈，2013 年 11 月 30 日。资料存于采集工程数据库。
[2]　陈先元、田磊编：《盛宣怀与上海交通大学》。太原：山西教育出版社，1996 年，第 237 页。

白暗暗养成了好强的性格。女孩们在一起聊天的时候常常谈论取得了不凡成就的女性，徐晓白最崇拜的人是居里夫人[1]，她尤其佩服居里夫人以女性之身投身科学，追求精神独立，取得了很高的成就，赢得了世人的尊敬。抗战胜利以后，美国电影《居里夫人》在国内上映，居里夫人的名字家喻户晓。徐晓白特别喜爱这部电影，她看了好几遍，印象深刻。她崇拜居里夫人，以居里夫人为终身偶像，常常对要好的同学说，希望自己将来能和居里夫人一样，从事科学，成为一名有学问、成就非凡的女性。除此之外，徐晓白还喜欢看林肯传记、爱迪生传记这样的书籍，常常以杰出人物的事迹来鼓励自己，憧憬将来能做成一番事业，取得一番成就。

徐晓白异常珍惜大学时光，刻苦学习，为将来而努力。从上学起徐晓白便以考试要得第一名来要求自己，热衷于追求高分数，把高分作为检验学习效果最重要的标准；她总是希望在学期末的时候拿出优异的成绩单来交给父母，尤其是要令父亲感到满意。在交大这样高手如云、竞争激烈的环境里，即使是天赋很高的学生，要想获得拔尖的成绩，也实在是不易。为了达到目的，徐晓白花了比别人多数倍的时间来学习。她不仅与班上的优秀生比成绩，也常常与自己较劲。她很有毅力，学习方式与众不同：每天都要给自己定下当日的学习计划，不完成这个目标，就算学习到再晚，她也绝不休息！[2] 有一次，她与同学一起做磁力线物理实验。这个实验难度非常大，两人一起工作了一整天，等到完成实验，窗外天色已黑透了，合作的同学感到身体劳累，无法支撑，便打算返回宿舍休息等第二天再撰写实验报告。但徐晓白坚持当日事当日毕，她加班加点，熬夜工作，待写完实验报告已经是第二天清晨，她整整熬了一个通宵！第二天她也不休息，又接着去上课、做实验。这件事令她的同学都很佩服她。徐晓白坚持不懈刻苦学习，在校期间，仅有一学期的期末考试，除了一门功课课程因为任课老师最高只给出了 80 分以外，其他各门功课，徐晓白都考出了 80 以上的好成绩，在系里是数一数二的优等生[3]。

---

[1] 朱桐访谈，2013 年 11 月 30 日。资料存于采集工程数据库。
[2] 《竹苍松茂——恭祝徐晓白院士八十五华诞》，未公开出版，第 8 页。
[3] 同[2]。

表 徐晓白1946年第一学期各门课程的结课成绩科目[1]

科 目	成 绩
科学德文	89分
高等定量	92分
高等有机	86分
理论化学	97.6分
理论化学实验	5分
应用力学	90分
化工原理	82分
工业化学	89分

图2-7 徐晓白着运动服照

学习之余，徐晓白也未放弃自己的爱好，为了保持强健的体魄来学习，她喜欢参加体育运动，最擅长的是打篮球和排球；她也喜欢音乐，还是交通大学合唱团女高音部的一员，常常在学校里的合唱和演出活动中崭露风采。大学时代的徐晓白，性格开朗，青春靓丽，脸上常常挂着活泼和热情的笑容。

一场风波

在交通大学求学的时光，令徐晓白一生难忘。求学期间，她遇到了一些挫折，这令她十分苦恼，首当其冲的是1945年9月的"甄审"风波。

[1]《徐晓白的学生调查表》(1946年11月15日)。存于上海交通大学档案馆。

1945年8月15日，日本投降，中国人民取得了抗日战争的伟大胜利。全国上下都为胜利欢欣鼓舞。位于重庆的交通大学师生准备南下，位于上海的交通大学也准备迁回徐家汇原校址，而就在此刻，一场风波发生，令交大师生返校上课一事遭遇挫折。原来，1945年9月26日，国民党政府公布《收复区中等以上学校学生甄审办法》，称：原沦陷区的毕业生，肄业生和在校学生为"伪学生"，一律要参加甄审和训练。国民党政府拒绝承认敌占区大学学生的学籍，这样一来，八年来坚持在"敌后"上海办学的国立交通大学被教育部定为"伪交大"，学生和教职员都成了"伪"的。按照当时政府的要求，国民政府教育部要解散"伪交大"，此事引起交大师生和社会各界的强烈不满。这对已在交大上海校区就读了一段时间的学生来说，更是沉重的打击。徐晓白面临着失学的危险。"难道沦陷区里的学生就没有上大学的权利吗？"况且留在上海的师生们，为了坚持交大的优良传统，为了保护学校的图书、档案、仪器，与日本侵略者及汪伪政府做了八年的艰苦斗争，付出良多。学生们认为国民党教育部的决定是对师生们不实的污蔑，剥夺了学子求学的权利。一些学生便自发组织了反对污蔑、争取入学的斗争。此时此刻徐晓白已修完了大学一年级的基础课程，正要升入二年级，她正在准备修实验等方面的高级课程，却被告知即将面临失学，她深受打击。

　　按照当时国民党政府公布的甄审办法，学生们要个别登记并参加审查，"甄审"的内容是参加考试，考试项目有国文、英文、三民主义，还要标点批注国父遗教与《中国之命运》，呈交研读报告与学术论文各两万字以上。"甄审"的对象除了学生外，连曾在"伪校"任过职务的教职员也不能幸免，一律被要求参加审查。由于社会舆论与各收复区学生的强烈反对，当局于1946年2月又公布了《甄审修正办法》，但仍以学习蒋介石的《中国之命运》为主要内容。这样无理的条件令广大师生感到不满，面临失业、失学威胁的师生们不得不为生存而战，全国许多地方都发生了师生抗议的运动，北平、天津、上海的学生们团结起来，纷纷走上街头，向政府请愿。1945年11月，交通大学与上海医学院、德国医学院、上海商学院、国立音专、雷士德工学院等学校的学生联名发出《因荒废学业而请愿》的告各界同胞书,提出学生无罪,理由是:"第一,因为付不出巨大旅费,家庭牵连,环境困难,不能跟到内地去。政府既未实行坚壁清野,我们就流落在沦陷区。第二,我们在困难中埋头读书,以便将来为国效劳,而对抗战必胜的信念,加强了我们忍辱苦攻的勇气。第三,我们没有受到奴化教育。"[①] 学生们的抗议十分热烈,1945 年的 12 月 31 日,天津甚至有学生 6000 余人包围了教育局,反对甄审。

当时滞留在上海的交大,在教学上严格采用战前旧制,课程上既不教授日文,也不涉及政治,学生们所学均为技术类科目。国民党教育部所提的"伪学校""伪学生"一说以及颁布的甄审命令对于交大的学生来说,强行剥夺了学生们上学的权利,实在是无理又无据。学生们反对政府的命令,举办各种抗议活动。1946 年 2 月,恰逢蒋介石到上海,为了争取升学,上海的大学生们遂自发组织起来,他们高喊着"人民无伪!""学生无伪!"等口号,集结至到位于贾尔业爱路(今东平路)的蒋介石居所请愿,对政府举动不满的徐晓白为了争得升学的权利,也跟随同学前往。但学生们的示威遭到了国民党军警的阻拦,在对峙了一个通宵之后,学生们没有见到蒋介石,请愿最终也没有成功。

徐晓白还记得,她的邻居周载华曾劝说她去参加甄审。尽管渴望继续升学,但是徐晓白心中很清楚,政府的做法是蛮横而无理的,这完全剥夺了沦陷区学生求学的权利,她的心中对此愤恨,倔强的她对家人和朋友说:自己坚决不会参加这样的"甄审"。

在取得继续升学的资格之前,徐晓白面临着出路无着的窘境。师生们的抗争是否能够争取到一条出路?徐晓白心中并不确定,她十分彷徨,内心焦灼不安。她既不愿意放弃好不容易得到的上大学机会,也无力主宰当局者的决策。而此时,徐家因为徐祖藩已经连续八年赋闲在家,仅靠积蓄度日;且在 1944—1945 年,因战争的关系,上海地区物价飞涨,供应紧张,市民生活困难,徐家的积蓄即将用尽,家庭经济更加困窘。徐晓白的学业没有着落后,徐家父母曾劝说女儿放弃学业,母亲的想法十分简单:

---

① 上海交通大学校史编纂委员会编:《上海交通大学纪事 1896-2005》(上)。上海:上海交通大学出版社,2006,359 页。

要么找一份工作，要么去嫁人。徐晓白不愿意听从父母的安排，她还抱着复学的希望，打算一边找一份短期工作来补贴家用，一边观望时局的变化。通过施懿德的介绍，她到离家不远的南模女子部做了一个多月的临时工作，工作内容是在教务处管理学校教务文书往来，以及给学生监考。这份工作报酬虽然不高，但是暂时缓解了徐晓白的经济压力，工作的忙碌令她焦急的心暂时平静下来。

1946年1月，国民党教育部设立临时大学，师生员工进入临时大学，徐晓白辞掉了南模的工作，先去临时大学上学[1]。在社会各界的强烈反对下，国民党教育部迫于压力，不得不取消甄别"伪学生"的决定。1946年6月，上海、重庆的两个交大逐渐合班上课。在经历了一年的风波后，徐晓白终于正式回到交通大学，开始了大学三年级的课程学习。

1946年合校后的交大，仍设置了三个学院：理学院、工学院和管理学院。徐晓白所在的化学系属于理学院，包含数学、物理、化学三个系。理学院院长由民国时期著名的物理学家裘维裕[2]教授担任，他已经在交大任职长达二十多年，为交大的发展倾注了大量精力。在1945年8月日本宣布投降后，就是他挺身而出，第一个赶赴徐家汇，保护及协助接收交大校舍和残存的仪器设备，避免了校产再遭破坏。

1946—1947年化学系的教授有潘承圻、张大煜[3]、梁普、李懋观、顾翼东、徐宗骏等人，他们都是当时有名的化学专家。尤其是张大煜和徐宗骏二位，对徐晓白影响很大。张大煜在交通大学任教时，非常关心人才的成长，在困难的条件下，他为学生们讲述胶体化学和工业化学的知识，这

---

[1] 徐晓白在上海交通大学期间的材料（1968年6月）。存于中国科学院生态环境研究中心。

[2] 裘维裕（1891-1950），江苏无锡人。早年在上海工业专门学校电机系学习，1919年获得美国麻省理工学院硕士学位，1923年起，先后在上海南洋大学电机系和上海交通大学物理系担任教授、系主任及理学院院长等职务。

[3] 张大煜（1906-1989），江苏江阴人。中国科学院学部委员。1929年从清华大学化学系毕业后，赴德国德累斯顿大学学习胶体与表面化学，1933年获工学博士学位。回国以后在清华大学任教，历任讲师、教授。抗日战争期间，辗转到昆明西南联大任教并兼任中央研究院化学所研究员。抗战胜利后到上海任交通大学教授并兼任清华大学化工系主任。1949年后任大连大学化工系教授、系主任，担任大连大学科学研究所（后改名为东北科学研究所大连分所）研究员、副所长。后该所划归中科院领导，多次更名，张大煜一直担任所长。

图 2-8　大学时的徐晓白在老师指导下做实验

些令徐晓白获益匪浅，并令她在20世纪50年代参加土壤加固工程时能够学以致用。在徐晓白即将大学毕业之际，张大煜还热情推荐她前往中央研究院化学研究所去就业，奠定了徐晓白的职业方向，后来的许多年里他们在相关行业里也有一些学术上的交流。徐宗骏在徐晓白的中学时代，便以很高的授课水平激发了她对化学实验的浓厚兴趣，从而对她的择业和研究方向选择产生了影响。

交通大学理学院化学系的教学既重视理论研究也重视应用技术，尤其重视学生的实验，其宗旨是"专致力于培养科学创造人才"①。令徐晓白感到幸运的是，无论是在法租界时期，还是在迁回徐家汇旧址并收复校产以后，交通大学都尽力提供给学生提供好的学习条件，有文献资料记录了当时的情况：

> 各系设备，大部为战前所购置，尚称完善。并有名贵仪器多种。各项设备，自抗战以至最近上海解放前之强迫解散，屡经劫难，均赖各系师生员工努力抢救，损伤极微。现物理系有普通化学，物理化学，分析化学，有机化学，工业分析，化工机械等实验室。仪器药品差可应付。此后将对各实验室力图发展和充实。化学系并计划恢复电化实验室，油漆及油脂工厂。图书方面，参考书籍、杂志已订购多种，惜因经费支绌。尚感缺乏，然有系统之化学文献巨秩，尚有数种可资参考之用。②

徐晓白最为满意的是，交通大学的实验条件是上海地区的大学里数一

---

① 《交通大学校史》撰写组编：理学院复员建设概况（1946-1947）。见：《交通大学校史资料选编 第2卷 1896-1949年》。西安：西安交通大学出版社，1986年，第507页。

② 同①。

数二的。据徐晓白的邻居、1948年入学的化学系学弟王仲钧回忆，当时学校的条件很好："交通大学有一个特殊的条件，那就是属于交通部主管。当时其他大学都是教育部管，交通大学比较特殊。在国民党时期，交通部最有钱。其他的学校包括清华、北大属于教育部管，没有钱，都是穷学校，学校的老师都是穷教授，但是交大不一样。交大的图书和实验室仪器都很充裕，我们用的仪器，像天平，每个人都有一套。玻璃仪器是美国进口的，药品是德国进口的。"[①] 良好的条件令徐晓白对实验课的兴趣更浓厚了，她的实验课成绩很好，动手能力很强，知识掌握得牢固，为后来开展科研工作打下了良好的基础。

学业有了着落之后，徐晓白的生活按部就班起来。每天她两点一线——家和学校。因为家住得离学校不远，徐晓白没有住校，而是以走读的形式度过了大学时光。

青年时期的徐晓白，不关心也不懂得政治，一心只想着读书和未来的就业。除了"甄别"风波之外，学生时代、乃至到参加工作后的一段时间里，她对社会上形势和政局变动不太关心。但是有一件事，徐晓白无意中经历了学生请愿遭遇当局暴力镇压，从中看到国民党政府对学生的强权和粗暴，从而对当权者产生了强烈的不满。

1947年5月20日，北京、上海以及苏、杭地区有16所专科以上学校学生共6000余人，在南京举行联合示威大游行，向国民党政府提出增加伙食费及全国教育经费等要求，请愿不但没有成功，游行队伍还遭到警察、宪兵和特务的无理殴打，导致学生中重伤、轻伤几十人。此前徐晓白知道将有请愿发生，便和同学们一道坐火车去南京，但是因为受到当局干涉，徐晓白一行人仅在火车上停留了一晚便被遣返学校，并没能亲身参与请愿活动，也没有亲眼看到政府的暴力镇压。但是在1947年5月25日这一天，她真真切切经历了国民党当局对学生的粗暴和残酷。

当天下午，徐晓白与要好的同学钟荔一道，去学校旁听学生代表会议。晚餐后时间还早，她便与钟荔先去教室等候。刚到教室不久，她听到

---

① 王仲钧访谈，2014年6月21日。资料存于采集工程数据库。

窗外有人在呼叫，说是离学校不远的路口上有警备车开来了。徐晓白和同学们还没反应过来，便听到教室外面传来很响的打架声和吵闹声，一阵阵砰砰砰的敲击声传来，原来是有人从窗户外面向教室里扔石块砸人，窗户上的玻璃都被砸碎了，继而电灯也熄灭了，教室里一片漆黑。徐晓白和钟荔十分害怕，两人缩成一团躲在了屋角。为避免石块砸入教室伤人，教室里的人迅速把所有的课桌椅都叠在一起，堵住窗户和门，不让石块被扔进屋内。过了一会儿，灯光重新亮了起来，徐晓白听到外面有人用利斧劈门的声音，幸好有许多桌椅挡住大门，使外面的人无法立刻进来。教室外面的学生们看到有暴徒侵害同窗，便自发集结起来解救被围困的同学，在校园里发起了集会抗议暴行，这才喝退暴徒令徐晓白等人脱困。后来徐晓白得知，原来在窗外投石和用利器劈门的都是国民党特务，他们听说学校里有学生在开会，认为学生们是在反对政府，便前来破坏。当时教室被石头砸入的时候，有同学从窗口跳出逃生即遭到特务殴打，还有人被特务抓捕。徐晓白和同学们因暴徒的行径，被困到第二天凌晨才得以离校返家。她每次想起这事都心有余悸，她对特务的暴力行为非常厌恶，对国民党也没有了好感。但这并没有令徐晓白对政治敏感起来，在求学期间还发生了几件事，对徐晓白后来的学习和工作都产生了很大的影响。

　　抗战胜利后，作为资深船长的徐祖藩前往海鹰轮船公司工作，徐家经济随着徐父外出工作渐渐好转了起来。1947 年 6 月中旬，徐祖藩被派遣到台湾建立海鹰轮船公司在台湾的分属公司，机缘巧合之下，徐晓白便和好友钟荔趁着暑假，随徐父前往台湾游玩了一番。这是第一件事。

　　第二件事发生在 1947 年 9 月，徐晓白的姐姐徐家和与丈夫居住在常熟，管理一家布店，他们常常要去无锡做生意，于是便邀请母亲夏佩玉和弟弟、妹妹一同去无锡游玩。这本是一家人团聚的好时光，徐家众人在无锡痛快地游玩了一番。在饱览了无锡的名胜后，徐晓白返回学校准备开始新学期的课程，可就在这时，周围谣言四起，有同窗说她明面上是外出游玩，实际上是去秘密参加三青团训练。这可从何说起？而这种怀疑，令徐晓白无辜受辱，尽管她当时并不以为然，认为"清者自清"，清高的她不屑于辩白自己，但流言并未因此而完全消亡，这一伏笔对她后来的事业和生活都产生了许多不良的影响。

"三青团",是国民党下属的青年组织,成立于1938年7月9日。在抗日战争时期,这个组织在抗日救国的名义下,开展了例如建立青年馆、招待所来安置流亡青年和学生,以及建立战地服务队、宣传队慰问前方将士等活动。但是在抗日战争转入相持阶段至抗战胜利后,三青团成了国民党反共的工具,甚至发生过迫害、关押爱国进步青年的事。而所谓的三青团训练,则是在国民党的严密控制下,三青团向青年灌输封建思想和反共思想,宣扬"一个主义、一个政党、一个领袖"和对蒋介石效忠的思想,进行所谓的"精神训练""生活训练"等。1947年9月,三青团并入中国国民党。三青团当时在社会上名声很坏,徐晓白本人对三青团印象也不好。对政治和时局毫无兴趣的徐晓白自然不会参加与三青团有关的事情,后来的调查,也都证明徐晓白是清白无辜的。尽管这是莫须有的事情,但是在中华人民共和国成立后的历次政治运动中,徐晓白却莫名因此屡受调查,受到了很大的牵连。

第三件事是在1948年12月,海鹰轮船公司准备迁往台湾,并先遣送员工家属去台湾安置。徐祖藩本是海鹰轮船公司的职员,徐晓白一家便随着父亲前往台湾,他们在此居住了两个月。但徐祖藩与海鹰轮船公司的老板合作得并不愉快,再加上徐家人并不适应台湾潮湿炎热的气候,全家人都感到故土难离。于是在1949年2月,徐祖藩辞掉了工作带着家人返回上海定居。1949年是中国命运发生转折的重大时刻,徐家人虽然是为了徐祖藩工作的缘故而往返台湾,并无任何政治因素,但是这件事却对徐家人产生了许多不利的影响,令徐晓白在特殊的年代里蒙受了不白之冤,受到了许多不公正待遇。

还有一件事和徐晓白对自己未来的职业规划相关。徐晓白希望在毕业后成为一名从事化学工作的科研人员,因此徐晓白求学期间学习成绩优异,尤其爱好理科。她认为理科学好了,将来可以干一些实事。受到这样的思想影响,在学校里,徐晓白喜爱阅读科学方面的书。她英语好,阅读范围广泛,看到了许多国外的原版书籍,对外国的文化、科学产生了向往。她动了留学的念头,想去国外开一开眼界,学更精深的知识。那时候

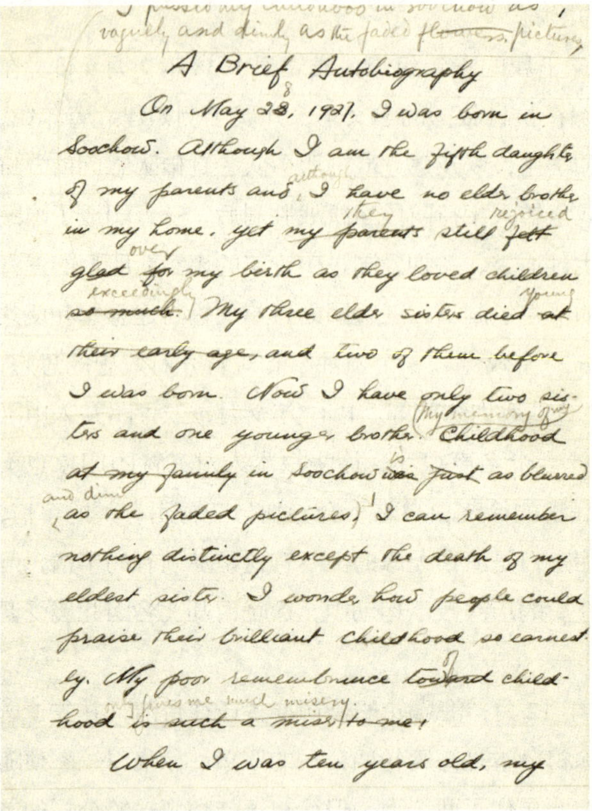
I passed my childhood in Soochow as vaguely and dimly as the faded pictures

A Brief Autobiography

On May 28, 1927, I was born in Soochow. Although I am the fifth daughter of my parents and, although I have no elder brother in my home, yet they rejoiced over my birth as they loved children exceedingly. My three elder sisters died at their early age, and two of them before I was born. Now I have only two sisters and one younger brother. Childhood at my family in Soochow is just as blurred as the faded pictures, I can remember nothing distinctly except the death of my eldest sister. I wonder how people could praise their brilliant childhood so earnestly. My poor remembrance toward childhood gives me much misery.

When I was ten years old, my

图 2-9　1948 年徐晓白申请留学基金的自传底稿

的风气是家庭条件较好的青年人在大学毕业之后便申请出国深造，尤其是热衷于去美国留学，因为美国有较好的学习和生活环境。而徐晓白的堂兄徐皆苏，还有要好的朋友都在美国读书，可以在生活上照应她，徐晓白因此也积极寻求去美国留学的途径。

徐晓白家庭的经济状况虽然因为父亲前往海鹰轮船公司工作而有所好转，但家庭里子女众多，生活开销大，不具备供她自费留学的条件。而她只是一名普通的学生，虽然在校成绩优异，但如果没有知名的教授介绍，也没有门路能够申请到美国顶尖大学的奖学金。徐晓白为此感到苦恼，她写了一封信给美国驻华大使司徒雷登，询问赴美留学的事宜，但是并没有得到回复。她又给中美学生联谊会写信，申请留美的奖学金。她在这封用英文写成的信里，详细介绍了自己的学习和家庭情况。父亲徐祖藩深感自己的收入无法负担女儿出国的费用，但为了帮助女儿达成心愿，他特意请来民国时期有名的律师、首屈一指的海商法专家、海损理算专家、曾担任过海鹰轮船公司董事长的魏文翰帮她修改这封英文信。可惜的是，因为徐晓白是女生，而且当时她申请的奖学金管理方不愿意给赴美新生提供资助，她最终未能顺利取得留学的资格。她只好又想了些别的办法。为了能出国留学，徐晓白和要好的女同学一起去教堂参加礼拜，这并不是因为她有宗教信仰，她的想法是通过社交活动与外国人进行交流，一边学习英语，一边获得留学的信息。尽管徐晓白的这些举动在当时来说，只是一名普通女大学生单纯的做法，可是在特殊年代，这些都成为她有"特务"嫌疑的"罪证"。

第三章
踏上学术之路

徐晓白从民国时期的中央研究院化学研究所起步，从此走上了学术的道路。初来乍到，她便得到名师梁树权的指导，与分析化学结下了深厚的缘分。后来她转投到柳大纲名下，学习物理化学的研究方法。在学术道路上，无论她从事何种研究，都离不开这一阶段所打下的良好的分析训练基础。

在中央研究院化学研究所

1948年夏天，徐晓白完成了大学学业，从交通大学毕业。毕业之前，学校对毕业生的意愿做了一番调查。徐晓白有两个就业选择：去中央研究院化学研究所工作，或是留在学校担任助教。

交通大学化学系教授张大煜是徐晓白的授课教师，他对徐晓白的专业学习情况很了解，热心介绍徐晓白去中央研究院化学研究所工作，他认为徐晓白动手能力强，在研究所做实际工作能更好发挥特长。张大煜曾经在中央研究院化学研究所兼任过一段时间的研究员，因此有资格推荐优秀的有志于从事化学科研工作的毕业生去那里就业。因为徐晓白学习成绩好，所以当时无论是中央研究院还是交通大学化学系，对她都表示欢迎。徐晓白考虑到留在学校当助教，对自己提高学术水平帮助不大，她真实的想法是："留校教书总是搞老一套，教授教课等于每年放一遍留声机，自己不能提高，科研则是搞新东西，自己可以从中学习提高，也利于将来到美国留学。"①徐晓白认为去研究所做的是实际的科研工作，可以从中学到新方法和新知识，从事科研工作的经历有助于将来申

图 3-1 徐晓白着学士服照

请去美国留学，加上中央研究院也有选派和资助人员出国留学、进修的传统，这些原因令她倾向于去研究所就业。1948 年 8 月中旬，徐晓白领到毕业证便去中央研究院化学研究所报到了。

中央研究院于 1928 年 7 月成立于南京，其中化学所成立于 1928 年 11 月，前身是位于上海的理化实业研究所化学组。1939 年化学所迁往昆明，抗日战争胜利以后，迁至上海岳阳路 320 号。岳阳路 320 号原址是日本人 1931 年利用"庚款"建造的自然科学研究院，也是日本侵华的科研基地。抗战胜利以后，在岳阳路 320 号的基础上，中央研究院上海各所建设成了一个新的科学研究基地，化学所为其中之一。化学所按照工作性质，其研究方向划分为无机及理论化学（研究电化学等方面的问题）、分析化学（研究新的分析方法和工农业原料成分的分析）、有机及生物化学（研究有机合成方法、生物化学和以国药研究为中心的药物化学问题）、应用化学（研究与农业相关的化学问题）等几个部分，并办有《化学研究所研究报告》《化学研究所集刊》等刊物。到 1948 年，化学所有研究人员 30 余人，高级研究人员有吴学周、黄鸣龙、柳大纲、梁树权、沈青囊、沈昭文、朱

---

① 《徐晓白手稿："历次工作变动中的主要思想"》，1968 年 5 月 27 日。资料存于采集工程数据库。

第三章　踏上学术之路

仁宏、黄耀曾等，他们都是当时著名的化学家。其中吴学周于1948年当选为中央研究院院士，他也是当时化学所的所长。

吴学周（1902—1983年），江西萍乡人。物理化学家，中国分子光谱研究的奠基人之一和化学科学研究的卓越组织者。1924年吴学周从东南大学毕业后，在化学系担任助教，讲授物理化学和普通化学，不久后，他考取了公费赴美留学的资格，来到美国加州理工学院攻读博士学位，并于1933年夏天，回国担任中央研究院化学研究所专任研究员。抗日战争期间，他保护了化学所的图书、仪器、设备，并辗转将它们运送至后方。抗战结束以后，他重回上海，担任中央研究院化学研究所的所长职务。中华人民共和国成立后，他帮助建设中国科学院东北分院，并担任了中国科学院长春应用化学研究所所长。

图 3-2 吴学周

在去中央研究院化学研究所参加工作之前，徐晓白和吴学周就已经认识了。吴学周曾经短期教授过徐晓白所在班级的物理化学课，虽然后来吴学周因为身体不好没有继续在学校授课，但他记住了班级里那位好学而活泼的姑娘。所以当徐晓白拿着成绩单去化学所申请就业的时候，所务会开会讨论征求吴学周的意见，他没多作考虑便欣然同意了。吴学周是徐晓白的老领导，他很欣赏徐晓白的才华，对她寄予了很高的期望。徐晓白在吴学周的领导下工作了许多年，她与吴学周关系很好。吴学周肯定徐晓白的学术和工作，徐晓白也十分尊敬这位老领导，感念他对自己的爱护，20世纪70年代中期，在经历了"文化大革命"的风暴挫折后，她还曾一度希望再回到吴学周领导的中国科学院长春应用化学研究所继续开展工作。

初到化学所，徐晓白，这位漂亮的姑娘犹如一阵清新的风，吸引了所里同事们的目光。徐晓白的同事张赣南回忆，在上海长大的徐晓白打扮摩登，衣着装扮与周围的同事完全不同①。当时研究所里许多女性穿衣朴素，还有人戴着厚厚的黑框眼镜，裹着一身颜色灰扑扑、样式宽大的老式旗袍，看起来老气横秋。徐晓白美丽又利落，犹如月份牌上走下来的时髦女郎。她一头秀发烫得微卷、蓬松，身材匀称，穿着一身剪裁精良的洋装，显得英气勃勃。因为她的家离单位不远，所以她不住研究所的宿舍，也不在那儿吃饭，她每天上下班骑着"洋马"（自行车）来去，十分洒脱。她说话和做事也很爽直，她的与众不同令研究所里很多人都注意到她，大家对她都有亲切的好感。

图 3-3　徐晓白骑自行车照

　　来到化学所向吴学周所长报到时，吴学周与徐晓白进行了一番谈话，在了解到她对物理化学很感兴趣后，他对徐晓白提出了两个选择：一是跟着他一起搞动力学研究，二是先做一段时间的分析操作方面的训练再定下研究方向。徐晓白想到自己虽然在学校里接受过分析试验训练，但程度还不够，她打算先做一些实际的分析化学工作，基础打好了再深入展开研究，于是她告诉吴学周自己属意后一种安排。吴学周原打算让她跟着柳大纲做研究，但因为那时候柳大纲尚在国外未归，于是便安排她先去找分析化学家梁树权，让她跟梁树权学习无机化学分析方法。

　　梁树权（191—2006 年），字德彬，号潄泉，出生于山东烟台，原籍广东省香山县。1933 年他毕业于燕京大学化学系，前往培养了大量近现代科学界里骨干人才的北平前农商部地质调查所工作，此后又去了奥地利维也纳大学深造，回国后，先后在中央工校、兵工学校、重庆大学、复旦大学和交通大学等国内多家知名大学担任教职，1945 年受聘在中央研究院

---

① 张赣南访谈，2014 年 6 月 29 日，资料存于采集工程数据库。

情系化学　返璞归真　徐晓白传

图 3-4　梁树权

化学所担任研究员，但因为当时化学所尚在昆明，因交通困难他未能前去就职，直到化学所搬回上海，梁树权才前来工作。梁树权是引领徐晓白走入分析化学大门的人，他教会了徐晓白分析化学的研究方法，这一段时间的工作，帮她打下了良好的基础。

梁树权分配给徐晓白的第一项任务是进行有关金属中钨、钼、硫等测定方法的研究。这期间，她主要研究金属杂质对元素测定的影响。她跟着梁树权做了两篇论文，一篇是《硫酸钡法测定硫》[1]，研究钼、铜和镍对测定硫的影响；另一篇是《以钼酸钡法测定钼》[2]，研究硫酸盐、氯化物、碱金属、铊盐灼烧温对沉淀的影响问题。这两篇文章都发表在1950年的《中国化学会会志》上。上述研究工作告一段落后，徐晓白又进行合成一种有机酸沉淀剂的工作，并用微量分析方法测定钨，还做了一些物理化学方面的工作。在跟随梁树权工作的这段时间里，徐晓白学会了很多，最显著的就是，在学校里，徐晓白学到的多是理论知识，虽然也做了一些实验，但那都是基础的知识。经过梁树权的指导和训练，她能够独立地设定实验方案。

20世纪40年代末，与徐晓白一起在梁树权指导下开展工作的还有高小霞、张赣南这两位年轻的女性，她们后来都成为有名的化学家。高小霞与徐晓白大学同校并高四级，她1919年生于浙江省萧山县（1998年去世），1944年毕业于上海交通大学化学系，1951年获得美国纽约大学分析化学硕士学位回国，1980年当选为中国科学院学部委员。高小霞的丈夫是后来被同行称为"中国稀土之父"的化学家、中国科学院院士的徐光宪，他毕业后曾于1946年1月回到交通大学工作，期间还担任过徐晓白所在班级的

---

[1]　梁树权，徐晓白. 硫酸钡法测定硫. 中国化学会会志，1950，17（2）：19-29.
[2]　梁树权，徐晓白. 钼及钨的测定Ⅳ. 以钼酸钡形式测定钼. 中国化学会会志，1950，17（2）：89-104.

助教。高小霞于1946年9月到1949年1月担任中央研究院化学研究所的助理员，在梁树权小组工作。徐晓白与高小霞共事的时间并不长，因为不久后（1949年1月）高小霞便远赴美国学习去了。

图 3-5 徐晓白与先后在梁树权领导下工作过的女性同行合影（前排左：高小霞，中：张赣南，右：沈天慧；后排左：徐晓白，右：刘慧）

另一位女助理员张赣南生于1926年，江西人，于1947年毕业于四川重庆大学，此后常年从事化学分析方面的工作，后来成为中国科学院物理研究所的研究员，为物理所各种材料的物化分析做了很多工作。张赣南是梁树权在重庆任教时教过的学生，跟随梁树权工作的时间很长。这三位女性，后来不仅在工作上多有联系，生活中也是好朋友，结下了深厚的友谊。徐晓白有一段回忆，简要记录了当时梁树权研究小组里的人员情况：

> 这时梁树权先生组内有张赣南和高小霞两人做研究，另有徐春芬是工友。共有三个房间，都在楼下。梁先生的办公室里就放天平，我们实验主要在一个大房间里，办公也在其中。徐春芬主要负责打扫卫生服务，有时还帮我们洗烧杯。平时则在我们实验室，而在另一个房间，这间里面也做些实验，主要还是梁树权的仓库。我去后知道张赣南是梁树权重庆大学带过来的学生，在重大时就跟他做过论文。高小霞原来是1944年上海交大毕业的，只是我进去时她已毕业，所以先前并不认识。不过因为徐光宪后来曾做过上海交大的助教，所以也知道高小霞。[①]

---

① 徐晓白人事档案，《徐晓白在中央研究院化学所以来的经历》，1968年6月。存于中国科学院生态环境研究中心。

徐晓白在梁树权领导下开展工作。梁树权对他手下的研究人员要求很严格,尤其是对研究人员的技术要求很高。令徐晓白深感钦佩的是,梁树权总是严格遵守科研规范。他常常教导学生下属,要实事求是,做好每一个细节。在梁老师的督促下,徐晓白养成了良好的实验习惯,她的实验台总是一丝不苟、干净整洁,每一件物品都放置在其应有的位置上。不仅如此,她重视实验记录,每次做实验,她都会严谨记下得出的每一条数据,整理得非常细致。20 世纪 80 年代,徐晓白去美国学习,她带回来一整套实验记录本,里面记录得有条不紊、整齐规范,实验过程和实验结果清晰可推、一目了然。

虽然跟随梁树权工作的时间并不长,可是徐晓白在工作上和生活上都深受梁先生的影响。那时候研究所里传着梁树权的小笑话:原来,梁树权在出差住旅馆的时候,会把旅馆里提供的肥皂、牙刷都拿走,因为他认为既然已经付出了住宿费,而这些东西又是包含在费用里面的,那么没有用完的东西理所当然应该带走,否则就浪费了。尽管有人笑话梁树权"抠门",但是徐晓白却认为老师做得很对,每次听到有人笑话老师"小气",她便怏怏不乐,挺身而出,为老师辩白。她的道理和梁老师一样,既然已经花钱买了,为何要浪费物品来显得自己"阔气"?尽管这都是生活上的小事,但也体现了梁树权对徐晓白影响很多,反映出徐晓白性格上的直率和单纯。

还有一件事,1948 年 12 月,徐晓白在参加工作后没多久,和家人一起去了台湾,徐家人原想在那里定居,徐晓白还曾受吴学周所托,给台湾大学的一位教授送去了一封信,她也顺便前往台湾大学考察了一番。但是没过多久,梁树权就给徐晓白写了一封信,催促她快一些回到研究所工作。尽管后来徐家人返回上海定居有诸多因素,但徐晓白本人显然是受到了梁树权的召唤。加上当时台湾的学术环境不利于开展科研工作,知名教授不多,化学学科的发展也不如内地,所以她还是希望在上海的科研机构里做些具体研究,尤其是希望能跟随有名的化学专家深入学习。

徐晓白在中央研究院化学研究所开始了她的新生活。不同于在学校里学习,研究所提供给青年人的环境更加宽松,她有机会参与到更多实际的工作，能够跟随学识和经验丰富的高级研究人员学习，她感到自己工作能力提高很快。当时化学所有一个传统，那就是每周要举办一次"学术报告会"，研究员、副研究员和助理员都要参加。报告会上有研究员给年轻人讲课，内容包括化学相关的理论、方法和研究工作的进展，高水平的讲座令研究所同人在交流中得到了提高。在交大任助教的徐光宪那时候经常来所里听课，高小霞回忆起当时的情景，令他们难以忘怀的是吴学周所做的量子化学报告，这对徐光宪未来的学科方向和学术道路有很深的影响，高小霞认为这种报告会是青年人"学习的难得机会，增长了知识，培养了兴趣。"[①]

"应变护院"

1949 年的中央研究院化学研究所，原定当年的学术研究方向为：开展水溶液中化学反应机制研究、有机合成、天然有机物之提取及其结构、酵素化学、电镀合金以及化学分析方法等方面的研究。但是从 1948 年到 1949 年上半年，因受政治和时局影响，上海环境动荡，化学所开展工作屡屡受挫。而 1949 年上海解放前夕，留在上海的人员为了保护化学所的财产安全还曾经历了一番斗争。

首先是物价上涨令中央研究院的职员普遍感到生活负担加重。抗战前中央研究院给助理员定的工资为 100~150 元，最高级别研究人员的工资是 500 元。到战时和战后，因物价上涨的关系，实际所发工资数额不断增加。但从 1948 年起，国民党实行币制改革、发行金圆券后，上海市物价飞涨，员工们领到薪酬的购买力越来越低。1948 年 8 月左右，员工领到的金圆券除了购买衣物等日常所需外，尚能留下一些伙食费，但是越往后，金圆券越不值钱。甚至到了发薪水的日子，会计从银行领回金圆券到回研究所的这一路上，银圆价格飞速上涨，员工领到的金圆券眼看着就买不到什么东西

---

① 高小霞：吴所长风范永存。见：中国科学院长春应用化学研究所、江西省政协文史资料研究委员会、萍乡市政协文史资料研究委员会，《吴学周》。合肥：黄山书社，1993 年，105 页。

第三章　踏上学术之路

了。所以大家拿到薪水的第一件事，便是要把金圆券兑换成银圆来保值。从 1948 年 8 月到 1949 年 5 月，在短短 9 个月的时间里，政府发行的金圆券几乎成废纸，根本在市面上买不回什么东西。那些日子里，研究所里日常谈论多是围绕着银圆兑换的话题。当时就连所长吴学周，也深感到养家糊口十分艰难，更别提普通的职员了。

其次是随着国民党在战争中的节节败退，中央研究院的形势也发生了变化。1949 年 1 月 21 日，蒋介石宣布"引退"，不久后中央研究院院长朱家骅来到了上海，动员中央研究院搬家到台湾。但当时许多高级研究人员都不愿意去台湾。这些不愿意离开的人中有的是对国民党的腐败统治深感失望，不乐意跟着国民党走。有的人是因为经历了战争的颠簸生活，又不知道台湾是什么样子，希望留在上海有稳定的生活。化学所的高级研究人员吴学周和柳大纲是不愿意与国民党同流合污的代表，他们不愿意去台湾，又不好当面顶撞朱家骅的指示，便"消极"应对"搬迁"。有材料这样说：

> 中央研究院院长朱家骅来到上海，召集上海所属各所的高级人员，动员全体迁往台湾，说是历史语言所所长傅斯年已经率领全所搬走了。接着叫各所分头讨论并定出搬迁方案。吴学周是化学所领导，主持了该所的讨论。他表面上遵从，暗地里却不执行。其他高级人员也大都是持这种态度。结果，朱家骅的企图，在上海全落了空。[①]

吴学周和柳大纲的想法和做法也代表了中央研究院上海各所大多数人心中所想。为了不去台湾，负责搬迁的人采取了"拖"字诀，以拖延时间、消极打包装箱来表达反对之意。例如当时化学所里负责仪器和药品装箱工作的是张钧仁——他后来在中国科学院上海有机化学研究所工作，在柳大纲的提示下，他提出化学方面的东西多是瓶瓶罐罐、处理不好便成一堆碎玻璃，以及化学药品易燃易爆、安放不当易造成危险等理由，一直在拖延物品装箱的时间。到了 1949 年 4 月，朱家骅再次来到上海敦促搬迁，

[①] 黄耀曾：《记吴学周先生二三事》。见：中国科学院长春应用化学研究所、江西省政协文史资料研究委员会、萍乡市政协文史资料研究委员会，《吴学周》。合肥：黄山书社，1993 年，99 页。

看到各研究所里的物品甚至还没有装好箱,他感到大势已去,时间不等人,只好无可奈何地离开了,但他认为国民党还要回来的,临走之时,留下了一笔黄金和物资,使机构勉强维持运转。

当时还有一件事,国民党在撤退前夕,企图将国内知名的科学家强行劫往台湾去,著名气象学家竺可桢是国民党要劫持的对象之一。吴学周得知此事之后,在竺可桢潜行到上海之时与竺可桢做了接洽,在化学研究所辟出一间实验室供他居住,从而保护他躲避了国民党的阴谋劫持[①]。

其时中央研究院及该院上海办事处的负责人已经逃离了上海,中央研究院留守人员由德高望重的地球物理学家陈宗器[②]领导,他担任了上海办事处的主任,负责各所的行政事务,带领各所抵制迁往台湾。

中华人民共和国成立前夕,国民党的散兵游勇趁着混乱四处偷盗抢劫,上海街面上一片乱象,人民安全得不到保障。为了应对坏形势,在中共地下组织的支持下,中央研究院的留守人员还成立了"应变会"组织,对外称为"宿舍委员会",由陈宗器和中央研究院物理研究所的陈志强、中央研究院工程所所长周仁等人负责具体事务。为了保护研究所里的设备、财产和人员安全,"应变会"组织职工和家属日夜巡逻,从而保卫了上海各研究机构的设施免遭破坏,顺利迎接解放。1985年,陈志强回忆中华人民共和国成立前中央研究院各所组织人员保护财产不受损失的情况:

> 1949年春,上海即将解放,形势很紧。为了严防特务破坏期间,应变会设立岳阳路和长宁路两处宿舍委员会,以利于护院护所工作。当时,南京各所迁沪的图书、仪器都存放在长宁路大仓库里,全部未开箱,必须妥为保护。

---

① 胡永畅、黄宗甄、刘惠:《一个"跟着共产党走"的知名科学家——对吴学周先生在上海解放前后的若干追忆》。见:中国科学院长春应用化学研究所、江西省政协文史资料研究委员会、萍乡市政协文史资料研究委员会,《吴学周》。合肥:黄山书社,1993年,121-122页。另一说法为当时竺可桢是居住在岳阳路大楼上的贵宾室内,与化学所同仁还一起打过网球。无论哪种说法,可见当时吴学周与竺可桢在危急时刻应是有一番接洽。

② 陈宗器(1898-1960),浙江新昌人。1943年任中央研究院气象所研究员,中华人民共和国成立以后任中国科学院办公厅副主任、地球物理所副所长。他是我国地磁学的奠基人。

第三章 踏上学术之路

长宁路宿舍委员会由居住此处的各所职工各选一人组成，工程所周仁所长兼主任，我做些具体工作。首先把本宿舍内所有人员调查清楚，然后把全部职工及家属组织起来，除妇孺外都参加日夜巡逻工作，首尾约一月。有一天，院墙西边棚户忽然着火，我们立即帮助扑灭大火，事后查明是住户不慎失火，而不是特务有意放的。国民党军队也曾来此查看，但见院内秩序井然，人心安定，工作照常，且院内高楼离街约百米远，进退不便，未来驻扎，而强占临街的两座商店高楼，架设机枪。

……

接管后，在沪在宁各所和办事处全体职工都留任工作，并清点各所图书、一起等资财造册存档。因全体职工护所得力，没有因战争造成损失，研究工作亦能基本照常进行。[①]

关于中央研究院的应变护院运动，要提的一个人是胡克源，他与徐晓白同在化学所工作，1956年二人结为夫妇，胡克源在这场护院运动中做了很多工作。

胡克源，1926年7月21日生于四川成都的一个教师家庭。从其曾祖父起，家庭里一连四代都是以教书为职业，胡克源的父亲是当地中学里的专职教员，也正是如此，胡家族人大都有较好的文化水平，且对子女教育十分重视。胡克源幼时的启蒙教育来自于他的母亲，母亲教他读书认字。他小时候上过私塾，教师是一位前清的秀才，他从小便会背《三字经》《千家诗》之类的儒学启蒙书籍。9岁时，胡克源进入成都树德三小念书，后来又考入树德中学。在父母亲的严格教育下，胡克源从小便喜爱读书，他喜欢理科，数学、物理、化学都学得很好，于1944年考入在重庆的中央大学化学系学习。1948年8月，胡克源从中央大学毕业后，来到中央研究院化学研究所担任助理员，和徐晓白成了同事。胡克源刚到中央研究院化学研究所工作的时候，跟随吴学周所长学习，主要是做动力学实验。在

---

① 陈斯文，陈雅丹主编：《摘下绽放的北极星（下卷）》。北京：中国科学技术出版社，2008年，第321-322页。

柳大纲从国外学成回国后，胡克源便渐渐转入到柳大纲门下工作。

1949年以前的中央研究院里，从事科研的人员大多数只管业务，不关心政治。胡克源是中央研究院为数不多的中共地下党员之一。胡克源早期参加革命的经历与他上小学期间产生的民族情感有关，据他回忆，有一次参观一所学校的展览室，有两幅画令他印象深刻并产生了对日本人侵略中国的义愤，一幅画是日俄战争，这两个国家在中国的土地上厮杀；另一幅画是一个日本人拿着刺刀砍杀中国人，他一只脚踏在台湾，另一只脚踩在东北①。胡克源在大学里参加过许多次学生运动，与地下党有很多接触，他先是加入了地下党的外围组织（新民主主义青年团前身），大学毕业前他加入了中国共产党。胡克源在大学毕业时，曾主动向党组织提出，要前往解放区参加工作，但没有获得批准，而是被推荐去了中央研究院化学研究所，因为当时党组织认为，这也是十分重要的工作。在上海解放前夕，胡克源与同为地下党员的上海中央研究院工作人员黄宗甄、刘志敏各自负责联络群众，为保护中央研究院财产，做了许多工作。有材料记录，在上海解放前，胡克源"积极在暗中协助接管工作，并供给详细情报，给予我们（笔者注：党组织）很大帮助"②。时隔半个多世纪后，当事人胡克源回忆中华人民共和国成立前后中央研究院的情景，他还记得：

（1949年）4月20日以后上海很快被包围了，我们就组织护院。护院就是怕散兵游勇抢劫盗窃，有职工巡夜，但是那时候很巧，很快有一个交警大队住进来了，就住在中央研究院。当时中央研究院有两个地方，一个是岳阳路，一个是长宁路，长宁路就在中山公园对面，是工学馆。岳阳路是动物（所）、植物（所）、医学（所）、化学（所）。交警大队住在岳阳路，后来才知道交警大队对中央研究院起到了保护作用。③

---

① 2015年1月15日，胡克源访谈。资料存于采集工程数据库。
② 《上海解放》。中国档案出版社，2009年，第378页。
③ 2015年1月15日，胡克源访谈。资料存于采集工程数据库。

徐晓白也是中央研究院里的留任人员之一。那时候中央研究院内的男女职工和家属自发组织团队参加护院，这些团队有救护组，还设有消防、值班人员。徐晓白参加了救护组的工作，她跟着医学所的同事们学习扎绷带、人工呼吸、止血、急救，以应对突如其来的情况[1]。

中华人民共和国成立前夕上海市面上的乱象令徐晓白心里忐忑不安，房屋外、街道上常常有枪声响起，她心里十分惶恐。当时她家附近驻扎了一支国民党的军队，这支部队横行霸道，极大地扰乱了周围人民的生活。为了躲避这支部队的侵扰，在很长一段时间里她和妹妹晚上不敢回家，而是绕道去父亲的朋友家里借住。但是父亲的那位朋友家里房屋很狭小，起居不便，在躲避了一段时间后，徐晓白和妹妹不得不担惊受怕地回家居住[2]。尽管当时上海市面上一片混乱，但研究所里的人员还是坚持上班。徐晓白记得一直到上海解放的前一天，她还在梁树权的指导下起草一篇分析方面的论文。胡克源也记得，当时中央研究院用一辆交通车接送职工上下班，后来这辆车被国民党军队征用了，大家没有了工具，但还是想尽办法坚持上班，他们手头的实验工作大都没有停顿[3]。

正是在留任人员的齐心协力之下，中央研究院有惊无险渡过了难关，大多数器材、仪器都原封不动，实验室也都没有损坏。例如，1945年以前，日本人曾经在位于岳阳路320号的研究院进行情报工作，收集中国的重要地图和地方照片，其中有一组照片显示的是中国的一个村庄的全景。这些情报资料在日本人投降之后便保留在中央研究院里了，一直也没有人知晓。中华人民共和国成立后中央研究院被接管，在清点财产时，发现了这些保存完整的珍贵材料，而这些地图后来在判断中印边境问题上还发挥过重要作用[4]。

1949年5月27日，上海解放。解放的前一天，有同事提醒徐晓白今日要早点下班，她意识到当天可能会发生些什么事，于是还没到下班的时间便提前回了家。那一天，徐家人早早闭紧了门户，但谁也没有真正安

---

[1] 徐晓白档案，《进伪中央研究院化学所以来的经历》，存于中国科学院生态环境研究中心。
[2] 徐晓白日记，未公开发表。
[3] 2015年1月15日，2017年5月17日，胡克源访谈。
[4] 同[3]。

眠。晚上徐晓白在屋子里隐约听到远处有枪炮声响起，第二天早上打开门来看见街上已有解放军队伍驻扎了，一夜之间上海便解放了。解放军朴素的着装、井然有序的队伍、对市民彬彬有礼的态度，令徐晓白感到触动。这和国民党军队的恶劣行径相比，对比真是太强烈了！不久以后，上海人民政府还采取了一系列措施打击投机倒把，积极恢复金融秩序，上海的物价从中华人民共和国成立前一日多变到渐渐稳定，徐晓白一家人的生活安定下来，这也是徐晓白从内心深处感到与过去有明显不同的地方。

上海初解放的时候，徐晓白留在化学所分析组继续工作。那时候中央研究院除了正常的研究工作之外，各类的学习活动较多，她和同事们沉浸在新时代到来的热情中，常常有开会、游行等活动，她还和同事们一起去外滩参加庆祝解放的集会，青年人高兴地载歌载舞、又蹦又跳，欢迎新秩序的到来。1949年7月，上海军管会文教处正式接管中央研究院，该机构接受人民政府的改组，渐渐走上了新的发展方向。

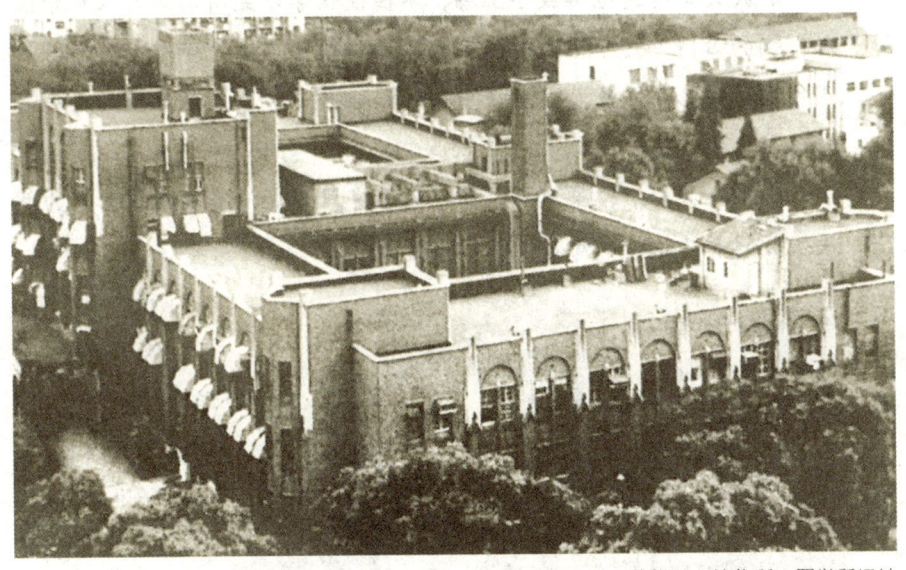

图 3-6 原物理化学所、动物所、植物所、医学所旧址

1949年6月，中共中央决定筹备建立科学院，陆定一负责，恽子强和丁瓒协助，钱三强和黄宗甄参与。9月，钱三强和丁瓒共同起草《建立人民科学院草案》，确定了中国科学院的基本框架。1949年9月27日，中

国科学院成立,郭沫若担任院长。中国科学院成立以后,领导全国的科学工作。与此同时,国家逐步接管旧的科研机构,并对旧机构进行了改组。1950年3月21日,中科院接收了中央研究院在上海的化学、植物、动物、医学和工学等研究所,组建新的单位。对化学所的改造是在原机构物理化学、无机化学、分析化学、工业化学部分的基础上,合并北平研究院化学研究所并分出有机及生物化学两个研究部分,新成立了物理化学研究所,所长为吴学周。同时原化学所有机化学部门组成有机化学研究所,所长是庄长恭。徐晓白在新成立的物理化学研究所担任助理研究员。

1950年,徐晓白曾经就物理化学研究所的情况,在《科学通报》上发表了一篇题为《新中国成立后的前中央研究院化学研究所》的文章,介绍了新旧时代化学所的面貌发生了巨大的变化,新时期里物理化学所开展的工作情况,她满怀对未来欣喜、热情地说:

解放大军神速地解放了上海,不但使化学研究所的工作人员紧张和怅惘的心情安定了下来;而且顺利地将二十多年来辛苦经营的一切图书仪器交给了人民。这给新中国的科学事业和化学研究所的发展开辟了光辉的道路。

……解放以后,虽然当时整个的研究计划还没有决定,而努力解决实际问题的精神早就表现在实际行动中了。

……

按照工作的性质来说,化学所的研究工作大概可分为六方面。第一,是关于物理化学方面的研究……大部分工作集中在多元分子的吸收光谱的

图3-7 徐晓白与中科院的女同事们合影(前排右一:招禄基;后排左:徐晓白;后排右:张赣南)

研究……第二是关于无机分析化学方面，进行了分析方法的研究……第三，有机化学方面进行了杀菌有机汞制剂的制备研究工作，并已获得很好成绩……第四，药物化学方面进行了贝母所含中性物质及川草解和苦参子的研究，也进行过贝母素甲和贝母素乙的化学构造及贝母素甲硒粉催化脱氢化反应产物的研究……第五，在生物化学方面则集中于磷酸酯水解酵素的问题……第六，工业化学方面的研究工作包括了研究锆及钽的电镀问题、铀矿分析方法的改进、台湾海湾矿砂在工业上的应用、锡中微砷的测定和利用、中国产萤石试制氟化物的研究等。

……

今天有机和物理化学两个研究所已分别建立起来了，旧的化学所分开了，这正是结合了伟大的经济建设任务，中国化学研究事业大发展的开始。①

名师柳大纲

1950年以后，徐晓白转换了研究方向，从最初做分析化学方面的工作转向物理化学研究方向，从这一阶段起至20世纪60年代，她在柳大纲属下，跟着他学习、做研究。柳大纲是对徐晓白影响最大的一位老师。

柳大纲（1904—1991年），江苏仪征人，字纪如，中国科学院学部委员，是我国著名无机化学和物理化学家，中国分子光谱研究的先驱者之一，盐湖化学的奠基人。

柳大纲出生在仪征城里的一个普通家庭，他的祖父推崇维新思想，在当地经营一个大杂货铺子。在祖父的着意培养下，柳大纲的父亲考上了秀才，靠小学教员的薪酬养家糊口。柳大纲是家中第三个孩子，他上面有两位哥哥，都在十三四岁的年纪上考中了秀才。柳大纲家中有重视子女学业

---

① 徐晓白：解放后的前中央研究院化学研究所．《科学通报》，1950年第5期，326页。

的传统,由此可见一斑。

在家庭的熏陶下,中学毕业以后,柳大纲考上了南京高等师范学校,这所学校于1921年后发展为东南大学。柳大纲在学校数理化学部学习,他的老师是中国科学社的创始人之一王季梁,物理学家赵忠尧、物理化学家吴学周均是与他要好的同班同学。1925年,柳大纲毕业后在中国公学大学部担任教员,同时在中国科学社《科学》杂志编辑部任编译员。1929年,他来到中央研究院化学研究所工作,从此投身于化学科学事业。1946年柳大纲经由中央研究院选派赴美进修,1948年获美国罗彻斯特大学研究院博士学位。1949年初,柳大纲携带大批图书资料回国。其时恰值国民党节节败退,上海解放在即,他坚决支持吴学周所长不将化学所迁往台湾的主张,并积极参加保护中央研究院的工作。有材料记载,在局势紧张时,柳大纲"曾掩护地下党员、收留地下党员在他家居住"[1]。中华人民共和国成立后柳大纲,"从1950年起在新建的中国科学院物理化学研究所任研究员,该所于1952年迁到长春后任副所长。1954年调回北京,任中国科学院学术秘书处学术秘书至1956年。1956年中国科学院化学研究所成立,他先后任该所研究员、副所长、代所长、所长,从1981年起任名誉所长"[2]。

徐晓白得以跟随柳大纲做研究颇费了一番周折。原来,徐晓白在参加工作之初,吴学周曾考虑把她安置在柳大纲小组工作,但是一来柳大纲不在国内,二来吴考虑到徐晓白初出校门,可先做一些分析训练打基础。在做了一段时间的分析化学工作之后,徐晓白希望尽快转向做物理化学方面的研究,这也是她在大学时候便有的专业兴趣。并且,徐晓白认为物理化学更为复杂,可以深入做一些工作。但当时研究所里分析工作需要人手,物化研究方向暂时也没有空余的位置,徐晓白要转方向的事便被搁置下来。

徐晓白曾向好友张赣南倾诉过自己的想法,所里和她来往较多的人对她的想法也有所了解,都在暗中帮她留意工作机会。1950年初的一

---

[1] 刘惠:高风常在 遗范永存——深切怀念柳大纲先生。见:《仪征文史资料第11辑 柳大纲纪念文集》。第42页。

[2] 胡克源、胡亚东、徐晓白:柳大纲传略。见:《柳大纲科学论著选集》。北京:科学出版社,1997年,第251页。

天，徐晓白从同事那里得知有一个可以调动去搞物化研究的机会，如果想调去，应尽快去找吴学周所长恳谈。原来，柳大纲正在做分子光谱研究，他的助手胡克源需前往党校学习一段时间，柳深感小组里人手不够，需要找一个有一定工作基础的研究助手。徐晓白很珍惜这个机会，她又敬佩柳大纲的学术和人品，自然想努力争取一番。她抓紧时间找到所长吴学周，表达了自己的心愿。吴学周没有当场表态，但他把这件事放在了心里。没过多久，在一次所务会议上，讨论人事安排的时候，他就势提出要把徐晓白调动到柳大纲的光谱组工作，柳大纲没做犹豫便答应了。尽管梁树权为徐晓白离开分析化学方向感到惋惜，但是所务会决定已下，徐晓白从此成为柳大纲小组中的一员。徐晓白跟随柳大纲工作，也是跟随他学习，虽未明确拜师，但柳大纲悉心教导徐晓白开展工作，他们实际上也成了师徒。

柳大纲经验丰富，他从20世纪30年代起，便与吴学周一起从事分子光谱学的研究，他在紫外、远紫外分子光谱研究上取得了有科学价值的成果。从1950年初开始，徐晓白跟随柳大纲进行紫外吸收光谱方面的研究，主要工作是测量乙二酰氯在近紫外光区的吸收光谱，徐晓白参与了校正光谱仪、建立高真空玻璃系统、纯化试样和采集蒸汽状态下试样的吸收光谱、做谱线测量和结构计算等工作[1]。在柳大纲指导下开展工作的这段时间里，徐晓白积攒了不少经验，打下了良好的实验和分析实验的基本功。

但是初到光谱组的时候，徐晓白感到开展工作有些困难，因为光谱学的研究是自己所不熟悉的领域。好在她物理化学学得不错，又对这门学科感兴趣，加上柳大纲教授她做实验十分耐心，她很快便上手了。徐晓白眼中的柳大纲为人和气，容易接近，教导年轻人毫不藏私，她对未来的工作很有信心。徐晓白跟随柳大纲工作没多久，1950年4月，柳大纲以科学工作者的身份，和当时上海所其他几位高级研究员一起被安排去往华北人民革命大学学习马列主义，以期他在学习结束后回来团结和教育上海所的知识分子开展工作。柳大纲要放下工作暂离上海，时间长达半年。得知老师

---

[1] 胡克源等，二十余年无机化学工作回顾（根据徐晓白遗存资料整理）。见：《徐晓白科学论著选集》编辑委员会编，《徐晓白科学论著选集》。北京：科学出版社，2017年，第85页。

要离开的消息徐晓白有些沮丧，尽管在一段时间的训练后，她已经能独立开展采谱、解谱、计算等工作，但是她还是希望能有老师在身边常常指导自己的学业。在同事们的劝说下，她很快接受了老师要暂时离开的这一现实，平复了心中不快的情绪，重新投入工作。柳大纲去"革大"学习后，她按照老师临走之前的部署，继续开展研究，耐心等待老师回上海后验收。后来柳大纲等人从"革大"学习回来，为上海各所里思想陈旧、不关心政治的研究人员做了许多思想动员和政治教育，他还成了此后各项运动的骨干人员。

柳大纲有一句关于化学学科的名言，深受科技界人士的推崇，他说："化学是一门实验科学，必须重视做好实验工作，化学又是联系实际较多的学科，理应为国民经济发展做出更多的贡献。"[①] 柳大纲自己是以"为国民经济发展做出更多贡献"为己任的。他后来接受有关胶体化学任务、部署原子能化学、转向盐湖化学研究，都是出于此初衷。柳大纲不计较个人得失，不在意自身能否取得高的成就，他时时刻刻都是以国家的需要作为自己开展工作的指导。他的谆谆教导，对徐晓白影响很深。徐晓白在其学术生涯中因国家需要或是其他原因多次转换科研方向，但她从不计较，没有抱怨。

徐晓白和胡克源，是柳大纲器重的两名年轻人。其中胡克源跟随了柳大纲多年，他在水盐体系相平衡方面多有建树，和柳大纲的情感最为深厚。徐晓白和胡克源眼中的柳大纲"严而不苛，态度和蔼可亲"[②]。柳大纲为人细心，也很宽容，为了把自己的经验全部传授给学生，让他们少走弯路，一开始带着青年人做工作时，他的方法是："亲自动手示范，带我们做实验。稍后渐渐放手，但布置任务明确而细致并耐心指点要津。"[③] 柳大纲几乎是手把手教授年轻人展开工作，从细节上对他们做出异常精细的指导。他辅导徐晓白和胡克源阅读专业书籍，告知他们国外研究的新动向。

[①] 马福荣：怀念柳所长。见：《仪征文史资料第11辑 柳大纲纪念文集》。第80页。

[②] 胡克源、徐晓白：忆纪如老师。见：《仪征文史资料第11辑 柳大纲纪念文集》。第61-64页。

[③] 同②。

经一段时间的学习后,他还给青年人出考题,让他们独立思考。遇到学生解决不了的难题时,他便亲自为学生们讲解。他为人和气,很少批评青年人。时隔多年,徐晓白和胡克源感慨:"他正是通过与学生的交谈和考察来了解学生的基础、思维方式与工作能力,并在安排工作时因材而异,发挥特长。他鼓励学生提出自己的工作思路,对我们的微小进步都感到高兴,对我们的错误从未加以斥责。"①

徐晓白回忆,自己许多实验习惯就是从柳大纲那里学来的,她说:"正是在先生耐心教诲下,我们学会了在研究工作中遵守正常程序。"②令她印象深刻的一件事是,在一次实验中,年轻人误把数升变压器油踢翻在地,柳大纲并没有指责学生犯的错误,而是平静地教授学生怎样将地面的残油收集起来,还将地面清洁干净。事后,他对学生们总结说:"凡是易破损、倾倒的器皿、溶液、试剂都应放在不易碰倒的位置。"③这样的例子有很多。在柳大纲的影响下,徐晓白从一开始便严格遵守实验室的规程,她对自己、对同事、对助手、对学生都严格要求,她要求实验室里的物品都应按照规则摆放,仪器和器材使用必须精细认真。彭美生是徐晓白在中国科学院化学研究所和生态环境研究中心的同事,从20世纪60年代起就一直在徐晓白小组工作,他回

图3-8 徐晓白在柳大纲从事化学工作五十五周年纪念会上(前排左起:高世扬、柳大纲、郑绵平;后排左起:陈荣莉、陈敬清、胡克源、徐晓白、张长美)

---

① 胡克源、徐晓白:忆纪如老师。见:《仪征文史资料第11辑 柳大纲纪念文集》。第61-64页。

② 同①。

③ 同①。

忆和徐晓白共事的情况：实验室里的仪器使用完以后，必须要擦干净。如果没擦干净被她（徐晓白）发现了，就要挨批评①。

1952年柳大纲遭受到了一场不小的打击，他尝到失去至亲的巨大悲痛，可他并未被这样大的痛苦击倒，而是沉着、冷静、顾全大局。

柳大纲有两个弟弟在中国科学院工作，一位是在冶金研究所（工学馆）工作的柳大维，他从事物理化学方面的研究；另一位是在植物生理研究所工作的柳大绰，后来成为一名从事植物生理学研究的专家。其时中国科学院所属的各研究所，正轰轰烈烈开展着"三反、五反"运动。在当时的中国，思想改造和政治学习都是家常便饭，在学习小组里，党要知识分子敞开思想，坦白交代过去曾做过或者做错的问题，曾多次参加过上级部门组织的马列主义政治和思想学习的柳大纲担任了中科院上海各单位的运动领导小组的成员。

但是就在这场声势浩大的政治运动中，柳大纲的弟弟柳大维被疑有"贪污"嫌疑，他遭遇到了一番逼迫。当时工学馆周仁被上海办事处认为是"贪污"的后台，而柳大维正是周仁的行政助手，工作组试图从周仁身边的人入手，柳大维不幸成为"打虎"的目标，被怀疑为贪污。柳大维是情面观念很重的人，他既接受不了指控和审判，也不愿意诬陷师长，而且当时进驻中国科学院上海各所的"三反、五反"工作组里的成员还有几位电影明星，他们不懂得如何调查问题，还常把审判当成戏来演，当事人张钧仁回忆，那时广播里总是反复叫喊："柳大维赶快彻底坦白交代问题，否则死路一条。"在这样的情形下，柳大维夫妇深感受辱，他们无法忍受现实，在2月26日上午双双服毒自杀。关于柳大维的后事，有材料记载：

> 柳大维先生自杀身亡的第二天，全院正在岳阳路320号大礼堂开大会。吴学周所长叫我出去说有特急任务，要我赶快去斜桥殡仪馆去帮助料理柳大维先生后事。于是我急急忙忙赶到斜桥殡仪馆。新中国

---

① 彭美生访谈，2013年10月26日。资料存于采集工程数据库。

成立初期的殡仪馆十分简陋，只有一块白布当孝堂，后面放着柳大维先生夫妇的尸体，除了我一个外人之外（冶金所一个人也没有），只有柳大纲老师和柳师母、柳大绰的夫人（柳大绰因公差未归）及4个小孩。我见到这样凄惨的景象，痛苦不堪。[①]

除了柳大维夫妇自杀之外，当时中国科学院上海各所在"三反、五反"运动中接连死去了好几个人，这些事在整个中国科学院里影响很大，运动不久后便停止了。在处理完柳大维夫妇的后事后，柳大纲和柳大绰帮助抚养了他们的遗孤。尽管柳大纲对弟弟的死感到痛心，但是他在处理弟弟后事时表现得十分冷静，既未发出愤懑之呼，也未追究弟弟死亡之责，完全顾全了当时的政治大局。但私下里，他也曾对徐晓白、胡克源等亲近之人言道自己那时候的真实心情："大维夫妇之死，我不难过吗？但'三反、五反'是大局，他明知自己无问题，为何要去自杀？真太糊涂。我能说什么？只能从大局来考虑。"[②] 不仅是徐晓白、胡克源对柳大纲的大局观深有感触，曾跟随柳大纲工作过、后来担任过中国化学学会副秘书长的刘惠回忆起此事时也发出感叹，柳大纲当时"未讲半句怪怨话，未发一点牢骚，以积极认真的态度协助组织处理了这一不幸的事件"，对此，她"久久不能忘怀"![③] 老师柳大纲的"大局观"对徐晓白影响至深！

徐晓白跟随柳大纲一起工作的时间很长，柳大纲不仅在工作和学术上引导

图3-9　1952年柳大纲在杭州

---

① 张均仁：对柳大纲老师的怀念。见：《仪征文史资料第11辑 柳大纲纪念文集》，第86页。
② 胡克源、徐晓白：忆纪如老师。见：《仪征文史资料第11辑 柳大纲纪念文集》，第61-64页。
③ 刘惠：高风常在 遗范永存——深切怀念柳大纲先生。见：《仪征文史资料第11辑 柳大纲纪念文集》，第43-44页。

徐晓白,在生活中师徒间也有很深的情感。徐晓白的同事们都说,柳大纲待徐晓白如女儿一样亲切,徐晓白待柳大纲如父亲般尊敬。柳大纲喜爱徐晓白在化学上的天分和在工作中的勤奋,他对这位弟子非常欣赏。柳大纲与徐晓白不是父女,情感上却胜似父女。徐晓白视柳大纲为父,对他非常尊敬,无论是工作上还是生活上遇到了难题,她都要向老师请教。柳大纲的妻子樊君珊女士是一名小学教师,性格温和,她也十分喜爱徐晓白,待她像女儿一般亲热,柳、徐两家人日常来往很多。柳大纲出差在外,还常常给徐晓白写信,不但谈及自己不在期间的工作安排,还告诉学生旅途中的故事。徐晓白一家的相册中一直保留着1952年柳大纲在杭州短期休养时拍摄的照片,而这张照片柳大纲特意冲洗出了两份一模一样的,在上面分别写下"克源存念"和"晓白存念"的字样,送给了胡克源和徐晓白这两位爱徒。

1991年9月14日,柳大纲不幸逝世。噩耗传来,徐晓白夫妇悲痛不已。1991年9月19日,他们在对老师深切的怀念中写下了情深义重的悼词:

老师的一生是为祖国献身的一生。为了祖国的化学事业,为了培养后辈,从不计个人得失恩怨,呕心沥血、鞠躬尽瘁;事事以身作则、宽以待人,其思想品德永为吾侪学习之典范。我们将铭记老师的教导,为继续他的事业、为祖国的强盛兴旺奋斗终生[①]。

图 3-10 20 世纪 80 年代徐晓白与柳大纲夫妇合影

---

① 《仪征文史资料第 11 辑 柳大纲纪念文集》,第 177 页。

第四章
初展身手

从上海到长春，徐晓白，这位出生和成长在南方的姑娘，告别了父母和亲人，来到祖国的大东北。她克服了重重困难，很快适应了北方的生活。这一时期，随着中国科学院长春应用化学研究所的建立，她崭露头角，从研制新型的荧光材料开始，她的科研和组织能力也得以施展。

迁至长春

1952年冬，徐晓白离开了父母和亲人，从繁华热闹的大上海来到冰天雪地的北国长春，参加中国科学院应用化学研究所（即今中国科学院长春应用化学研究所）的建设。中国科学院应用化学研究所选择建在东北，因为当时东北是全国解放较早的地区，又是全国的重工业基地，有一定的科学研究基础，在中华人民共和国成立后，中国科学院发展地区科学事业，首先想到的便是幅员辽阔、物产富饶的大东北。

东北地区早期最重要的科研机构是伪满时期的"大陆科学院"。大陆科学院成立于1935年3月，是伪满洲国设立的综合性科学研究机关，也是伪满洲国地区最高科学研究机构，共设有23个研究室、四个试验室、四个工厂、一个实验厂和一个分院及三个下属研究所，研究内容根据日本发动侵略战争的需要而确定，涉及农业、林业、畜产、矿产、冶金等。该机构是日本为掠夺我国东北的资源，为侵华战争服务而设立的科研机构。1945年，随着日本投降，大陆科学院解体。

1948年10月18日，经历了五个月的围城后，长春解放，这座城市回到人民手中。刚解放时的长春，满目疮痍，路面上到处都是弹坑，伪满时期的大陆科学院旧址在战争时期成了国民党的兵营和马厩，建筑残破不堪，四处散落着被损坏的仪器设备。解放初期的报刊上对这个机构的描述是这样的：

> 1948年长春刚解放时来到这里，能看到的只是残破的楼房，摔坏了的仪器，楼里边半尺多深的马粪……这个伪满洲国时的"大陆科学院"，被国民党反动派破坏得体无完肤，贵重的仪器被他们盗卖得干干净净。①

1948年长春解放后，东北行政委员会接管伪满大陆科学院，计划在原建筑基础上重建东北工业研究所，初属东北工业部管辖。在东北工农业经济恢复时期，东北工业部提出，东北工业研究所建设任务是：完成配合（东北）各工厂建设，进行资源调查及研究；培养科学技术研究干部；检验各厂矿产品的质量，联系指导各工厂的技术研究工作；介绍苏联科学上的成就、先进技术和经验②。东北工业研究所在条件极为艰苦的情况下，一边恢复建设，一边开展科学研究，并进行学科重点方向的调整，把力量集中到与东北经济建设恢复和发展紧密相连的机械、冶金、土建、有机化学、无机化学和电机等学科上来。经过一年多的艰苦奋斗，东北工业研究所职工人数从刚解放时的20人，增加到670人，并先后恢复了有机化学、无机化学、电机、矿冶、机械、土建等六个研究室，机械、胶合板、油

---

① 霍为尔：访中国科学院长春综合研究所。《东北日报》，1952年9月25日。
② 中国科学院长春应用化学研究所（1948-2005），内部材料，29页。

脂、玻璃仪器等四个工厂和一个地质调查所，还新建了光化学、发酵两个工厂，一个光化学研究室和一个实验农场，还在鞍山建立了一个检验分室①。

1949 年，地质学家武衡②担任东北工业研究所所长，他来到东北，认为东北研究所建设中最大的困难在于缺乏科技人才。他回忆当时的情况，东北工业研究所成立以后，虽然经过修复和重建，研究所"已初具规模，但人员的补充却十分困难，严重影响正常工作的开展。当时，整个东北的工业正在恢复过程中，急需大批科学技术人才，而人才奇缺，远远满足不了实际需要。为此，只有到外地招聘"③。为此，1949 年 5 月，东北工业研究所从关内招聘了龙期威、吕犹龙、吴越、余赋生、张维纲、李仍元等人来所工作，开创了从全国招聘科技人员的先河。

1949 年 9 月，东北局改工业研究所为东北科学研究所，归属中国科学院，武衡担任所长。该研究所定位是以研究任务为中心的东北高等科学研究机构。为了更好建设东北，1950 年 1—4 月，由武衡担任东北工业部招聘团团长，从华北、华东、中南等地区招聘了 200 多名科技人员来所工作。

东北科学研究所成立以后，取得了一些成果。1950 年 12 月 28 日，该所研发成功我国第一块合成橡胶（氯丁橡胶），日产 10~20 千克生胶，解决了国防建设的急需，得到了东北工业部的嘉奖。1951 年，研究所有 10 项科研成果④获得了东北工业部奖励。1952 年 9 月，该所农化研究室为我

---

① 武衡主编：《东北区科学技术发展史资料 解放战争时期和建国初期（二）科研管理卷》。北京：中国学术出版社，1986 年，第 11-12 页。

② 武衡（1914-1999），江苏徐州人，地质学家、科学管理学家。武衡早年从事抗日救亡与国防科学之宣传教育，长期从事中华人民共和国科学技术事业的领导、组织与管理，对于中国科学院若干机构之筹创、制度之建立有很大贡献。

③ 武衡：吴学周所长组织上海物理化学所搬迁长春的前前后后。见：中国科学院长春应用化学研究所、江西省政协文史资料研究委员会、萍乡市政协文史资料研究委员会，《吴学周》。合肥：黄山书社，1993 年，第 82 页。

④ 这 10 项成果是：垂直磁力探矿仪、加馏出蜡提高气缸油收率、球磨铸铁试验与推广、土壤水泥筑墙、刨花板的研制、型砂的发现、钼铁合金、人造棉及人造羊毛、真空管、地基土壤与材料检验。

国培育出了大豆根瘤菌 B15 并应用于生产，推广面积达到 100 万公顷，平均年增产大豆 10%。

虽然东北科学研究所取得了一系列成果，而且通过全国招聘，招来了一批科技人员为研究所服务，但困难仍然存在，最重要的是，当时东北地区高级人才数量较少，满足不了实际工作的需要。武衡向中国科学院提出请求，希望调一批高级科技人才到东北，从事科研工作。

对于发展东北地区的科学技术，国家已有了部署。早在 1950 年 5 月，中国科学院为了配合国家建设需要，并加强科学研究工作与实际的联系，组织了以气象学家、中国科学院副院长竺可桢为团长，以物理学家严济慈和化学家恽子强为副团长，包含冶金、化学、农林、药物等各学科专家在内共 14 人的东北考察团，赴东北考察近一月，走访了东北的冶炼厂、玻璃厂、制药厂和化学工厂等，以初步了解东北工农业生产及科学研究工作的情况。这次考察的结果，记录于《中国科学院东北考察团报告》中。考察报告中提到：

> 我们足迹所到，统感到一种蓬蓬勃勃的朝气，各种工矿生产事业，均有突飞猛进的现象，而且不断的在长进中。……工作人员的情绪高涨。各公司、工厂、农场的工作人员统在努力达成各期的生产任务，而且多是提前完成任务……参观了东北以后，总觉得建设新中国是很有把握的。[①]

但报告也明确指出了问题所在，最重要的问题就是技术人员缺乏，虽然东北各机关已经招揽了一批技术人员，但他们大多数是刚毕业的大学生，实地开展工作的经验较少，东北地区缺乏有经验的技术专家。此外，报告中还提到了一点，便是虽然东北地区的研究机构有良好的基础，但是研究机构中分工不明确，机构建设还需进一步完善。

1951 年 4 月，时任中国科学院副院长的吴有训率领了一支五人的队

---

① 1950 年中国科学院资料汇编：《中国科学院东北考察团报告》。内部资料。

伍[1]，来到了东北考察，这次考察的目的和意义在于解决中国科学院冶金研究所的所址及其在东北可能利用的设备问题，以及将来中国科学院要根据实际情况研究与东北科学研究机构建立工作联系[2]。考察重点是长春东北科学研究所和大连分所，两个所的负责人都表示，希望中国科学院领导东北地区的科学研究工作。吴有训回到北京后，向院长会议做了报告，对东北的科学研究机构的分布、人员和现有条件及设备等做了实际考察，并在此基础上，提出了设立中国科学院东北分院的初步方案。

东北主要的科学研究机构，为东北大行政区人民政府工业部所属的长春的东北科学研究所及大连分所。长春的东北科学研究所原为伪满时代的大陆科学院，大连分所原为日寇南满铁道所属的"中央科学研究所"。前者历史较短，后者为日寇利用东北资源的研究中心，已有数十年的历史。目前这两个研究所主要的研究题目已配合东北生产方面的问题。例如合成汽油、合成橡胶、耐火材料、纸浆、石墨精选等，以化工方面的居多。冶金方面的研究，由于人才缺乏，还没有建立。这两处都感到问题多，工作人员不够，尤其缺乏领导研究的人。现该两所共有研究技术人员991人，工作人员335人、工人489人。长春研究所负责人为武衡，大连分所负责人为董晨、张大煜。

在最近一年里，东北曾建立了两种会议制度。一种是东北科学研究工作报告会（每年两次），集合研究所及厂矿技术负责人将研究的成绩及工作上的问题做报告，取得交流经验的机会。另一种是研究计划会议（每年一次），事前派人收集厂矿现存问题分别加以研究，制订来年研究题目及进行计划。在商谈中，东北方面一致建议本院应在

---

[1] 考察团成员包括时任中国科学院副院长的吴有训、时任中国科学院办公厅主任的恽子强、冶金学家张沛霖、时任华北大学工学院副教授的颜鸣皋、时任近代物理研究所助理研究员的李寿楠。

[2] 《当代中国》丛书编辑委员会：《中国科学院》（上）。北京：当代中国出版社，1994年，45页。

东北成立分院，领导起这一部分的研究工作。[1]

为了全面发展东北的科学研究事业，密切配合东北地区及全国大规模的经济和文化建设的发展，团结东北地区的科学工作者更好地为国家建设事业服务，经东北人民政府和中国科学院提议，在中央人民政府的批准下，决定成立中国科学院东北分院。1951年10月13日，东北分院筹备处成立。

在筹建东北分院的同时，中国科学院有一个考虑，那就是将上海地区的科研力量搬迁到东北。1951年吴有训从东北考察回来后，他向中科院提出了动员上海物理化学研究所到东北的建议，得到了院里的同意。当时还有一种提法，是希望把物化所搬迁到北京，根据吴学周回忆，"北京化学界望京有个化学所"[2]，北京化学家希望物化所迁到北京，如此一来对化学学科"在人才及发展上有大好处"[3]。1951年12月22日，中国科学院院长郭沫若电邀物理化学研究所所长吴学周进京："有要事相商，请于26日前来京。"[4]吴学周收到电报立刻出发去了北京。抵京后，郭沫若对他说："毛主席提出要建设好东北，你们迁一部分人去那里怎样？"[5]物化所迁去东北是为了支援东北建设，加强东北的基础科学研究部分。吴学周服从上级组织的安排，但他还要去东北考察一番，看一看东北地区的真实情况。

1952年1月7日，吴学周从北京出发，启程前往东北，他一边参观东北的工业，一边与院领导以及东北分院的负责人进行了多次会晤，讨论了物化所搬迁东北的事情，同去东北的还有为建设东北分院而奔波的严济慈和恽子强，以及前去建设仪器馆的光学专家王大珩等人。吴学周一行考察

---

[1] 武衡主编：《东北区科学技术发展史资料 解放战争时期和新中国成立初期（二）科研管理卷》。北京：中国学术出版社，1986年，第19页。

[2] 吴学周：吴学周日记。见：长春市政协文史和学习委员会，《长春文史资料》第51、52辑，1997年，第159页。

[3] 同[2]。

[4] 同[2]，第160-161页。

[5] 钱伟长主编：《20世纪中国知名科学家学术成就概览 化学卷 第1分册》。北京：科学出版社，2011，第40页。

的第一站是沈阳，1月9日，武衡特意来到沈阳会晤吴学周，和他谈起希望吴学周能主持长春的化学部分。一个多月的考察中，吴学周走访了沈阳、长春、大连，了解到这三地的工业和生活情况。对于物化所是迁往长春还是落户在大连，时任大连工学院院长的屈伯川力劝吴学周将研究所力量搬迁到大连，他说："大连条件比长春好，是个化工城。"① 对此，吴学周的意见是，科学研究"要为生产部门解决实际问题，也只有这样，科学研究才有发展前途；要协助生产部门的实验室提高技术；要不停留在解决目前实际问题，要逐步提高，作为生产部门实验室的领导。"从实际开展工作的需要出发，最后上级部门定下的搬迁策略是："物理化学所，迁长春暂保留名义，工作和长春所密切合作，解决实际问题。"②

物化所即将搬迁到东北将会遇到各种各样的困难，吴学周对此心里一清二楚，他趁着这次去东北考察做了许多实际调查工作。他了解到，东北地区比上海生活费用低廉，但是这边初级和行政人员的工资也比内地低，如何制定薪酬标准才能既照顾到上海来的人员又不引起长春原有人员的不满，这是不能回避的现实问题。另外，物理化学所如要迁来长春，实验室和宿舍是否够用，盖房子问题如何解决，职工家属如何安置，等等，这都是实际开展工作会遇到的难题。

1952年4月5日，中国科学院第25次院长会议提出讨论，决议根据东北现有基础及配合实际发展情况的需要，设立七个研究所，即土木建筑研究所、工业检验所、物理化学研究所、金属研究所筹备处、仪器馆筹备处、长春综合研究所和工业化学研究所，其中物理化学研究所将由上海迁往长春。

确定了物理化学所将由上海搬迁到长春一事后，物化所上下为赴东北开始了长达近半年的全所及职工家眷的搬迁工作。

搬迁之前要做的准备事项很多，吴学周对上海的人员、设备以及长春的房屋安排都做了一番考量。所里计划是在1952年9月初左右全部搬去，

---

① 吴学周：吴学周日记。见：长春市政协文史和学习委员会，《长春文史资料》第51、52辑，1997年，第185页。

② 同①，第186页。

吴学周的态度是，争取"比较整体地去，否则不能发生效力"①。

1951—1952 年，是政治学习频繁的一段时间，徐晓白回忆：

> 新中国成立后在上海所内经历过几次运动……一是参加式地参观过上海郊区的土改，一是镇反，主要是参加过市内举行的斗争大会，一是抗美援朝运动。其间我曾去参加过市内一次数天的大会（似 1951 年夏）。1951 年十一月是"忠诚老实"运动，之后是三反运动。1952 年夏，思改运动。②

1952 年的思想改造运动一直持续到 7 月底，因为各单位人员都纷纷参加学习和运动，对搬迁工作的组织和进行也造成了一些影响。搬迁的核心事务，实际上是从思想改造之后才紧锣密鼓展开的，此前主要是做调查和思想动员。

尽管中科院已经部署要把上海物理化学研究所搬迁到长春，但真正进行起来困难很多，最大的问题便是所内人心不齐，许多人对去东北生活心存顾虑，要动员科技人员去东北定居，吴学周等所领导面临的困难实在太大了。

所内人员大部分都不了解东北的情况，他们不愿意搬迁，一是不想背井离乡，二是认为东北气候恶劣、生活艰苦。但是研究所里的高级研究人员有的去过东北参观，他们了解到东北情况，支持国家对东北建设的部署。在上海物化所里，除了吴学周经常到北京、沈阳一带开会访问外，高级研究人员柳大纲、梁树权、沈青囊、钱人元等人也都去过辽沈一带，还参观了东北地区的厂、矿、学校。柳大纲记得 1951 年 9 月，他曾参加在大连召开的东北科学研究工作第四次报告会，会后去长春参观了化学化工方面的工作，后来又参观了鞍山、锦州合成厂，他感到东北工业和科学的发

---

① 吴学周：吴学周日记。见：长春市政协文史和学习委员会，《长春文史资料》第 51、52 辑，1997 年，第 203 页。

② 徐晓白人事档案，《进中央研究院化学所以来的经历》，1969 年 2 月。存于中国科学院生态环境研究中心。

展的形势很好,给他留下了十分令人兴奋鼓舞的好印象①。但是不可否认的是,当时上海是经济相对发达的地区,科研和生活条件相对较好,而长春地处东北,气候寒冷,经济不发达,物资也不丰富。许多人向吴学周提出了实际的难题:东北天气冷、生活条件差、子女上学难,等。吴学周为此在所里做了一番调查和思想动员,武衡形容那时候吴学周的应对十分细致:"吴所长在深入调查、了解,掌握全所人员的思想动态和各自存在的实际困难之后,逐一做好思想动员工作,消除他们的顾虑,对一些同志存在的实际困难,想方设法解决,使他们无后顾之忧。经过一段时间的艰苦、细致工作,大家的思想情绪趋于稳定。"②

中国科学院院士、女化学家高小霞还记得1952年间的一天晚上,吴学周曾来到她和丈夫徐光宪在北京大学的住所,劝说他们夫妇一起去长春创业,他恳切地说:"长春环境苦些,条件差些,但为了发展东北的科学事业和适应新中国宏伟建设的需要,让我们一起去奋斗吧。"③尽管高小霞夫妇最后没有去长春,但每当她回忆起这一幕,便对吴学周热爱新中国建设事业的忠诚品格由衷地钦佩。徐晓白也曾多次帮助吴所长在所里给大家做思想工作。徐晓白的日记曾记录1952年3月18日,她跟着所领导去帮助做家属思想工作的事情:

1952.3.18
今天曾去钱人元先生家向钱太太说服赴东北事,知有许多困难,建议所长继续争取说服。(所内整个情况反应不佳)
……
张先生表示:太太年纪已大,搬到边疆不太合适。④

---

① 武衡主编:《东北区科学技术发展史资料 解放战争时期和新中国成立初期(二)科研管理卷》。北京:中国学术出版社,1986年,第448页。
② 武衡:吴学周所长组织上海物理化学所搬迁长春的前前后后。见:中国科学院长春应用化学研究所,江西省政协文史资料研究委员会,萍乡市政协文史资料研究委员会,《吴学周》。合肥:黄山书社,1993年,第83页。
③ 高小霞:《吴所长风范永存》。见:中国科学院长春应用化学研究所,江西省政协文史资料研究委员会,萍乡市政协文史资料研究委员会,《吴学周》。合肥:黄山书社,1993年,第106页。
④ 徐晓白日记,1952年3月18日,未公开发表。

困难是现实存在的,但吴学周、柳大纲都在努力做工作,动员群众克服困难,打消顾虑,积极参加搬迁。到1952年4月,物化所里的同事们大部分接受了搬迁的事实,吴学周在日记里写到:

> 4月14日　星期一
> 前次会议后,经过小组讨论,同志们对所迁东北事,认识更明确。就是最初有些疑虑的人,也打破了顾虑。因为科学家惯于看事实,三年来的事实指出了国家的政策方向。①

1952年8月,吴学周率领所里一部分研究人员到东北做搬迁之前的最后一次考察,同行的多是所里的高级研究人员,包括梁树权、张定钊、沈青囊、钱人元等,他们是当时物化所各研究方向(小组)的主要负责人,徐晓白和刘惠这两位当时还很年轻的女研究人员作为随行人员也一起去了。这次考察主要是为搬迁打前阵,了解东北当地正在开展的化学学科研究方向,为未来的办公、居住条件做一些接洽,并为未来搬迁到长春的物化所开展工作做一番铺垫。徐晓白和刘惠是吴学周的重要助手,在搬迁中,做了许多工作。去长春调研的经过,据徐晓白回忆,情况大体是这样的:

> 思改结束以后,所内已决定迁东北。八月中,吴学周就和所内的研究员(钱人元、梁树权、沈青囊、张定钊,柳大纲未去)到东北去做计划。刘惠和我亦去了。先到沈阳东北分院,住在武衡(当时是分院秘书长)及严济慈(分院院长)他们住的分院宿舍里,由他们介绍了情况,由计划科具体安排定计划要求。几天之后即去长春。到长春所(当时是综合所)参观座谈了解情况。将近一周后,又返沈阳写出了书面计划,在沈阳期间,曾由计划科安排个别与产业部门有关人员接触过,由他们提出生产上的要求……在长春时曾

---

① 吴学周:《吴学周日记》。长春市政协文史和学习委员会,1997年,第201页。

图 4-1　1952 年 8 月物化所迁长春前赴东北了解情况（右起：吴学周、钱人元、沈青囊、张定钊、梁树权、徐晓白、刘惠）

去好多实验室参观过……参观后是分头进行座谈的，我随张定钊参加了光谱组的座谈。①

徐晓白一行人在 1952 年 8 月 6 日晚上乘火车离开上海。他们先到了天津，参观了南开大学以后，向沈阳出发，并于 8 月 9 日抵达沈阳。徐晓白和张定钊与东北分院物理室同志们先做了一番畅谈，他们讨论了光谱分析的问题，这是当时物理化学的前沿研究问题，也是物化所搬迁到长春以后将要重点进行的研究项目。8 月 11 日，徐晓白一行在吴学周带领下，在东北分院参加了搬迁工作的计划会。座谈会上，东北分院计划科的同志，热情洋溢地介绍了东北的资源情况，提到了长春科研计划的方针是："以技术科学为主，结合目前工业及国防建设。"② 8 月中旬，一行人抵达长春。在长春，徐晓白等年轻人协助吴学周做了一些搬迁前的调查工作，他们去看了物化所的办公地址，解决了实验室、图书室等选址问题，并与长春综合研究

① 徐晓白人事档案，《迁长春前后》，1969 年。存于中国科学院生态环境研究中心。
② 吴学周：《吴学周日记》。长春市政协文史和学习委员会，1997 年，第 206 页。

第四章　初展身手

所相关部门议定了搬迁后的业务和行政工作开展的方法，以及搬来长春后职工的工资待遇等问题，这次出行可谓是收获巨大。值得一提的是，北上之行中，8月22日，徐晓白和张定钊还特意去工业部门了解了一番荧光料的情况，为物化所在长春地区继续开展荧光料研究做准备。这次考察花费了半个多月的时间，做了不少工作，为物化所顺利搬迁到长春奠定了好的基础。

在这期间，1952年8月28日，中国科学院东北分院正式成立。它是中国科学院的第一个分院，以原东北科学研究所（长春）及其大连分所为基础，改组成长春综合科学研究所和工业化学研究所，加上将从关内迁去的物理化学研究所（从上海迁长春）和仪器馆筹备处（从北京迁长春）、金属研究所筹备处（从北京迁沈阳）等共5个研究所（馆）组建而成。

至于搬迁的细节，根据柳大纲的回忆，1952年6月上旬，物化所就有了详细的搬迁计划，成立了由15人组成的搬迁委员会，根据搬迁工作的需要，委员会以下设四个组："各组的负责人和任务为：①秘书组：朱晋锠、沈天慧、洪漪镧。负责对外联系、人员调配、装箱单及财产目录核对。②事务组：余柏年，王富友，汪师俊，程镕时。负责装箱材料，安排存放地点，联系托运等。③装箱组：吴人洁，柳大纲，徐晓白，张赣南。负责装箱，编制清单。④清理组：钱人元，梁树权，张定钊，沈青囊。负责仪器、化工机械、图书等整修和装箱。"[①]在搬迁委员会的积极工作下，6月底，物化所已经做好了准备工作，并于7、8月清点装箱，编制了详细的搬家清单。

徐晓白参加的装箱工作，工作量相当大，也是整个搬迁工作的重中之重，责任很大。当时，所内准备北迁的仪器设备有200多箱，既有大、中型的光谱仪，还有一般的天平、显微镜、真空泵和烘箱，以及各种器皿；另有100多箱珍贵的化学试剂，150多箱图书和期刊资料，再加上各种专用家具，要装箱的物品总数多达720箱，这些器材和图书全部都要一一整理出清单，并分类装箱。从1952年8月开始，在上海的炎炎夏日中，徐晓白和同事们挥汗如雨，争分夺秒地装箱。年轻人投入工作的干劲十足，

---

① 柳大纲：上海物理化学研究所北迁长春回忆散记。见：武衡主编，《东北区科学技术发展史资料 2 解放战争时期和建国初期 科研管理卷》。北京：中国学术出版社，第449-450页。

他们日夜不停，常常三班倒，这样下来仅用了三个月的时间，便完成了这720箱物品的装箱。到了长春以后，他们又花了额外的一个半月，完成了全部图书期刊以及大部分仪器药品的开箱和初步整理工作。

对于搬迁中的辛苦，柳大纲感慨地回忆："在整个北迁工作中，同志们发挥了高度的工作热情，克服了上海的炎热和长春的寒冷天气，战胜了疾病等种种困难，坚持高质量按计划完成了任务。特别是负责装运的同志，以不多的人力，还尽量利用现有材料钉箱，如期完成了全部物资的发运。包装工作都十分仔细，危险药品都未出问题。到长春后开箱检查，总计破损率不到千分之一。"①

在一切准备工作就绪后，物化所正式搬迁北上。全所人员和设备分了三批迁往东北，第一批是先派遣年轻人去长春做一些联系的工作；研究所里大部分人是在第二批去长春的，时间约是在1952年11—12月；第三批去长春的是家属和孩子。徐晓白是第二批前往长春安置的人员。

1952年年底，上海物理化学研究所以吴学周为首的43名科技人员（其中研究员6名，副研究员2名）和该所多年积累下的大量图书资料和仪器设备，分批乘上北上的列车，向长春进发，经过2300余千米的长途旅行胜利到达长春。

1952年12月6日，在人员齐聚之后，长春综合研究所举行了欢迎物理化学研究所搬迁到长春来工作的盛大欢迎晚会，东北分院院长严济慈和吴学周分别在会上做了讲话。严济慈对物化所同人搬迁到长春帮助发展东北的科学表示了热烈的欢迎，他说：

图 4-2 20世纪50年代初的长春应化所本馆

---

① 柳大纲：上海物理化学研究所北迁长春回忆散记。见：武衡主编，《东北区科学技术发展史资料2 解放战争时期和建国初期 科研管理卷》。北京：中国学术出版社，第451页。

第四章 初展身手 *81*

情系化学　返璞归真　徐晓白传

图4-3　20世纪50年代初徐晓白与女同事在长春（从左到右依次为贺智端、徐晓白、崔仙航、黄友梅、招禄基、张赣南）

我谨代表中国科学院东北分院向远道跋涉而来东北的物理化学研究所全体同志们致以热烈的欢迎，并为东北的科学界添了一支新的生力军，为中国化学界的一支主力军迁到更重要的基地，而感到无比的兴奋。……

物理化学研究所现有人员44人，人数不算多，但在中国科学院关内各研究所中，还是较大的一个研究所，在比例上，较别的单位有更多的科学工作指导者，并且有较丰富的图书、设备，因之它的潜在力量是很大的。毫无疑问，由于物理化学研究所的力量和长春综合研究所的工作基础的互相紧密结合，必然要为人民的科学事业带来更多、更大的成就，也将为祖国的大规模经济建设贡献更大的力量……

这次物理化学研究所迁来东北是不简单的。华东方面是不是需要有物理化学研究机构呢？当然需要，而且很需要。……物理化学研究所的负责同志们估计了他们的力量，分析了客观的条件，深刻地体会了中国科学院的总方针，他们经过了反复的考虑，群众的讨论，决定全部迁来东北，来为祖国做更大的贡献，这种精神是值得我们很好地来学习的。……

今后的工作应该怎么办，……关于这个问题，总的原则我们可以叫作"工作打成一片、领导归于统一"……就是说我们要把力量更好地结合起来，为人民的建设事业解决困难问题，为生产建设服务。①

---

① 严济慈，严济慈在长春综合研究所举行欢迎物理化学研究所迁长及庆功大会上的讲话。见：武衡主编，《东北区科学技术发展史资料 2 解放战争时期和建国初期 科研管理卷》。北京：中国学术出版社，1986年，第32页。

严济慈的讲话明确说明了物化所搬迁的原因和目的，他表达了希望长春综合研究所与搬迁来的物理化学研究所成员一起开展工作，克服困难，取得更多成绩的意愿。吴学周则代表物化所全体人员向东北分院表明了愿意为东北地区建设脚踏实地工作的态度，他说：

> 我们全体同志们都很明确地认识到：物理化学研究所迁东北，是组织上给我们的任务。我们一致认为这个任务是光荣的，而且也已很愉快地接受了这个任务。
>
> ……我们有好几位同志是来过东北的，从以前几次的参观中，我们看到了：东北是我国经济建设的最前线，这里的科学家都有着高度的工作热情，不论是年老的或是年轻的，不论是有实际经验的，或是没有实际经验而只有理论基础的，都能够发挥他们的力量，创造出前所未有的成绩。……
>
> 长春综合研究所的同志们在东北经济建设上已有了好的表现，物理化学研究所迁东北也是为了工作。我相信今后通过我们的工作，通过我们对祖国的热爱，我们彼此之间会更密切，更团结一致。[1]

上海物理化学研究所建所后，主要承担的课题任务是以与厂矿生产密切相关的短期项目，而中科院的研究所，需要结合国家的中、长期建设需要与本门学科发展中提出的科学问题为主。为了适应搬迁到长春以后的实际需要，物理化学研究所从1952年下半年起，历时4年多，推动了一个工业部门研究所向中科院科学研究机构过渡。为了适应这种转变，研究所大力开展各类学术活动，提高科研人员的学术、外语水平[2]。徐晓白记得刚一到长春，研究所便开办了俄语速成班。研究所里的青年人员在大学里学习的是英语，有一些人会说德语、法语，但没几个人懂俄文。而当时正

---

[1] 吴学周，吴学周在长春综合研究所举行欢迎物理化学研究所迁长及庆功大会上的致词。见：武衡主编：《东北区科学技术发展史资料 2 解放战争时期和新中国成立初期 科研管理卷》。北京：中国学术出版社，1986年，第35-37页。

[2] 中国科学院长春应用化学研究所（1948-2005），内部刊物，第36页。

值国家提倡向苏联学习,与苏联的科学合作日益增多,大学和研究机构组织俄文学习班既是响应国家的号召,也是应对实际开展工作的需要。语言学习是徐晓白的特长之一,中华人民共和国成立不久,她便敏锐地意识到俄文学习对未来的专业是有用的,她抓紧业余时间自学俄文,因此在所里开展俄文速成班的时候,她已经有一定的程度了,不需要再去听讲了。

> 到长春时,所内正组织人员速成俄文。我因在上海已学过基本语法,所以柳大纲他们就让我留在实验室联系木工、水电煤气安装等。待他们俄文速成完毕才开始开箱,开箱过程我好像做了些搬运工作。①

除了语言学习之外,所里更是组织了不少专业的学习,开展了许多学术交流。1953年4月,物理化学研究所与长春综合研究所联合举办了"X线探伤第一次学习会",有来自东北、华东、中南、北京等地23个单位共35人参加了学习。同年9月,两所又召开了极谱分析学习会,这次学习会的规模更大,有来自全国62个单位的65名学员参加了学习。这些工作令研究所的研究能力和人员素质都得到了很大的提高。

初到长春,徐晓白在生活上有些不适应,主要是长春的冬季寒冷而漫长,这与温暖湿润的上海实在太不一样了。当时一同搬迁到长春的张均仁回忆,上海来的大多数人都不习惯长春的气候:

> 我们南方人初到北方尤感环境不适应。尤其是11月上半月,暖气尚未开放,室外已冰天雪地、寒气迫人,气温降至零下20℃左右,在外面马路上行走20分钟之后,浑身冰冷,实系难当。②

刚来长春时,徐晓白等人在库房里负责开箱整理。仓库里没有装暖气,即使门窗紧闭,12月份室内的温度也在零摄氏度以下。长春冬季气候

---

① 徐晓白人事档案,《迁长春前后》,1969年。原件存于中国科学院生态环境研究中心。
② 张均仁:对柳大纲老师的怀念。见:《仪征文史资料第11辑 柳大纲纪念文集》,政协仪征市委员会、文史资料研究委员会,1998年,第87页。

干燥，正在发奋干活的人们往往一时半会儿察觉不到寒冷，待身体感到冰冷时，已经有部位被冻伤。徐晓白初来乍到，因缺乏应对寒冷的经验，保暖措施做得不够而患上了关节炎，每逢季节变化身体便酸痛难当。

东北分院对这些从遥远的上海迁来建设东北的人们表示热烈欢迎，为了让他们尽快适应长春的生活，尽可能给予他们照顾和帮助。例如，因为考虑到上海来的同志吃不惯玉米面之类的粗粮，便想方设法从来之不易的粮食里匀出一些细粮专门供应给南方来的同志们。一同迁往长春的张赣南回忆，令年轻人高兴的是："我们去了以后，工资都增加了，因为东北是边区，边区要加钱。"[1]

至于住宿，那时候长春的建筑大多为日式的小楼，条件尚可，未被破坏的建筑稍做修整就能使用。徐晓白和同去的张赣南、招禄基居住在一间单身宿舍里，单身宿舍就是一个大套房，房间里面沿着墙放了五六张床铺，房间正中围成一圈安放着几张书桌，桌上还有单位统一配备的台灯，为了保暖，还安装了与南方截然不同的双层玻璃窗。

长春冬季天气寒冷，除了上班下班，女孩们没办法开展户外活动，大家普遍感到生活枯燥，她们常常想些法子苦中作乐。例如，每当气温下降到零下了，姑娘们便兴高采烈地把每日供应的牛奶放在两层窗户的夹层里，第二天早上起来，瓶子里的牛奶已冻成冰块，这也是女孩子们难得的零食——自制的美味牛奶冰。长春的冬天常常下鹅毛大雪，一到下雪天，姑娘们便高兴地挤在一起，凑着头看窗外的白雪飘飘和窗户上被冻住的漂亮的冰花，她们高兴地讨论起冰花的形状，这给生活添加了不少意趣。

图 4-4　1953 年徐晓白和张赣南在长春

徐晓白慢慢适应了长春的生活。虽然远离父母和亲人的照顾，但是她

---

[1]　张赣南访谈，2014 年 6 月 29 日。资料存于采集工程数据库。

第四章　初展身手

并不觉得生活艰苦,每天下班回到寝室,总是抓紧时间读书、记笔记。她是同寝室公认学习最为刻苦的人。同事招禄基对徐晓白每天坚持学习深感佩服,她说,虽然"每天晚上大家都看书,但看到最晚的就是徐晓白了。她掌握了工作方法,又掌握了学习方法,而且数理化的底子很扎实、外语又好,这样她发展就很有前途。她抓得很紧,睡得最晚"。① 招禄基形容,常常半夜里一觉醒来,看见徐晓白桌子上的灯还亮着,她完全不知道徐晓白每天看书到几点才就寝。

1954年6月,中科院将长春综合研究所的化学部分与北迁长春的中科院物理化学所合并,组建中国科学院应用化学研究所,吴学周任所长。中科院应用化学研究所下设合成化学、有机化学、物理化学、无机化学、分析化学和农产化学等六个研究室,这是研究所早期的基础。该所成立后的研究方向,主要是为了配合东北的重工业建设,主要包括:合成橡胶及其合成过程的研究;配合重工业建设及矿产资源的利用,加强电化学及稀有元素的研究,逐步建立金属防腐与金属化学的研究;逐步建立光谱分析、固体表面化学、高分子化合物的物理与化学性质以及反应动力学的研究;纸浆及纤维素的研究;建立分析化学方面的研究基础并培养人才;有关大豆的研究。②

1967年11月,应化所划归国防科委第16研究院,改称国防科委第16研究院应用化学研究所。1970年7月,改属吉林省和中国科学院双重领导,更名为中国科学院吉林应用化学研究所。1978年12月,该所归属中国科学院。经过60余年的建设,时至今日,中国科学院长春应用化学研究所已经拥有近千名职工,其研究方向包括高分子化学与物理、无机化学、分析化学、有机化学和物理化学,并已经发展成为集基础研究、应用研究和高技术创新研究及产业化于一体,在国内外享有崇高声誉和影响的综合性化学研究所,成为我国化学界的重要力量和创新基地。

---

① 招禄基访谈,2014年7月13日。资料存于采集工程数据库。
② 吴有训:中国科学院所长会议化学组会议总结。见:《中国科学院资料汇编(1949-1954)》。

图 4-5　中国科学院长春应用化学研究所现址

研制新型荧光材料

在物理化学所迁到长春以前，1949—1952 年，该所已经做了许多工作，包括种子杀菌剂西力生的制备、胶质石墨的制造、X 射线荧光屏涂料及荧光料研究所需高纯化学药品的制备、光谱定性分析、触媒载体矽藻土性能等的研究，这些都是有实用价值的研究工作，也是当时国家所急缺的。研究所进行的光谱、触媒、分析和电化学等方面的研究工作是与实际相联系的，并且"从纯理论的研究逐渐转变到与实际相结合的方向"[①]。物理化学所迁到长春以后，其研究任务和发展方向除了继续此前的研究以外，也结合东北地区工业生产的需要而开展，与长春综合研究所合作，开

---

① 《物理化学研究所简介》。见：武衡主编，《东北区科学技术发展史资料　解放战争时期和建国初期 2 科研管理卷》，北京：中国学术出版社，1986 年，第 38 页。

展研究任务。

从上海到长春，北地的寒冷没有打消徐晓白对工作的热情。从1953年起，在一年多的时间里，徐晓白的主要工作是参加由柳大纲领导的新型荧光材料研制任务，这是中国科学院物理化学研究所搬迁到长春后的一项重大的课题，也是响应东北工业部门在1952年的意见：解决日光灯荧光料问题！

日光灯生产计划之所以在当时是重点项目，是因为20世纪50年代，日光灯是重要节能照明光源，发光涂料是生产日光灯的关键技术。当时我国生产日光灯用的荧光粉基本依靠进口。但因国外的封锁导致荧光材料价格昂贵，全国只有南京灯泡厂能少量生产锌铍硅酸盐系荧光粉。而且因为氧化铍有很大的毒性，南京灯泡厂的工人因长期接触氧化铍，没几年，一些工人便患上了肺气肿。再加上当时氧化铍原料昂贵，工艺复杂，生产成本很高，难以大批量生产。因为这种现状，人民群众日常生活的照明需求无法满足。国家有关部门经过考虑，委托相应研究单位开发新型、经济的照明材料。因为中国科学院物理化学研究所已经有了一定的荧光材料研制基础，受工业部门委托，物化所重点开展了这项新研究。

在物化所搬迁长春期间，1952年9月，柳大纲和毛振琮便带着徐晓白前往南京灯泡厂调研。毛振琮是当时长春综合研究所的人员之一，他对日光灯荧光料研究做了许多牵线的工作。毛振琮是全国较早从事日光灯管的研究工作的人员之一，有丰富的实战经验，是指导中国第一支国产日光灯研制的重要人物。中华人民共和国成立以前，我国难以大批国产日光灯管。毛振琮的研究可以说是在一定程度上打破了这一局面。毛振琮早年毕业于浙江大学电机系，后在英国学习日光灯制造技术。从英国学成归来后，毛振琮在上海亚浦耳电灯泡厂工作，担任了我国第一支日光灯制造部分的总工程师。1946年，国产的第一支日光灯管就是在他的指导下试制成功，并于1950年正式投产，从而生产出我国第一批国产日光灯，打破了国外的封锁，上海的《解放日报》对此还有专门的报道。毛振琮的学识和经验对柳大纲所负责的这个小组有很强的参考借鉴性，根据当事人胡克源的回忆：毛振琮对该小组从事研究初期起到了引路的作用，因他有多年的从业经验；他向小组成员介绍了许多基本知识，还和柳大纲、徐晓白前往南京灯泡厂参观，帮助联系相关人员，当时南京灯泡厂的一位姓吴的厂长是英国留学生，他在回国的时候带回来了日光灯生产的全套资料，帮助该厂建立起生产车间[①]。但是没过多久，毛振琮便不再参与荧光料研制了，他调到北京，参加中国科学院电子学研究所的筹备工作，在电子管组做光电管工作，研究方向是电子束管与光电管，毛振琮的研究填补了国内光电管研究的空白。

柳大纲带领的研制小组中成员包括徐晓白、朱晋錩、胡克源、卢国仪、裘祖文、招禄基、陈敬清，另外，杜有如、何迪洁、高世扬、朱柏贤等人也参加了部分工作。这些小组成员，经过了数十年的锻炼，许多人都成长为著名的化学专家，例如，高世扬后来成为一名无机化学专家，并当选为中国科学院院士；朱晋錩是一名光谱学专家；裘祖文是一名核磁共振波谱学专家；陈敬清是一名盐湖物理化学专家；他们大多成为博士生导师，是各自研究领域内的学科带头人。

按照原计划，柳大纲是想在旧型荧光料（即硅酸铍）的基础上继续开展研究，因为这种材料在国内已经有了一定的研究基础，可参考的资料也很多。但是在查阅资料时，课题组读到一篇苏联的文献，介绍的是一种新型的卤磷酸钙系荧光材料，这种材料无毒，且在苏联研究也是刚刚起步。通过文献调研，研究小组预估使用这一原料制作日光灯，成本低、制备工艺简单，可能只需调变其配料组成即可得到不同色温的日光灯荧光料，于是以徐晓白为首的年轻人提出希望试制卤磷酸钙系荧光材料。柳大纲对卤磷酸钙系荧光料研制并没有把握，因为可参考的资料太少了，他想求稳，一开始对小组选卤磷酸钙系材料为研究对象犹豫不定，此时恰逢严济慈来所调研，他得知此事后，支持年轻人的敢想敢干，于是最后敲定研究新型荧光材料。

那时候柳大纲已是所里的领导，他既要负责所里的日常事务，还要参与科研，经常出差，十分繁忙，无法从细处直接领导工作。徐晓白是研究小组里的骨干，柳大纲很信任她，委派她从中协助，领导小组开展工作，招禄基回忆[②]，徐晓白当时算是课题组实际上的组长。徐晓白常在晚饭过后

[①] 2017年5月17日，胡克源口述。
[②] 招禄基访谈，2014年7月13日。资料存于采集工程数据库。

去柳大纲家，向他汇报研制工作的进展，讨论并请示下一步的工作安排；第二天上班，她便向组员传达柳大纲的意见，布置具体的工作任务。每周还有一天是讨论时间，徐晓白组织成员们交流本周的研究进展，筹划下一星期的工作计划。她非常热心，工具不够或者原料不够，她便到外面四处寻找，联系长春综合所或者是其他兄弟单位的人员来帮忙解决问题。

徐晓白对工作抓得很细，花了很多工夫，及时掌握每一位组员的工作情况。除了和组员单独谈话以外，她还要每位组员都配备一个工作日记本，再三嘱咐要在本上记录每个人当天的工作情况，以及有什么新的想法和发现。下班的时候，徐晓白便把日记本一一收集起来，利用晚上休息的时间细致地阅读，做一些整理和汇总，从而深入掌握每日研制进度，并考虑下一步工作的安排和改进方案。经过一夜的思考，第二天上班的时候徐晓白再把日记本归还给大家。

徐晓白参与荧光料研制的工作很多，该小组前期的研究准备工作主要是她和胡克源、陈敬清、卢国仪协作完成的，包括文献调研以及实验室布置等。1953年4—5月，在2个月的时间里，他们查阅了大量文献，其中许多都是俄文的文献，徐晓白俄文和英文功底都不错，她和几位组员一起，帮助翻译了许多有用的文献供全组参考。除了文献调研之外，他们还完成了实验室水电木、工等工程的设计，通风装置的修理等工作。这些准备工作为项目正式展开打下了良好的基础。

卤磷酸钙荧光粉制备工作正式展开后，根据研究工作的内容和性质，在大研制组下面设置了四个小组，分别是化学分析、原料提纯、光学性能测试和荧光料制备四个方面。其中，卢国仪和朱柏贤负责化学分析，根据工作需要，除常规分析外，他们用极谱法分析荧光料中的锑，用光电比色法测量原料中氯的含量，用氟氯化铅沉淀法测量原料中氟的含量，磷酸锰的测定用铋酸钠法。

胡克源和陈敬清负责原料的提纯。荧光材料制作所需的原料为磷酸氢二铵、磷酸二氢铵、碳酸钙、氟化钙、氯化钙、磷酸钙和三氧化二锑等，为切合实际，当时小组采用国产试剂或工业原料，在使用前必须先提纯，去除有害杂质，如铜、铁等离子。为此，胡克源和陈敬清想方设法，做了大量研究工作，他们开发出氟化钙、氯化钙和碳酸钙的提纯制备方法，以及高纯度磷酸氢二铵和磷酸二氢铵的制备方法。其方式是将氨气通入磷酸溶液中进行反应，当反应进行至一定程度后加入鞣酸水溶液进行沉淀，从而去除了重金属离子，最后浓缩结晶得到磷酸氢二铵和磷酸二氢铵。碳酸钙是由提纯后的氯化钙溶液与碳酸铵溶液反应制得。并将氟化铵热溶液加到浓硝酸钙热溶液上，在两种溶液界面反应生成氟化钙固体颗粒，经过洗涤、过滤后便得到氟化钙。通过提纯，小组终于获得了符合制备荧光材料要求的原料。

氟化钙的制备方法也是研究小组在工艺上取得的一项创新：将氟化铵溶液徐徐加入到煮沸后的硝酸钙溶液中，在溶液的分层界面形成氟化钙。因为界面控制了反应速度，所获得的沉淀颗粒不同于一般沉淀法得到的胶状物，新的沉淀物颗粒较大，且会逐渐沉降到溶液底部，这样获得的大颗粒的氟化钙很容易被过滤、洗涤。他们认为这种方法也可以应用于其他的制备工作中，利用溶液比重不同或其他特殊的条件，令以往难以过滤、洗涤的胶状物沉淀凝结成为大颗粒的沉淀物，便于过滤，从而使实验进行得更顺利。

朱晋鋿和裘祖文主要负责光学性能测试。为了配合荧光材料的制备工作，他们开发荧光材料强度测定装置、光电倍增器电子装置，完成电源及指示设备装配，建立荧光材料光谱能量分布的测量方法，在此基础上完成多种荧光材料样品的光谱定性分析、荧光强度测定、光谱能量分布测定。

徐晓白、招禄基和杜有如[①]这三位女将负责荧光材料的制备，这也是该项课题研究的关键所在。她们采用干法制备，由纯磷酸氢二铵与碳酸钙反应制备磷酸钙，并确定最合适的反应条件，磷酸钙与氯氟化钙之比按1:3混合，添加相应的活化剂，焙烧成荧光料。该问题的难点在于荧光材料的制备以干法焙烧为主，要先从原料焙烧制备中间产物磷酸钙或者氟氯磷酸钙，然后配以活化剂及其他原料经二次焙烧得到卤磷酸钙荧光材料。他们通过大量实验考察了焙烧温度、焙烧时间、配料成分与荧光材料发光比较

[①] 杜有如（1930-），天津人。1952年毕业于燕京大学化学系，1958年获得莫斯科大学化学副博士学位。1952-1984年在中科院长春应用化学研究所从事胶体、原子能、太阳能和无机半导体材料方面的研究，1984-1995年在中科院武汉物理与数学研究所工作。

强度及其光谱能量分布之间的关系。在弄清荧光材料制备的主要影响因素后，徐晓白等人为进一步简化操作步骤开发了湿法一步焙烧方法，即将碳酸钙加入磷酸二氢铵水溶液中，待二氧化碳全部逸出后，加入所需剂量的氟化钙、氯化钙及活化剂（磷酸锰与三氧化锑），搅拌均匀后，不经过滤在120℃左右烘干，然后取出，研磨至150目，在1060℃焙烧，其他条件与干法焙烧相同。为焙烧充分，当时除了用球磨机研磨材料外，一部分原料必须用手工精细研磨。徐晓白亲自动手，耐心地将材料磨得非常细，达到了实验要求，这在极大程度上考验了她的耐心和毅力。

徐晓白等人在这项工作中也遇到过一些挫折。按照最初的实验方案，徐晓白等人采取的是传统煅烧的方法。因为高温炉需缓慢增压升温，且不允许在高温状态下直接开启炉门进样，只能在较低的温度下进样，样品经过一段时间的高温焙烧之后降温再取出。一次试验一般需要五六个小时或者更长时间，导致试验耗时长、实验中重复性很差。且徐晓白觉察到，由于实验中一些容易升华的成分，如活化剂锑的含量变得难以控制这影响了产品的质量。经过反复摸索后，徐晓白想出利用管式高温炉代替传统高温炉的办法，采取快速焙烧来控制反应时间，以便更好控制容易升华的组分。徐晓白试着把数克试样放进管式高温炉的中段恒温区里焙烧，因管式高温炉的热容大，样品迅速达到试验要求温度，一次焙烧试验的时间缩短至一二十分钟，试验重复性极佳。采用这样的方法，小组在几个月内完成了多达数百次制备实验。

利用快速焙烧法，徐晓白等人进一步研究了磷酸钙与卤化钙配比、锰含量、活化剂锑含量、氯氟比值等对荧光材料光谱能量分布的影响，并确认了不同配方所得荧光材料的色较温度。

就这样，在不到一年的时间里，研制小组系统考察了卤磷酸钙新型荧光料的组成和制备条件对其发光性质的影响，揭示出锑、锰掺杂量对荧光光谱分布影响的规律。在1953年年底研制小组完成了实验室研究，提出了制备性能良好、定向合成不同色泽的荧光料的工艺方法。试制成功后，由徐晓白和招禄基携带了一些荧光料去南京灯泡厂，请他们用小组制备的荧光料来试制日光灯，取得了很好的效果。不久后，南京灯泡厂的谢宝树工程师带着任务来到长春实验室工作一个月,在此期间,小组不仅向谢宝树移交了全部的技术资料,还传授给他实际操作方法和经验,使他掌握了卤磷酸钙新型日光灯荧光料关键生产技术。谢宝树对成本进行了估算,发现按照徐晓白小组的方法,每公斤卤磷酸钙荧光料制作成本是原先生产锌铍硅酸盐系荧光料的1/7,比进口的荧光粉便宜3/4到4/5,他感到这是极大的突破。回到南京后,谢宝树带领南京灯泡厂将该技术应用于实践,很快在全国得到了推广。

在后来的研究报告中,徐晓白等人对这段时间的工作做了总结,她写道:

> 经一年工作,提出了用国产原料、于实验室规模、制备各种不同色较温度的新型日光灯卤磷酸钙荧光料的工艺方法;建立了相关的化学分析与物理测试方法。研制成的荧光料,其发光效率优于所购得的外国样品。初步估算其成本约为南京灯泡厂锌铍硅酸盐荧光料的七分之一,进口荧光粉价的四分之一。南京灯泡厂接收掌握我们的成果后于1954年初重复制备成功。[1]

卤磷酸钙新型日光灯荧光材料技术推广成功以后,在全国范围内都引起了轰动,学界里更是好评如潮:

> 这是一项突击性集体攻关工作,也是我国最早的新型日光灯荧光材料系统研究。不仅揭示出荧光性质与材料组成和制备条件的依赖规律,且有多方面创造,如快速烧制、鞣酸除重金属以及界面沉淀法制备氟化钙。[2]

1953年底,在荧光材料研制成功以后,因该研究已经取得了较好的成

---

[1] 柳大纲、徐晓白,等:《卤磷酸钙系日光灯荧光料制备研究》。见:《仪征文史资料 第11辑 柳大纲纪念文集》,政协仪征市委员会、文史资料研究委员会,1998年,第12页。

[2] 柳大纲科研成果说明。见:《仪征文史资料 第11辑 柳大纲纪念文集》,政协仪征市委员会、文史资料研究委员会,1998年,第157页。

果,且国内已有一些单位着手这方面的研究,柳大纲小组便不再继续这一领域的工作,按照国家的需要,1954年4月,徐晓白等人跟随柳大纲前往北京,参加电动土壤加固工程。

土壤加固工程

电动土壤加固工程在当时是应国家需要而开展的,这是国家布置的一项重点任务。因此任务需要徐晓白来到北京工作。1955年以后又因筹建化学所的需要,她正式调离了长春,留在了北京。

土壤加固是通过某种措施将散碎状的土壤固结成为具有一定强度的整体性固体物质,使土壤变得坚固、稳定和密实,使之满足工程建筑的要求,这是人类建筑活动上的一项重要课题。

1954年,随着国民经济的发展,各种建筑物和结构物的软弱地基处理成为保证工程建设安全的关键问题之一。当时的佳木斯糖厂就面临着房屋建筑出现裂缝的难题。佳木斯糖厂是第一个五年计划期间,在波兰帮助下建设的,是国家的重要项目。该糖厂在1953年原计划修建主厂房、锅炉房、发电机室以及石灰窑,但因图纸问题,主厂房未修建完成,只修建了锅炉房等设施和主厂房的基础。但是在1953年11月,该厂的主厂房基础建筑出现了裂缝,多方研究后发现,这不是建筑本身的问题,而是地基土质不良所导致的。尽管当时建筑专家们提出了许多补救方案,但都不能达到补救效果。全国与佳木斯糖厂类似,因土质不良导致建筑物裂缝问题的例子很多。如何对建筑物和结构物软弱地基进行加固处理,成为当时一项很重要的问题。

在国民经济紧张的情况下,国家没有多余的财力对因土壤疏松导致安全问题的建筑进行拆除重建,而如果不解决出现的这一建筑问题,已有投资便成了泡影。能不能想一些别的办法来解决难题呢?恰好当时波兰发展了一项新技术，即电动硅化土壤加固法，这项技术是波兰科学院水工建筑研究所所长、波兰科学院院士蔡伯尔多维奇教授发展的。

在第二次世界大战期间，蔡伯尔多维奇跟随瑞士苏黎世工学院教授夏特和哈佛里一起研究电渗的使用方法。1947年起，蔡伯尔多维奇将电渗方法运用于黏性土加固上，并研究如何将电渗方法与压力硅化法合并，用电渗及低压力来代替压力硅化法的大压力，并可扩大压力硅化法的使用范围。从1949年该方法应用于工程上开始，至1952年，该方法在波兰试用成功，并先后完成了20多项工程。该方法的原理是，在需要加固的建筑物基础一侧插入若干支深度达于基础下部土壤的钢管作为正极，在基础的另一侧插入若干支钢管作为负极，通入80伏，2~3安直流电，由正极注入水玻璃及氯化钙的水溶液使两者形成的氢氧化钙及二氧化硅向负极运动。运动过程中形成硅胶填充土壤的孔隙，并胶结松散的土粒使其提高承载力[1]。这项技术通过用电化学的方法对建筑所在土壤进行加固，使得地面建筑稳固，其花费较少，且操作起来比拆除重建要简单得多。那么，波兰这项技术能不能用于我国呢？国家有关部门决定派人去波兰学习这项技术，回来以后推广波兰的经验。

1954年，中国科学院和建筑工业部合作，派遣柳大纲和建筑工业部的黄强、铁天石、夏正中等人到波兰学习土壤加固技术，学习的目的是回国后组织研究组推广并应用这一技术，使之与我国的具体实践相结合。原本并非专长于胶体化学也不懂土建工程的柳大纲欣然领命，接受了国家布置的任务，他放下了手头正在进行的

图4-6　1954年1月徐晓白所摄唐山土壤加固现场

---

[1] 马彰：《中国甜菜糖业发展史料》。沈阳：辽宁人民出版社，1986年，第129页。

研究，前去波兰学习了一段时间的土壤硅酸盐化学。

柳大纲从波兰学习回来以后，在北京组织和领导了跨部门、跨行业的土壤硅化加固科研组。他带来了自己的得力干将徐晓白和招禄基，当时研究组的人员包括中国科学院、建筑工程部、水利部、电力部、煤炭部、交通部等单位的科技人员，组员有20人，除了去波兰学习归来的柳大纲等人之外，还包括现在已经是中国科学院院士的江龙、后来担任过中国科学院盐湖研究所所长的陈敬清，以及成长为岩土工程方向的知名专家蒋国澄等人。柳大纲亲自带领组员研究推广这项技术，他们主要对唐山林西煤矿风井流沙层、佳木斯糖厂以及天津塘沽港口的软黏土进行了地基加固。

徐晓白于1954年4月左右来到北京参加土壤加固的工作。她先是花了一段时间学习土壤加固技术的原理和操作方法，并主要负责该项目化学部分的工作。1954年年底，她和长春应化所来到北京支援土壤加固的同事，前去唐山林西风井做硅化的工程试验。徐晓白在小型电动硅化试验上

图4-7 徐晓白在土壤加固工作中所取样品

花了较多时间，并多次参加硅化野外试验及硅化的工程试验。

徐晓白在北京的工作地点是在建筑工业部的建筑技术研究所里。这个研究所新成立不久，仅有两栋办公楼，没有什么研究基础，土壤加固工程是建筑技术研究所当时正在进行的最重要的课题之一。但是研究所并没有什么工作基础，徐晓白和从长春应化所来京的研究人员，除了开展土壤加固工程以外，还肩负了另一项重要的任务，就是帮助研究所建立化学实验室，为他们打下化学实验的基础。在这段时间里，徐晓白等人帮助建筑技术研究所制定了加固料液配置规程，建立了有关化学分析方法。后来这个研究所发展成为建筑工程研究院，徐晓白等人可以说在该单位奠基阶段做了许多重要的基础性工作。

当时在我国，把土壤硅化加固技术应用于实践的方法是用电动渗透的办法把粒子渗透到土壤里，一方面把土壤里的水排出来，再把这些氯离子

用电渗导入到土壤里，使得土壤强度可以提高，该技术在当时取得了一定的效果。但总的说来，这项技术在当时和现在看，都不十分成熟。在土壤加固工程告一段落以后，原定要出版的研究报告迟迟没有发表，技术的推广效果也不佳。追究其在技术上没有取得最佳效果的原因，用徐晓白的话来说：" '电'究竟对硅化起多少作用，大家是怀疑的。"[①] 不仅如此，时隔半个多世纪后，参加过土壤加固工程的蒋国澄回忆往事时说：这项技术没得到大规模推广的原因还有一条，那就是耗电量太大，不经济！[②] 原来，当时的方法是利用粒子渗入土壤排水来加强土壤强度时，其技术缺陷是导进土壤里的粒子只能在一定范围内起作用，靠近电极的地方加固效果好，远离电极的地方达不到效果；要想加固效果好，只能多方位、源源不断通电，但这样一来，耗电量就太大了，花费也太多了。

尽管在当时土壤加固技术还存有缺陷，未能获得大规模推广应用，但总的来说，土壤加固工程在当时属于重大项目，该工程具备一定的探索意义，参与这一项目的技术人员在短时间的技术攻关中获得了大量实践资料，其中的电渗和压力等方法在现在的岩土工程中还在使用。徐晓白同事招禄基总结这项工程在当时的意义，她这样说："从无到有地建立实验室和添置实验设备，进行实验室和现场的试验研究，在国外先进技术的基础上，又有了新的发展。这是在我国第一次进行化学灌浆的大规模试验研究工作，开创了我国化学灌浆研究领域的先河。"[③]

[①] 徐晓白人事档案，《电动土壤加固》，20世纪60年代末。存于中国科学院生态环境研究中心。

[②] 蒋国澄、招禄基访谈，2015年11月21日。

[③] 招禄基：缅怀柳大纲先生。见：《仪征文史资料 第11辑 柳大纲纪念文集》。政协仪征市委员会、文史资料研究委员会，1998年，第73-74页。

第五章
在迷茫中前行

1955年以后，徐晓白来到中国科学院化学研究所工作。从化学所筹建期开始，她一步一个脚印，持续向前。在化学所工作的早期，她从事与盐湖化学有关的分析工作，还跟随来华的苏联专家开展了熔盐体系研究。这一时期，也是她的学术积累时期，她既有收获，亦遇到了挫折。

来到化学所

土壤加固工程告一段落后，徐晓白没有再回长春，她从此留在了北京加入到中国科学院化学研究所的筹备和建设中来。中国科学院化学研究所的成立，是基于国内即将展开大规模社会主义建设，以及发展化学科学的需要。

早在物理化学研究所搬迁到长春之前，就有化学界人士呼吁，要在北京建立化学研究机构，以适应化学方面人才协调和建设需要。1953年以前，中国科学院在化学学科上底子薄弱，虽然已有物理化学、分析化学等发展方向，但总的说来，发展不平衡，不能满足国家发展的需求。1953年，在新中国国民经济建设的第一个五年计划开展之际，中国科学院开始筹建化学研究所。当时中国科学院从事化学研究的机构已有应用化学研究所、有机化学研究所、药物研究所等，即将成立的化学所将是中国科学院从事化学研究的全新的、综合性、基础性研究机构。

1953年10月3日，在中国科学院第31次院务常委会上通过了将上海有机化学所迁往北京，并建设综合性的中国科学院化学研究所，以扩大学科的研究领域的建议。同年12月，化学所筹建委员会成立，委员会由时任中国科学院副院长的吴有训领导，并由上海有机化学所所长庄长恭与南开大学杨石先副校长担任正副主任，其成员包括，中国科学院计划局局长钱三强、副局长刘咸一，办公厅副主任陈宗器，有机所副所长汪猷，北京大学化学系孙承谔、张青莲、黄子卿、邢其毅、严仁荫、冯新德，高等教育部副部长曾昭抡，化学工业部副部长侯德榜，北京医学院蒋明谦，北京石油学院傅鹰，他们都是当时德高望重，享有名望的化学家。1954年6月后，邢其毅、严仁荫、冯新德、刘咸一不再担任筹委会委员，增聘了时任中国科学院院秘书处秘书长的陈康白、院秘书处秘书柳大纲、长春应化所检验室主任梁树权、轻工业部皮革研究所所长杜春晏为筹委会委员，其中柳大纲兼任筹委会秘书。很快，筹委会召开了会议，初步明确了化学所未来的研究方向。1954年12月底，院务会议听取和讨论了化学所筹建工作的进展，明确提出了化学所的发展方向是："化学研究所应该逐渐成为不断支援国家工业建设和不断提高化学理论水平的中心。"①

谈到北京化学所的组建，科学院起初的设想是想把有机化学所从上海迁过来，以它为基础再加以扩建②。有机化学研究所所长庄长恭有不同的意见，他认为将上海有机化学所整体搬迁到北京的方案对学科发展不利，且对新建的化学所全面发展并不能起决定性作用。考虑到研究所大搬家存在许多困难等一系列问题，1954年12月13—19日，中国科学院成立了由

---

① 王扬宗、曹效业主编：《中国科学院院属单位简史》（第一册，上）。北京：科学出版社，2010年，第220页。

② 同①，第218-219页。

苏联专家柯夫达和秦力生、贝时璋组成的考察团，对华东华南地区的22个研究所进行考察，并提出了《中国科学院华东、华南工作组考察报告》，报告中明确指出："上海有机化学所规模大、组织健全，是一个工作上很有成绩的研究所。这个所的主要研究工作是与科学院上海其他各研究所（药物、生理生化）的工作紧密联系着，并且与中国人民解放军医学院及当地的药物化学工业紧密联系着的。将有机化学所从上海迁北京，就一定会打乱该所已经积累了一些成就的抗生素研究工作。最好不要硬性执行全部迁移北京的决定，应进一步地加以研究。有机化学所的各基础（与抗生素有关的）应留在上海，而在北京另外建立一个化学所，吸收中国科学院各所和各高等学校的有机化学家、无机化学家、物理化学家、胶体化学家参加工作。"最后决定是把有机化学所中的高分子部分迁到北京，作为新的化学所的一部分。在《中国科学院1953—1957年计划纲要》中提出："建立化学研究所（设北京），以有机化学研究所高分子化学部分；应用化学研究所的无机化学、物理化学等学科的一部分为基础，并与北京大学及其有关院校合作。"

化学所筹建过程中，中国科学院任命化学家曾昭抡为所长、柳大纲为副所长，1956年以后又任命科技管理干部华寿俊为副所长。柳大纲实际上承担了化学所筹建的大部分工作。徐晓白是在1955年四五月间，在电动土壤加固工作告一段落后，参加到化学所筹建工作中来的。那时候，柳大纲已转入到北京工作，作为柳大纲的助手，徐晓白与招禄基就一起被留在了北京。到1955年底、1956年初，原留在长春应化所、属于柳大纲小组成员的胡克源、高世扬、江研因等人因开展盐湖化学研究，也相继调来了化学所工作。

徐晓白回忆，刚来北京的时候，工作地点是位于东皇城根的实验室。那个实验室原本是由梁树权、柳大纲、贝时璋三人合用，但梁树权实验多、东西多，基本上把屋子全占用上了，于是她和招禄基便到地球物理所上班，她们俩一面去图书馆看文献，一面做一些联络和化学所科研条件建设的工作。徐晓白调入到北京后，在化学所一直工作到了"文化大革命"后期。

新的化学所地址定在了当时还很偏僻的中关村地区，这是规划中的"科学城"。中国科学院在建院之初，随着研究所在京建所的需要，新建各所要择定所址。根据北京市当时的规划，西郊地区被定为文教区，经过考察后，科学院认为，各所新址应以靠近清华大学和当时的燕京大学较好，这样有利于加强与高校之间的学术交流与合作关系。后来北京市将大泥湾以北、成府路以南的地界划给了科学院。从20世纪50年代初开始，中国科学院所属的京区科研单位进驻中关村，中关村一度成为中国科学院的象征地。半个多世纪以来，随着这一带的发展，中关村不断变化，成为真正的科学城。

位于中关村的化学所的大楼是这一带较早建设的大楼。这栋大楼于1954年9月开工，用了不到一年的时间，于1955年8月完工。据早年留学过苏联，长期在化学所参加工作，后来担任了化学所所长的研究人员胡亚东[①]回忆，化学所初建时候条件异常艰苦：

图5-1　20世纪50年代的化学所实验大楼

> 那时候我的印象，远远望去，好像是一片沼泽似的，好多地方有水，水洼地。还能看到几处不很大的树林子和破房子。我刚来化学所的时候，那些房子也不是正经农村住家的房子，像窝棚似的，很小，里面很暗，没有光线。
>
> 化学所这块地儿，在中关园南边，在靠西这一段上算是科学城的北边了。我刚来的时候，中关村还很荒凉，只有几个楼，一个是原子能楼……还有一个是地球物理所大楼……我们化学所大楼是1955年

[①] 胡亚东（1927— ），1949年毕业于清华大学化学系，1955年在苏联列宁格勒化工学院获得化学副博士学位，曾担任中国科学院化学研究所所长，研究方向是高分子化学自由基聚合、氟橡胶合成方面。

第五章　在迷茫中前行

盖好的。我刚从苏联回来,觉得我们化学所的大楼比苏联的漂亮。不过,我起初来到研究所的时候,楼周围的路还没修好,晴天全是土,雨天全是泥。记得在1955年8月间,我陪柳大纲、袁翰青两位先生往成府路那边走,走得很困难,没有适合走的路。[①]

化学所大楼落成后,随着实验室安装与布置的完成,以及图书、仪器和药品逐步到位,加上1956年5—7月,从上海有机化学研究所完成搬迁的77名工作人员和他们带来的仪器药品、图书和家具,化学所的筹建工作已然就绪,化学所正式建所。在1957年11月26日,中国科学院院务常务会议通过的《化学研究所正式建所的报告》中,化学所正式成立。在这份报告中,还详细描述了建成后化学所大楼的具体情况:

化学所大楼基建面积为7959平方米,除走廊、厕所、楼梯外可使用面积为4727平方米,其中化学所占用3331平方米,其他单位(实生所、化冶所、学部,包括中关村公用礼堂)占用1396平方米。除大楼3331平方米外,还有二层楼房一座(部分实验室、部分办公室)以及煤气厂、食堂、零散平房。木屋共1735平方米,因此化学所目前实际使用5066平方米。此外高压实验室180平方米正在施工,有机氟实验室400平方米已批准设计。[②]

1957年来华,担任过中国科学院化学研究所顾问的苏联化学家米哈伊尔·阿·克罗契科[③]曾回忆,在他的印象中,20世纪50年代中期那栋位于中关村的化学所大楼高大、气派,建设得相当不错:

---

① 杨小林:化学研究所——访谈胡亚东。见:胡亚东等主编,《中关村科学城的兴起(1953-1966)》。长沙:湖南教育出版社,2009年,第78-80页。
② 中国科学院学术秘书处编:《中国科学院年报(1957年)》。1957年,第335页,内部资料。
③ 米哈伊尔·阿·克罗契科是20世纪50年代中期以后由苏联来华的化学家,他曾获得过斯大林奖金、功勋奖章和劳动红旗奖章,后在加拿大生活,著有《一位苏联科学家在中国》,回忆其在华期间的所见、所感,该著作于2010年由湖南教育出版社出版。

我们在古树成荫的大道上奔驰，沿着直通颐和园的马路到达一群灰色低矮的平房面前，其中有研究所的高楼耸立其间，这里是北京的西北郊，名叫中关村。这是个新兴的科研中心，还没有完工的"科学城"。

我们的轿车停在一幢漂亮的五层楼前。往楼上有巨大的玻璃窗，两旁较低，设有图书馆和礼堂。其内，宽阔的楼梯两侧有长廊延伸出去，它们由两边房间和大厅末端的窗户透出的光线照亮。主楼楼梯两边是用作办公或讲演的大厅。剩下的房间大多作为实验室，它们全都极为宽敞、明亮，装修整齐，设备齐全。①

化学所大楼盖了五层，这所房间众多的建筑在当时中关村显得又高大又气派。大楼的使用情况，还可以从胡亚东的回忆中了解一二：

因为一楼比较稳，震动比较小，所以需要精密仪器设备的研究室都在一楼一些实验室。具体分布是：一楼大部分是物理化学研究室，还有分析化学研究室和高分子物理研究室，一楼靠图书馆这边主要是高分子物理研究室，钱人元先生就在一层。二楼大部分是分析化学研究室，少部分是物理化学室。三楼是有机化学研究室和无机化学研究室，柳先生在三楼。整个四楼都是高分子化学研究室。

……

当时从面积上说，化学楼好像是最大的。那时候看起来相当好。研究所的大门是朝南开的，不是现在这个样子。大楼是五层，一层的两边，东边是图书馆，西边是礼堂，都是当时中关村一带最为漂亮的有名场所。②

---

① 米哈伊尔·阿·克罗契科：《一位苏联科学家在中国》。长沙：湖南教育出版社。2010年，第8页。

② 杨小林：化学研究所——访谈胡亚东。见：胡亚东等主编，《中关村科学城的兴起（1953-1966）》。长沙：湖南教育出版社，2009年，第81-83页。

在这座楼里,化学所占了四层,第五层当时由科学院内其他研究所,如力学所、中国科学院化工冶金研究所(现为中国科学院过程工程研究所)和生物物理所等先后周转使用过。

在化学所大楼投入使用后,化学所的工作有条不紊地展开了。对于化学所的研究机构初期的情况,苏联专家米哈伊尔·阿·克罗契科亦有描述,他印象中的化学所包括四个组,分别相当于无机化学、分析化学、有机化学和高分子聚合物化学这四个部门,

图5-2 1956年徐晓白与中国科学院化学所同事合影(第二排右二:徐晓白)

实际上,化学所筹建的时候已经大体确立了其职能和研究方向,所内包含高分子化学组(王葆仁负责),主要方向是研究高分子化合物的合成,高分子化合物的结构与性质的关系;有机化学组(苏子衡负责),研究方向是单体合成过程中的反应机构及催化作用;无机化学组(柳大纲负责),主要研究水溶液中无机盐类多相平衡和同位素化学问题;分析化学组(梁树权负责),研究方向是稀土元素分析方法、有机化合物在分析化学中的应用;物理化学组,研究内容由催化剂与催化作用的基础、化学反应动力学的问题、溶液理论的研究、用X射线分析鉴别无机化合物,以及胶体化学。建所初期,徐晓白在柳大纲领导下的无机化学组工作,后来她成为无机化学分析方面的科研骨干,在1965年以后,随着化学所无机化学和无机分析部分被划分到化学所二部,徐晓白长期在怀柔参加工作。

随着化学所的发展,在研究组的基础上,1956—1965年,化学所内由研究组建成了研究室。以1960年为例,所里包含无机及X射线物相分析(一室)、分析化学(二室)、有机化学(三室)、高分子合成(四室)、有

机硅（五室）、乙炔化学和催化（六室）、高分子物理（七室）、高分子材料（八室）等研究方向。1960年，化学所与力学所、自动化所在怀柔联合成立了化学所二部，主要以研制高能燃料为主。化学所二部包含反应堆核燃料前处理（十一室）、反应堆核燃料后处理（十二室内）、放射化学材料分析（十三室）和"541"任务（十四室）等研究方向。这是化学所早期的建制以及学科发展方向的情况。

化学所不仅研究方向明确，且人员在当时来说也是较为齐备的。1957年的《化学研究所正式建所的报告》材料对此有记载：截至1957年6月，全所共有288人，其中副研究员、技士以上的高级研究员19人（另有兼任研究员6人，不在化学所编制内），大学毕业以上的中、初级研究、技术人员102人，高中、初中毕业的实验室见习员67人，金工、玻璃工、木工等各种技工38人，负责图书和器材等助理业务人员有20人，行政干部由23人，勤杂人员19人；除此之外，研究所培养研究生16人，各高等学校来进修的实习人员有20多人。

关于化学所初期的人员构成，根据胡亚东的回忆，大致情况如下：

> 化学所刚成立的时候，主要由四部分组成的：一是上海有机所的高分子部分，钱人元、王葆仁带了一大批人来，他们是1956年来的。二是北平研究院的分析化学和有机化学部分，分析化学是梁树权先生，有机化学是蒋明谦先生，跟他一起的还有李广年、李光亮。三是北京大学由黄子卿和傅鹰两位教授兼任的物理化学研究室，黄子卿先生搞热力学，傅鹰先生搞胶体化学，还有唐有祺建立的热化学，胡日恒从美国回来以后成立了热化学组。四是柳先生的无机化学研究室，主要助手是徐晓白。[①]

新建成的化学所人才济济，苏联专家米哈伊尔·阿·克罗契科敏锐地感到，虽然各部门的负责人有的并没有被授予教授或导师的正式头衔，也

[①] 杨小林：化学研究所——访谈胡亚东。见：胡亚东等主编，《中关村科学城的兴起（1953-1966）》。长沙：湖南教育出版社，2009年，第81-83页。

没有硕士或者博士学位，但他"觉察出他们之中绝大多数人在业务水平上绝不次于那些在地方学院教书的苏联教授，而在这个所的领导成员之中至少有五六个人与莫斯科大学获得科学博士学位的人不相上下。"[①] 新成立的化学所，吸收了上海有机化学研究所、长春应化所和大学里的人员。当时除了柳大纲、梁树权、钱人元等在当时是比较知名的化学家，也是所内的高级研究人员以外，还有张青莲、唐有祺、蒋明谦、李世培、黄子卿和傅鹰等人兼任所里的研究员；且在曾昭抡所长和柳大纲副所长的努力下，化学所还先后吸收了一批国外归来的留学生来参加工作，有留美归来的陈荣耀、沙逸仙、胡日恒、蒋锡夔、蒋丽金、张斌、林一；留苏归来的胡亚东、陶宏以及李执芬等人。他们许多人后来都成为中国化学领域的中坚力量，如胡日恒领导了化学研究所热化学实验室的建设，胡亚东后来成为化学所的所长，蒋丽金是中国光化学研究的奠基人和开拓者、中国科学院院士，蒋锡夔参与创建了中国科学院第一个物理有机研究室，后成为中国科学院院士。

虽然房屋和人员都配备齐全，但化学所发展初期，在仪器设备和图书配备上仍有不足。1957年的化学所仅有一些分光光度计、玻璃石英光谱仪、干涉仪及高分子化合物机械性能检定仪器等，一些仪器，如分光光度计全所只有一台，满足不了开展科研工作的需求。1950年以前旧的化学经典化学著作保存较少，且仅有西、日文过期期刊40余种。在化学所成立以后，全所人员很快便克服困难，展开了研究工作。以1957年为例，全所研究课题55个，其中属于国家重要科学技术任务的便有42个，属于科学规划的有13个。

经过60余年的发展，化学所发展为以开展基础研究为主，有重点地开展国家急需的、有重大战略目标的高新技术创新研究，并与高新技术应用和转化工作协调发展的多学科、综合性研究所，成为具有重要国际影响、高水平的研究机构。建所以来，化学所共获得国家和省部级成果奖励300余项，拥有中国科学院院士11人、发展中国家科学院院士4人，拥有

[①] 米哈伊尔·阿·克罗契科：《一位苏联科学家在中国》。长沙：湖南教育出版社。2010年，第10页。

三个国家重点实验室，八个中国科学院重点实验室，一个中国科学院先进高分子材料创新工程中心，一个分析测试中心，并承担了一大批国家重大基础研究项目和高技术项目的研究工作。

困惑与挫折

1949年以后，各单位的思想政治学习很多，在相当长的一段时间里，中国共产党对知识分子的政策随着形势的发展发生了变化。在一系列的学习和改造中，在各项政治运动中，徐晓白在一定程度上受到了冲击。她在时代浪潮中接受了许多新的人生观、世界观，她的所思、所为与过去相比，都发生了变化。

初迎来上海解放，徐晓白对新社会的到来满怀欣喜，她从实际中切身感受到新的时代与过去有明显的不同。中华人民共和国成立以来的各项运动，徐晓白一个不落，全都参加了，而且她表现得十分积极。首先是参加上海郊区的土改，接着是1951年的镇反，主要是参加在上海市举行的各种斗争大会，接着是1951年11月参加"忠诚老实"，继而是思想改造运动和"三反、五反"运动。为了向新社会靠拢，徐晓白努力学习，但令她所苦恼的是她的家庭出身，以及"三青团""中华人民共和国成立前去台湾"等"历史问题"，使她难以得到组织的信任，甚至不能承担重要课题任务，她不得不一边工作一边学习，还不断向组织交心。她花费了许多时间为自己辩白，她一遍又一遍重述自己的家庭和"历史"，甚至交出了自己珍藏许久的、友人从国外寄来的信件请组织鉴定。但即便如此，她的"历史问题"不断有反复，每次搞运动时总有人提出这些事，尤其是莫须有的"三青团"问题，总有人对她不断诘难，这令她苦恼不已。直到"文化大革命"结束以后，她才彻底得到了平反，从此获得了解脱。令她感到艰难的事是，从1951年底开始，徐晓白希望加入共青团，她还给组织上写过一封情真意切的信，真实汇报了自己的成长和思想变化，但过了很久她的入团申请仍

图 5-3 1956 年的徐晓白

然未获得批准，原因就是组织上认为她"历史复杂"，难以信任。在很长一段时间里，徐晓白思想上背有沉重的包袱，她常常感到举步维艰，情绪上难免有些悲观、失望。

1956 年 1 月，周恩来在《关于知识分子问题的报告》中明确指出绝大多数知识分子已经是工人阶级的一部分。在学习了周总理的报告后，徐晓白感到：这给了自己很大的鼓舞力量。① 她的心中重新燃起了希望，她感到自己已经被改造好了，已经可以被接受了，她在日记里写下了自己的决心：

社会主义建设对知识分子提出了明确的要求，我觉得尽管自己水平很低，缺点很多，但是以前是有决心要改造自己，提高自己而献身于这伟大的事业的。消极、等待只会使自己后退。虽然正式调到所里还是不久的事，不过因为自开始申请入团，到现在已经有三年半的时间了，上海、东北的组织都进行过许多的研究，我觉得应该再一次向组织上提出，请求尽可能迅速的解决这悬案。事实上现在也是有条件的，因为当时的同学有不少在北京，例如当时学生会主席周寿昌同志现在就在清华大学担任校长秘书，他一定可以提供不少的线索。

另一方面，这些想法也阻碍了自己的进步，例如关于入党问题，自己觉得这个问题不搞清楚总是不能入党的，以致就放松了对自己的要求，放松了自己的缺点，这显然是觉悟程度不够的表现。今后一方面要积极提高自己的觉悟，另一方面亦希望组织上能经常不断地加以教育，有计划地帮助自己进步。我迫切的希望自己能在这伟大的建设

---

① 徐晓白日记，1956 年 1 月 31 日，未公开发表。

革命中，平时多贡献一些力量。在具体的锻炼中争取成为一个光荣的共产党员。①

不同于学生时代她以学习成绩来要求自己，1949年以后，她逐渐把自己在政治上得到组织认可定作自己的一个目标，这也是她的心愿之一。

徐晓白向党靠拢、要求进步的愿望十分强烈。1956年，国家动员留学人员回国，徐晓白主动给自己留学美国的堂哥徐皆苏和留美的学长、同学周载华、章奇②写信，介绍国内的情况，欢迎他们能回国参加建设，用她的话说，是希望在国外留学的亲朋好友能对新中国产生热恋③。虽然她的动员未成，但由这件事也可看出徐晓白当时是一心向国的。

1956年8月10日，徐晓白和她的同事、同在柳大纲领导下工作的胡克源结为了夫妻。

徐晓白与胡克源早在1948年便相识了，在上海的时候，虽然他们同在一个研究所里工作，但一开始，所里的男青年和女青年之间仿佛横亘着一道壁垒，除了工作之外，他们少有交流。胡克源的家乡在外地，他住在研究所的宿舍里。而徐晓白的家在上海本地，单位离家很近，下班后她便回家，两

图5-4　1956年8月徐晓白和胡克源结婚照

---

① 徐晓白日记，1956年1月31日，未公开发表。
② 章奇是章太炎次子，与徐晓白同念南洋模范中学，并一同考入交通大学化学系就读，他们曾是关系很亲近的好朋友。章奇赴美留学后，他们亦有通信，但双方因政治和职业的观念不合，于1950年6月后便不再联系。1956年徐晓白给在美国的章奇去信，希望他回国参加建设，信件是交由中国科学院转寄。
③ 徐晓白日记，未公开发表。

第五章　在迷茫中前行　*109*

人之间除了工作几乎没什么来往。但是徐晓白骑着自行车、清爽利落的摩登形象令胡克源印象尤其深刻。1950年以后，他俩共同跟随柳大纲工作，在工作和学习上常常联系，互相有了了解，关系这才拉近了。柳大纲去华北革大学习后，胡克源与徐晓白接触就更多了，他们常常在一起学习、讨论，青年人之间渐渐产生了感情。但是很长一段时间以来，因为徐晓白和其家庭在政治上有"悬而未决"的问题，尽管他们多次向上级部门打报告，但是他们的关系仍然难以得到认可，胡克源甚至因为二人的恋爱关系受到过来自军代表和党组织的批评。

图5-5 1956年8月徐晓白夫妇与家人在北海公园（左起：徐民苏、徐祖藩、胡克源、夏佩玉、徐晓白）

1956年8月10日，在经历了很长一段时间的爱情长跑后，胡克源与徐晓白的结婚报告终于得到了上级党组织的批准，他们在北京结婚了。徐晓白的父母为此特意来了一趟北京，恭贺女儿新婚，他们对女婿非常满意。当时徐晓白的弟弟徐民苏还在清华大学就读，一家人在这一难得的团聚时光里，高高兴兴携手游览了北京的名胜古迹。小两口的婚礼办得十分简朴，只在结婚当天给要好的同事和朋友散发了一些喜糖，彼此便许下相依相伴终身的诺言。徐晓白的好友张赣南还记得婚礼当天的情景：桌子上有点儿花生糖果，小两口给前来祝贺的客人们唱了一支十分动听的俄文歌[①]。这是徐晓白记忆里的一段快乐、平静、温馨的时光。

徐晓白与胡克源把新房设在了中关村，为了这对新人的结合，化学所特意给他们拨了一间宿舍，小两口暂时安下了家。但婚后仅三周，1956年9月2日，胡克源作为中国科学院派遣的留苏研究生，肩负着学成归来后建设

---

① 张赣南访谈，2014年6月29日。资料存于采集工程数据库。

社会主义的重任，踏上了去苏联科学院普通及无机化学研究所学习的征程。从这天起，新婚夫妻一别就是四年，在分居两地的漫长时光里，两人仅靠鸿雁传书，寄托彼此的离愁和思念。胡克源去苏联以后，徐晓白独自生活，下班后面对清锅冷灶，难免有些孤单。不久后，在副所长华寿俊的关怀下，徐晓白搬出了那间新房，住进了华所长从自己家里匀出来的一间房子里。

1957年，是令徐晓白感到伤心事很多的一年，她和她的亲人在不同程度上受到了政治运动的波及，她不得不在彷徨和伤感中不断检讨自己。

1957年5月23—30日，中国科学院在北京召开了第二次学部委员大会。大会刚结束不久，全国范围内的"反右派"斗争开始了，前一年知识分子会议之后，全国短暂的"早春"气候戛然而止。中国科学院作为集中了全国知识分子的地方，也是"反右"的重点单位。1957年7月6日，《人民日报》发表了郭沫若的发言《驳斥一个反社会主义的科学纲领》。后来，许多专家、学者遭到了批判，一些知识分子被错划为"右派"，甚至有11名学部委员被定为"右派"（其中在中国科学院系统内工作的有两人）[1]，并被剥夺了学部委员的称号，这甚至包括当时化学所的所长曾昭抡[2]。

在这样的氛围里，科学院里"反右"气氛浓郁。在"反右"运动中，化学所里有许多人都受到过牵连。徐晓白虽未被定为"右派"，但她那"小资产阶级"的家庭出身和诸多"历史问题"，令她受到了周围人的诟病。她不断遭到指控、质疑，她不得不在大会小会上反复检讨自己，不断与组织交心，才算是勉强通过了这一关。苏联专家米哈伊尔·阿·克罗契科与徐晓白熟悉，他回忆，那时候的政治运动给徐晓白的研究工作带来了许多负面影响：

> 总的说来，淑芬还是幸运的。因为她的公开认错在会上当场就通过了。徐晓白，一位年轻而且很有才能的女化学家，可没有这么幸

---

[1] 这11人为：曾昭抡、钱伟长、孟昭英、雷天觉、谢家荣、余瑞璜、刘思炽、袁翰青、盛彤笙、向达、沈志远。

[2] 《当代中国》丛书编辑部编辑：《中国科学院（上）》。北京：当代中国出版社，1994年，第87—88页。

运。开了好几次会她才让那些指控她的人相信,她确实对一位亲友对她的揭发感到愧疚。不言而喻,当她用来证实她的心确实属于党的时候,她的研究工作也完全给糟蹋了。①

徐晓白深深感到,1957年的各项政治运动,从参加院里的鸣放会,到"右派分子"批判大会,以及后来的整风运动,对她来说都是很大的震动。而令她更难过的是,她的妹妹和弟弟——毕业于武汉医学院的徐千里,以及在清华大学建筑系三年级就读的徐民苏因为"鸣""放"不当,都在这场政治运动中被错划为了"右派"。徐千里得到的处分是:被开除了党籍,分派到郑州市第二卫生学校担任内科病理教员,在工作中考察一年。当时清华大学里的"反右"斗争正开展得如火如荼,学习成绩优异的徐民苏尽管未被学校开除,但是他在毕业后即被发配到当时还十分偏僻的宁夏石嘴山参加工作,专业荒废,无法学以致用,徐民苏对此难以接受,闹过很大的情绪,他心头愤懑。"文化大革命"期间徐民苏更是因为头上的帽子受到了许多不公正待遇,令他一度产生过逃跑和轻生的念头,以至于蹉跎了不少时光。这些事在很长一段时间里令徐晓白倍感苦恼,她的心口压上了一块沉甸甸的大石头。

1957年,最令徐晓白和她的家人受到沉重打击的事是,这一年的11月15日,父亲徐祖藩因思想上受到困扰,再加上一儿一女被划为"右派",一时想不开自杀身亡。

1949年以后,徐祖藩在短暂就业后退休回家。因为子女相继去了外地工作和上学,家中人口减少,他便卖掉了上海的房屋携妻返回苏州老家,与徐晓白的姐姐徐家和夫妇同住,一家人靠着卖房子所得的钱款利息度日。据徐晓白回忆,父亲退休后,母亲抱怨家庭开销大、经济压力大,家庭生活水平下降,再加上层出不穷的政治运动和思想学习,父亲心中积攒了许多疑惑和顾虑,家中无人能够开解他,他愈发感到自己和社会格格不入,自杀之前已是成日郁郁寡欢。父亲去世当天托词去医院看病而外出,

---

① 米哈伊尔·阿·克罗契科:《一位苏联科学家在中国》。长沙:湖南教育出版社。2010年,第67页。

但当日未返回家中。家人寻至医院发现父亲并未去看病，待发现了遗体并询问了目击者后才知道父亲是因想不开而投河自尽。无论间隔了多少年，徐晓白仍然记得当初寻觅父亲的情况：

> 1957年11月15日午后父亲托言去医院看病（肺病），于一时许离家并告母亲去医院后可能去观前街（买东西）一次，晚一点回来。可是到七、八点钟仍旧没有回来，就由姊姊姊夫（与父母同居我家）到医院去找，发觉根本未去医院，于是就与各派出所及医院联系无果。次日（16日）就由居民委员会及我姊姊工作处的同事（苏州第三刺绣合作社）组织分头去郊区了解寻觅，最后问到一位人力车夫，说明上一日曾拉一人（与我父亲模样相似）先后赴盘门、人民桥、葑门等地（均有河，但有解放军驻）后出城经东南向宝带桥，到洋关停。人力车夫以为是游客，未介意。于是姊姊遂向郊区公安局联系，最后找到尸首，出事地点近尹山湖，尹山桥，是一个死水潭，据云水并不深。①

曾在海军服役多年的徐祖藩在积水不深的死水潭里自尽，可见他当时死志已明。父亲骤然离世令徐晓白和家人一时无法接受，倍感痛心。思及父亲，徐晓白心中悲伤，深感遗憾难以弥补，她悲泣大呼"父亲糊涂"！那时候徐晓白的真切感受是：弟弟和妹妹的清白将由时间来证明，但父亲的死已无可挽回，徒令全家人陷入了痛苦的深渊。

尽管家庭里遭受了一系列的变故，徐晓白并未被悲痛击倒，祸不单行的是，她还受到了来自单位内外的批判，其"罪名"是"个人主义"。无从辩解的她只好通过忘我的工作和学习来洗刷身上的"污点"，她加倍积极地参加各种政治学习，希望以工作上的进取和思想上追求进步的方式向党表白，希望党和群众能够真心接纳她。这时候的徐晓白，早已经褪去了青年时代的活泼和靓丽外表，她的打扮愈发朴素，说话和做事都

---

① 《徐晓白为父亲奔丧后写的经过材料》，1957年。资料存于采集工程数据库。

异常谨慎,唯有这样,她才感到自己融入了社会的潮流。她写下了这样的字句:

> 通过运动进一步认识到党对一切工作绝对领导的重要性,也具体体会到个人主义是万恶之渊。……自己应该加紧改造。①

1957年,徐晓白原定要被化学所委派去苏联学习,与丈夫胡克源在苏联团聚,但因自身在政治上"不过硬",无法通过严格的政审,始终未能成行。根据胡克源回忆:在很长一段时间内,徐晓白因为"三青团"和其他"历史问题"不能澄清,不能得到组织信任,属于被考察使用的对象,既不能入团、入党、出国,也不能接触到高密级的研究工作②。另有一件事③,大约是在中华人民共和国成立初期时,那时候物化所还在上海,有一次军代表询问胡克源,是否知道徐晓白给毛主席上书的事?胡克源回忆,当时自己并不知道这件事,但推测可能是徐晓白在政治运动中屡受盘诘,心中想不开,所以悄悄给自己最敬爱的领袖毛主席写了一封信,诉说了自己心中的苦闷。她想通过向毛主席汇报情况,来证实自己没有任何问题。徐晓白对谁也没有说过这件事,但是不久后毛主席办公室给军管领导回复了一封信件,人们这才知道徐晓白曾给毛主席写信的事。而毛主席办公室的回信,可能也在一定程度上间接保护了徐晓白在一段时间内未遭遇到更大的冲击。

经历了1957年的变化和1958年"大跃进"开始后,中国的科学事业发展进入了另一个阶段,其中一个表现是,在研究机构内,在政治领导科学的氛围下,思想政治学习、会议很多,已经严重占用了正常开展科研工作的时间。根据1958年在华工作的苏联专家米哈伊尔·阿·克罗契科回忆,当时在中国科学院的化学研究所里,大会小会非常多,多到什么程度呢?所内的职工几乎无法正常开展科研工作了!他回忆:

---

① 徐晓白人事档案,《从五七年到大跃进前》,20世纪60年代末。存于中国科学院生态环境研究中心。
② 2017年5月3日,胡克源口述回忆。
③ 同②。

从 1958 年 2 月到 6 月，我在北京作了 12 次讲演，其中唯一的困难之处就是那些不计其数的大小会议，几乎每天都要举行，而其往往要占据所内成员的整个工作日。

……

　　在元月和 2 月，每周开会需要两个整天，以后增为 3 个整天。到了 6 月和 7 月，几乎是每天都开会。

……

　　直到 1958 年 8 月，在全中国，任何科研工作都停止了。实验室关上了大门，研究所里的学术讲座不再举行。[①]

　　米哈伊尔·阿·克罗契科所说的会议多数是政治思想方面的学习会，他的回忆虽略有夸张，但也在一定程度上说明了那时候的政治学习过多，占用了科学家的工作时间，对科研工作产生了很大干扰。

　　除了思想上改造，参加体力劳动也是对知识分子改造的一个重要手段。徐晓白虽然未和她的许多同事一样[②]，被要求去农村参加锻炼，在劳动中改造自己的思想，但是她也参加了许多由化学所组织的劳动锻炼，并且劳动得十分认真，她所在的劳动小队还获得过荣誉。1958 年，徐晓白给远在苏联

图 5-6　1958 年徐晓白与同事们在十三陵劳动
（前排右二：徐晓白）

---

　　① 米哈伊尔·阿·克罗契科：《一位苏联科学家在中国》。长沙：湖南教育出版社。2010 年，第 14-15 页。
　　② 根据米哈伊尔·阿·克罗契科在《一位苏联科学家在中国》（第 130 页）中的回忆，他的翻译周淑芬曾下乡劳动过一整年。

第五章　在迷茫中前行

学习的丈夫胡克源寄去一张照片，照片上便是她在十三陵水库参加劳动的情景。米哈伊尔·阿·克罗契科回忆，那时候北京的机关、团体、高等学校，都要派遣职工到水库工地参加劳动，他自己也曾和化学所的上百位同事们一起参加过劳动，这件事令他印象深刻：

> 大路接近大坝时变得崎岖不平，人们在工地上忙得不亦乐乎。当我走近他们，我才发现他们之中有些人正在窄轨铁路上推小车。
>
> 在一条又长又低的天然冲击堤坝上（这是坝址），成群的男女在干活。我认出了研究所中我熟悉的面孔，其中有平时总是摆出架势似乎要为一项科研争论一番的陶宏，有三位关系亲密的女性：微黑但很美丽的徐晓白；曾在美国留学而讨人喜欢的姑娘张斌，还有好脾气的"四眼"刘静宜。①

图 5-7 1959 年徐晓白参加群英会时在人民大会堂留影

徐晓白不遗余力、全方位改造自己，虽然在政治上她未能卸下包袱，但是她在业务上的努力是有目共睹的，她收获了令她感到自豪的荣誉称号。1959年，徐晓白经单位推荐，荣获"全国三八红旗手"称号。1959 年 10 月 25 日—11 月 8 日，她作为劳动者代表，在北京参加全国工业、交通运输、基本建设、财贸方面社会主义建设先进集体和先进生产者代表大会（"群英会"）。会议之余，她在人民大会堂里留下了一张英姿勃发的倩影，这是令徐晓白长久珍藏的荣耀。这一时期的徐晓白，倾注了极大的热情，把全身心投入到了国家的建设中。

---

① 米哈伊尔·阿·克罗契科：《一位苏联科学家在中国》. 长沙：湖南教育出版社. 2010 年，第 37-38 页。

图 5-8　1959 年徐晓白成为"三八红旗手"　　图 5-9　1959 年徐晓白获得妇女先进工作者表彰

聚焦"盐"化学

在化学所成立以后几年时间里，徐晓白和"盐"打上了交道，她的工作一是为盐湖化学研究建立所需要的物理化学分析实验条件与方法，二是与苏联来华专家鲁日娜娅一起做熔盐体系研究。

盐湖化学研究是化学所早期很重要的研究方向之一，主要包括盐湖湖水及其沉积物的组成分析，研究从盐湖中分离、提取各种盐类及微量元素的方法。化学所进行的这项工作早年是在柳大纲的指导下展开的。基于这项工作的发展和需要，1965 年，中国科学院化学研究所便分建了中国科学院青海盐湖研究所（初建时名为中国科学院盐湖研究所，1970 年改为现名），柳大纲兼任了盐湖所的所长。

化学所参与到盐湖化学的工作是出于国家的需要，随着对西北地区进行综合科学考察而开展起来的。该项工作重要的组织者和领导者——柳大纲早在中华人民共和国成立前就有这方面工作的经验了。20 世纪 40 年代，柳大纲从事过制盐化学的研究工作。1942—1945 年，他和化学家、后来在中国科学院长春应用化学研究所工作的钟焕邦一起，对云南的盐业进行考察后，在《中国化学工程会志》上合作发表了三篇有关制盐的研究论文：《云南中部岩盐矿的化学研究》（1942 年）、《云南——平浪精盐厂制作法的化学研

第五章　在迷茫中前行

究》(1945年)、《云南中部元永井含硫酸根卤水的纯化精制》(1945年)。

柳大纲对制盐化学有所研究,深知我国缺少可溶性钾矿资源。中华人民共和国成立以后,20世纪50年代初,结合国家对钾资源的需求,柳大纲考虑,我国的西藏和西北部地区分布着许多天然盐湖,盐湖里蕴含着大量的矿物质,开发这些盐湖能不能找到钾资源,进而大量生产出钾肥?柳大纲的考虑很全面,据徐晓白回忆:

> 为了全局先生有时不得不对自己的科研工作进行调整。但他对重大的科研方向却以极其坚韧的毅力,用细水长流的方式,循序渐进,促其最终实现。他早有志于解决我国农肥缺钾问题,寻找大型钾盐资源,并从国外带回了相应图书资料。1953年即布置个别学生作准备。1954年开始搜集我国盐湖、盐卤资源材料。后又派人以及他亲自作现场调查,组织试验准备工作。①

开展盐湖化学研究也是柳大纲的夙愿,他有了这些想法后,便着手安排手下研究人员开展工作。从1954年开始,他安排人员做研究盐湖的准备工作,对运城盐池、青海茶卡和柯柯盐湖等地做资料搜集和探索性考察。在筹建化学所期间,他就准备安排徐晓白、招禄基将来开展盐湖化学方面的研究工作。1955年,柳大纲找到徐晓白进行了一番谈话,他给徐晓白布置了任务,让她先花两周的时间认真看看文献,思考一下未来想做些什么工作。根据柳大纲的安排,徐晓白在较短的时间里有倾向性地阅读了一些无机化学方面的文献。在这段时间里,她也有一些情绪,一来她想做理论性强的工作,二来她对自己的研究方向一变再变而感到不安,但是没过多久,她便静下心来,因为她钦佩柳大纲的全局观,也相信他的眼光和决策。不久以后,在柳大纲的建议下,徐晓白开始着手进行盐湖的文献准备工作,她准备做一些盐湖物化分析方面的工作,因为在文献调研以后,她了解到,在苏联,这也是一个较大的研究方向。1955年夏天,徐晓白和

---

① 胡克源、徐晓白:忆纪如老师。见:《仪征文史资料 第11辑 柳大纲纪念文集》,第61-64页。

图 5-10　1955 年 7 月徐晓白（第三排右四）在中国科学院地质研究所岩矿室参加实习

招禄基一起去中国科学院地质研究所岩矿室实习，参加了地质所举办的光性矿物鉴定学习班，学习用偏光显微镜观察光性矿物的方法，这为她们将来参加盐湖物相鉴定做了准备。不仅如此，柳大纲还安排当时还在长春的胡克源、高世扬等年轻人，在长春做一些有关盐湖化学的文献调研工作。

盐湖化学工作是从 1956 年以后正式开展的。1956 年，我国制定了中华人民共和国成立以来的第一个科技发展规划，即《1956—1967 年科学技术发展远景规划纲要（修正草案）》，在其中的第四项里提出了"新疆、青海、甘肃、内蒙古地区的综合考察及其开发方案的研究。"，即对自然资源进行经济评价，阐明区内经济情况和区际经济联系，从而提出各区国民经济专业化和综合开发的方案。同时，该规划中也对农业生产所需要的矿物肥料——钾肥明确提出了勘探和利用的要求——"钾肥方面，首先要解决水溶性钾盐矿的资源问题"。这也是盐湖化学的研究内容之一。

在十二年科学技术发展远景规划提出任务以后，为了寻找和发展钾肥，柳大纲带着研究队伍，为青藏高原盐湖资源化学研究做准备。徐晓白也是在 1956 年正式投入了盐湖化学的研究工作，担任"盐湖资源调查与综合利用"项目的研究小组的副组长。她的工作主要是通过对茶卡盐湖湖水做物化分析，帮助提出合理的开发和利用方案。参加过该小组工作的人除了柳大纲和徐晓白外，还有陈敬清、招禄基、高世扬、张长美、刘子琴、江研因、李玉柏、甘冬菊、薛方山、李洪梅、宁光来、李庆山等。

在《中国科学院数学物理学化学部 1958 年—1962 年研究计划纲要（草案）》中明确提出："应寻找钾盐新的资源。因此应开展有关我国西北盐湖（例如青海的茶卡湖）及盐矿的各种盐水体系的研究，从而找出提取钾盐的有利条件。同时，进行盐的沉积规律及盐层、盐湖形成规律的研究。"也正是国家对钾盐资源的需求，以及青海茶卡盐湖的独特性，茶卡盐湖也是柳大纲小组较早关注、较早开展研究的一个盐湖。

茶卡盐湖位于青海省海西地区，属于半沙漠半干旱地区。茶卡盐湖盐源的发育史不超过五万年，现有资料表明，自乾隆二十八年，茶卡盐湖便定盐税征收，生产的食盐供青海和四川等部分地区食用。1942 年，李烛尘等由国民党经济部组织西北考察团来此考察，初估该地区石盐储量为三亿吨以上。1943 年，地质学家袁见齐也曾来此考察取样。因为有了较好的基础，所以，在盐湖项目开始之前，徐晓白去盐务总局接洽时，该单位便提出计划要先开发茶卡盐湖。

为了配合茶卡盐湖的开发，柳大纲小组集中精力开始探索盐湖卤水的分析方法，徐晓白具体负责的部分是用亚硝酸钴钠钾法测钾。确定了分析方法后，徐晓白还主持了小组早期的卤水等温蒸发试验。为了更好开展工作，她还去北京大学旁听了来华的苏联专家费多洛夫主讲的物化分析课程。

1957 年开始的柴达木盆地盐湖科学调查工作是由中国科学院化学研究所、食品工业部盐务总局、地质部、化学工业部、北京地质勘探学院这几个单位协作进行的。野外考察时间是从当年的 9 月 18 日—11 月 19 日，这支队伍由柳大纲亲自率领，带着 21 人的团队深入到柴达木盆地，这是我国历史上首次大规模盐湖科学考察。

1957—1966 年，柳大纲先后六次进入到当时交通不发达、条件艰苦的柴达木盆地指导工作。1957 年发起的这次考察主要是以盐湖成因、物理化学特征和资源综合利用为主,拉开了中国盐湖化学系统研究的序幕。调查队调查了大柴旦湖、察尔汗湖、茫崖湖、尕斯库勒湖和昆特衣湖。柳大纲在调查中提出了盐湖资源多是易溶盐,今天是固体也许明天变为液体的活矿性质,必须用化学变化的观点来了解资源的存在和变化的规律。在柳大纲的带领下,1957年,盐湖科学调查队在察尔汗发现光卤石和大面积含钾的氯化物类型晶间卤水,这是一次重大的发现,也由此发现中国最主要的钾盐矿床。此后,盐湖科学调查队又开始对大柴旦湖区利用硼土及纳硼解石生产硼砂进行研究。

1965年,为了适应盐湖化学发展的需要,中国科学院组建了盐湖研究所,以研究盐湖形成的基本规律,资源综合利用的途径,以及盐类分离提取技术为主要任务,柳大纲是该所的创办人,担任了所长职务。盐湖研究所成立后,在盐湖化学工作上取得了大量成就,专著《柴达木盆地盐湖》《柴达木盆地盐湖水化学类型》《盐卤硼酸盐化学》《盐和卤水的分析方法》等是该所的代表著作。

徐晓白并未参加盐湖队的户外考察工作,因为柳大纲考虑到,徐晓白是位女同志,野外调查十分艰辛,生活和工作都有所不便;另外他认为徐晓白心思细致,基础扎实,更适合做室内研究,于是柳大纲把徐晓白留在了北京,负责对盐湖队采集到的样品做分析测定工作。

徐晓白不负柳大纲的期望,她的工作取得了成果。她研究了青海茶卡盐湖湖水在25℃时的等温结晶路线,测定相应的液相组成和鉴定固相,她对盐湖水蒸发结晶过程的认识,对后来考察队在察尔汗盐滩上发现天然光卤石也有很大的帮助。

1957年,中国化学会在北京召开了一次学术年会,徐晓白参加了会议,她在会议上做了有关茶卡盐湖的口头报告,内容是茶卡盐湖卤水在25℃的等温蒸发问题。会后,她曾打算把报告的内容整理一番,写成一份书面的报告,但当她把这一意向报告给柳大纲时,却意外地遭到了老师的反对。徐晓白对此感到很惊诧,但老师的理由说服了她:柳大纲认为,目前的调查尚不充分,还需要再补充工作。一直到20世纪60年代,柳大纲再次部署了对茶卡盐湖的调查工作,从而对茶卡盐湖有了更细致、更全面的认识,徐晓白也得以重拾旧作,根据考察和分析结果,整理出了一份完整的书面报告。徐晓白对茶卡盐湖研究的后继工作是在时隔四十年后的1996年,她和昔日柳大纲麾下的几位学者——陈敬清、招禄基、高世扬等人,怀着对柳大纲的敬意,对当年与先生一起进行的工作做了一番总结,撰写了题为《茶卡盐湖物理化学调查研究》一文,发表于《盐湖研究》上。该文系统介绍了属于硫酸盐型、硫酸镁亚型的茶卡盐湖的地理位置和环境,盐湖液相及固相沉积物的组成和分布,盐湖卤水的季节性变化以及晶间卤水的化学组成及其随深度的变化,通过对该盐湖卤水的蒸发与冷冻实验,给出了相关体系的相图,提出了茶卡盐湖资源的开发利用方案。现摘录该文内容一二:

> 茶卡盐湖的石盐开采已有数百年历史,通过盐源勘探队的勘探和我们的调查研究,对于石盐开采首先应在无石膏地区,然后逐步扩大到基本无芒硝、无泻利盐或无白钠镁矾地区。而且越近中部偏南地区石盐纯度越高,越近边缘地区石盐纯度越低。
>
> ……
>
> 茶卡地区有良好修建日晒场条件,可考虑建立日晒场,夏季生产石盐、泻利盐和光卤石等,冬季可用来冷冻卤水生产高质量芒硝。
>
> ……
>
> 日晒出来的光卤石和泻利盐可通过溶解再日晒出高质量软甲镁矾进一步生产硫酸钾。①

除了对茶卡盐湖的研究外,徐晓白也对盐湖化学研究做了一些总结工作,她阐述了自己对盐湖的认识。1958年,在参加盐湖化学工作的基础上,徐晓白独立地在《化学世界》第3期上发表文章《盐湖的分类》,徐晓白从现代物理化学分析的角度阐明了盐湖分类的意义,并对盐湖的不同分类法做了介绍。

---

① 柳大纲、陈敬清、徐晓白、招禄基、高世扬:茶卡盐湖物理化学调查研究。《盐湖研究》,1996年第3–4期。

根据现代物理化学分析的概念，盐湖是复杂的、变化的水盐体系。其中所发生的过程，与湖水浓度、卤水含盐的物理化学性质、以及外界条件（例如湖底沉积物质、周围的岩石与土壤、流入的河水及气候等）等有关。化学工作者从事盐湖研究的首要任务，就是要掌握湖水随外界条件所发生的变化及溶于其中的盐类的析出，借以了解许多盐湖的生成过程，并策划其实际利用的途径。[①]

由于许多盐湖和海水有关，而海水的平均含盐浓度 3.5%，苏联学者瓦良希科（М. Г. Валящко）据此将含盐浓度超过 3.5% 的湖归类为盐湖，徐晓白也采用了这种分类方式。在此基础上，徐晓白依据各种标志对盐湖进行分类：第一种方法根据卤水的物理状态将盐湖分为三类：①卤水湖，即湖中整年均有卤水；②干湖，即仅在一年中最湿润的季节中存在表层卤水；③沙下湖，即整年均无卤水。第二种方法根据湖底盐沉积分三类：①淤泥湖，即没有湖底沉积；②自沉积湖，即只有新沉积；③基盐湖，即同时存在新沉积、老沉积和基盐。其中湖底盐沉积分类如下：①新沉积，即一年中最干燥的季节才能在卤水中析出沉积；②老沉积，即一年中新沉积没有溶解并保存于底层沉积中；③基盐，即底部卤水冷却盐析或老沉积再结晶而生成的。最后一种根据卤水的化学成分分类，即根据湖中存在较多的离子分类。对于这种分类方法，她着重介绍了专家的观点，例如库尔纳科夫分类法、克洛托夫热带盐湖分类法、克拉克分类法、拍尔麦分类法等。

此外，徐晓白还在文章中阐述了各类盐湖的成因及相互联系与演变。她提出，虽然自然界的盐湖形成过程极其复杂，但其成因大致分两类：第一种来自海水，某种地质条件下局部地区与大海整体分离，之后因蒸发含盐量逐渐增加，直至形成盐沉积形成盐湖。这种盐湖化学组成与海水相似，多属于硫酸盐氯化物型；另一种来自侵蚀了岩石的河水或地下水，溶解了岩石中的可溶盐后聚集于低洼处，后因蒸发变浓而形成盐湖。

---

① 徐晓白：盐湖的分类。《化学世界》，1958 年第 3 期。

由于岩石风化后常得到碳酸氢根，因而当水中含有大量氯离子则形成氯化物型盐湖，当水中含有较多硫酸根离子则形成硫酸盐型盐湖。由于盐湖形成后仍旧受外界条件影响，因而，不同类型盐湖也会相互转化演变，如，碳酸型演变为硫酸型或者氯化物型、硫酸型转变为氯化物型、硫酸型转化为碱湖等。

在上述基础上，徐晓白对我国盐湖研究的前景做了一番预测，她感慨："盐湖是变化多端而有趣的研究对象……我国盐湖甚多，目前刚开始作比较详细的研究，但还缺乏全面而周详的调查。已知内蒙古河套一带多碱湖，在伊克昭盟的鄂托克旗境内发现的大小碱湖就有 600 个以上（《人民日报》1955 年 6 月 4 日）。西北的盐湖更多，初步了解，很多系硫酸盐氯化物型。四川盐层卤水则含许多碱金属和碱土金属的氯化物。这些丰富的祖国宝藏尚待我们进一步调查、研究、开发及利用。"[1]

在盐湖化学的分析工作之外，徐晓白还进行了一些其他相关工作。例如，她阅读了许多苏联专家的著作，在积累知识的同时，也着手对有用的文献做了一些翻译工作。1956 年，她所翻译苏联化学家伊凡诺夫所著《天然矿物盐》一书，经由北京地质出版社出版。这是一本通俗的科学知识小手册，全书不过两万余字，用通俗的笔调和比喻叙述了天然矿物盐的一般知识和主要类型，并介绍了天然矿物盐的结晶形态、特性、找矿的标志，以及在工业与经济中的利用等。徐晓白翻译这本书，一方面是结合自己研究的需要，另一方面她希望给读者提供知识，同时也希望该书能用作一般地质工作者的参考。

1956 年，在中苏关系愈发密切之时，影响中国科技发展至深的一件事便是苏联专家大批来华，在经济、社会、文化、科技等多领域内帮助中国建设。这一时期，正在建设中的化学所也接待了来华苏联专家，徐晓白有了和苏联专家展开合作的机会，这一段时间，她收获良多。

在一段时间的盐湖卤水分析工作之后，自 1957 年起，徐晓白在机缘巧合之下，因帮助来华苏联专家开展工作，她转向了熔盐体系研究工作。熔

---

[1] 徐晓白：盐湖的分类。《化学世界》，1958 年第 3 期。

盐是指盐类熔化形成的熔体，例如碱金属、碱土金属的卤化物、硝酸盐、硫酸盐的熔融体。由于熔盐是冶金工业中的常用物料，熔盐物理化学是冶金过程物理化学的重要分支。徐晓白开展的熔盐体系研究是在苏联专家来华帮助开展工作的背景下展开的，进行了关于氯化锂－氯化钾－氯化锶体系的研究工作。

徐晓白语言能力很强，在中学和大学里，她已经练就了一口流利的英语，中华人民共和国成立后，她开始自学俄语，并很快便掌握了这门语言，能说、会写。她的同事彭美生回忆：那时候研究所里来了苏联专家，经常找徐晓白去充当翻译[①]。胡克源也回忆：徐晓白的俄文水平比曾在苏联留学过的他还要高[②]。

因为俄语好，徐晓白常常被研究所抽调出来接待来华的苏联专家。在化学所工作过的苏联专家米哈伊尔·阿·克罗契科回忆，他第一次来华的时候，徐晓白便是化学所派出的接待人员之一，徐晓白后来还曾陪同他去往东北的厂矿参观。

> 当我们在北京一着陆，我从舷窗内看到外面有好几群人在等着欢迎我。
>
> "那是柳大纲"，我的旅伴指着一群人，他们正在铺满白雪的机场上。当我们从飞机上走下来时，这群人向我走来，并热情洋溢地向我打招呼。他们之中有柳大纲本人，他的副手华寿俊，指定做我翻译的李福德，化学所人员徐晓白女士，所秘书陆绶观。[③]

米哈伊尔·阿·克罗契科对徐晓白印象深刻，她的名字在他的回忆录里多次出现，他热情地称赞她"美丽"！除了接待和帮助米哈伊尔在化学所工作之外，徐晓白跟随最久的苏联专家是苏联女化学家鲁日娜娅。1956

---

① 彭美生访谈，2013年10月26日。资料存于采集工程数据库。
② 胡克源访谈，2015年1月15日。存址同上。
③ 米哈伊尔·阿·克罗契科：《一位苏联科学家在中国》。长沙：湖南教育出版社。2010年，第7页。

年底，苏联专家妮娜·彼得罗夫娜·鲁日娜娅作为中国科学院化学顾问来到中国。她在中国大约待了六个月，期间她大部分时间在化学所开展工作，而在化学所的时候，大都是由徐晓白协助她开展工作的。鲁日娜娅擅长的领域是搞物理化学分析，在苏联做的是半导体研究，来到中国以后，帮助做熔盐体系研究外，并为中国化学学科发展提出了半导体化学的一些研究任务。

关于徐晓白参加熔盐体系研究，柳大纲曾询问过她的意见，徐晓白感到为难，她已经做了许久的盐湖工作，但她感到自己花了太多的时间在小组的组织工作上，业务水平提高不大，且因为无法实地去野外出差，这也限制了自己开展工作的范围。恰逢鲁日娜娅来化学所开展熔盐体系研究工作，于是她告诉柳大纲，说自己愿意去做熔盐体系的研究工作。鲁日娜娅来华期间，徐晓白兼任了她的翻译。徐晓白曾随这位苏联专家去往塘沽考察，她们一起参观了盐业研究所，还多次在鲁日娜娅的公开报告中充当翻译，就这样，徐晓白实际上成了鲁日娜娅的助手，协助她在化学所开展熔盐体系研究。工作之余的徐晓白和鲁日娜娅私人关系也很好，鲁日娜娅很喜爱这位年轻、大方的姑娘。后来徐晓白和鲁日娜娅也常有通信，但随着 1960 年以后中苏关系的破裂，徐晓白和苏联专家的往来也便中断了。

1958 年 10 月，在一段时间的研究之后，鲁日娜娅和徐晓白联合署名，在《化学学报》第 5 期上发表了题为《氯化锂－氯化钾－氯化锶体系》的文章，研究锂、钾、锶三种碱金属和碱土金属氯化物在熔融状态的相互作用。这篇论文是她们对这一阶段工作的总结。鲁日娜娅和徐晓白采用目视多温法研究氯化锂、氯化钾和氯化锶的相互作用。此三元

图 5-11　1957 年徐晓白与鲁日娜娅从事熔盐体系研究

体系是由氯化锂－氯化钾－氯化锶的三个二元体系（氯化锂－氯化钾、氯化钾－氯化锶和氯化锂－氯化锶）组成，研究确定其中氯化锂－氯化钾和氯化锂－氯化锶均为简单的低共熔类型，氯化钾－氯化锶体系主要有两种化合物：$2SrCl_2·KCl$ 和 $SrCl_2·2KCl$，其中 $2SrCl_2·KCl$ 的熔点为 638℃，$SrCl_2·2KCl$ 的熔点为 597℃。研究做出了氯化锂、氯化钾和氯化锶三元体系的液相面等温图；并确定了体系熔度图上五个区域：氯化锂、氯化钾、氯化锶、$2SrCl_2·KCl$ 和 $SrCl_2·2KCl$；测定了三元体系的三个不变点；确认了体系内无三元复合物。

第六章
再换研究方向

徐晓白因工作需要，不断转换研究方向。从稀土元素化合物的研究到原子能化学研究，这些都是当时国家急需的最重要的科研任务。她始终保持着一颗赤子之心，不断创新，不断做出成果。然而，一场史无前例的"文化大革命"，令她在最宝贵的科研年龄里失去了工作的机会，这给了她人生中最沉重的一击。

合成稀土新材料

1958年，徐晓白转向了稀土元素化合物的研究。稀土，即rare earth，字面的意思为"稀少的土"。实际上，根据国际理论与应用化学联合会（IUPAC）的定义，稀土元素指的是门捷列夫周期表中IIIB族，第四周期原子序数21的钪（Sc）、第五周期原子序数39的钇（Y）和位于周期表第六周期原子序数从57的镧（La）到71的镥（Lu）等17个元素[1]。人类于

---

[1] 李梅、柳召刚、吴锦绣、胡艳宏编著：《稀土元素及其分析化学》。北京：化学工业出版社，2009，第1页。

1794年第一次发现了自然界里的稀土元素,但一直到一个半世纪后的1972年,才从沥青铀矿中提取到最后一个稀土元素Pm,这真是经历了一个漫长的过程。关于稀土元素的发现,化学家感慨:

> 17个稀土元素像是尼斯湖中的一群怪兽困惑了化学家100多年。它们像幽灵一样在实验室中时隐时现。有时像是近在咫尺的花环,吸引着众人奋力争夺,有时又像一望无边的沙漠中的海市蜃楼,令人望"漠"兴叹。在从18世纪末到20世纪中叶的一个半世纪的漫长岁月里,化学家们不断摸索着,试图搞清楚稀土元素的真面目。①

随着越来越多的稀土元素被发现,人们对稀土元素的认识也越来越深入,稀土元素因为具有优异的磁、光、电性能,其用量少而作用大,能改善产品性能,增加产品品种,提高生产效率,有"工业的维生素"的美誉。目前稀土元素,已经被广泛应用到了冶金、军事、石油化工、玻璃陶瓷、农业和新材料等领域。正是由于稀土的巨大作用,世界上许多国家投入较大的人力、物力,致力于对稀土的深入研究。

我国有着丰富的稀土矿藏。早在1934年,前中央研究院地质研究所的何作霖在对白云鄂博矿石标本做鉴定的时候,发现了两种稀土矿物,即氟碳铈矿和独居石。但在中华人民共和国成立以前,我国的稀土矿藏并未得到很好的开发和利用。中华人民共和国成立以后,中国科学院组织力量对稀土资源做了调查和研究,并和产业部门一起,共同投入资源开发的研究。

20世纪50年代,国外已经广泛研究具有特异性能的稀土化合物。我国当时开发利用稀土资源最为重要的工作是开发大冶、白云鄂博两矿,并同时开展了研究。随着稀土工业的成长和发展,我国的稀土化学也开始发展起来,国内许多研究机构进行了对稀土的提取、分离等重要研究,取得了一些成果,打下了一定的基础。例如,20世纪50年代初期,长春应化

---

① 李梅、柳召刚、吴锦绣、胡艳宏编著:《稀土元素及其分析化学》。北京:化学工业出版社,2009,第3页。

所与包头冶金所、北京有色院等单位合作，为包头矿等提出了第一个前处理流程——碳酸钠焙烧法并应用于生产。1958年，长春应化所、北京化学所首先完成了用离子交换法制取单一纯稀土的工作，并在长春应化所建立了中试工厂，小批量生产单一纯稀土供发展国防工业和尖端技术使用。①

有徐晓白参与的化学所稀土化合物的研究工作是从1958年"大跃进"时期开始的，这是根据中国科学院以及化学所的指示，开展我国稀土资源利用研究而进行的一项任务。在《中国科学院数学物理学化学部1958年—1962年研究计划纲要（草案）》中提出了国民经济建设中的重大科学任务，中国科学院化学方面各研究所要进行的研究工作，其中很重要的一条是关于稀有元素化合物的合成和应用研究。

图6-1 徐晓白研究小组部分成员合影

在中国科学院的部署下，化学所开展的稀土研究着眼于合成新材料，探索在实验条件下合成多种类型化合物，并研究其中部分化合物所具有的特异性质，从而为国家发展稀土新材料研究打基础。化学所开展的主要工作是，结合我国稀土矿石综合利用系统地进行稀土元素的分析、分离、性质测定及其应用的研究。

1958年，徐晓白在盐湖化学和熔盐体系研究工作告一段落后，转向了稀土化合物制备研究工作。她参加稀土利用工作实际上并非她主动请缨，而是结合化学所的需要而开展的。徐晓白清楚地记得，当时她还在做熔盐体系，所在研究室的副室主任刘静宜②告诉她说，希望她能够去做稀

---

① 《中国科学院》（中）．北京：当代中国出版社，1994年，第144页．

② 刘静宜（1925- ），江苏吴县人，无机化学和环境化学家。1956年调入中国科学院化学研究所工作，1975年调入中国科学院环境化学所工作，担任过中国科学院环境化学所的所长。

土利用研究，因为这将是化学所的一项长远发展方向。徐晓白当即表示自己服从组织分配，一开始她想的是要结合目前的研究，做一些稀土的熔盐工作，但是刘静宜提出研究应以稀土利用、无机盐制备等为主。另外，稀土元素化学的研究工作，也是化学所在进行的一项"大跃进"期间的"献礼"工程。根据徐晓白1968年的回忆，1958年科学院"大跃进"期间，刘静宜前往长春参加了有关稀土利用的会议，回来以后化学所无机部门酝酿跃进献礼，刘静宜便提出：干脆就献硼化镧吧！当时人人都以做出重大贡献为国家献礼为荣，刘静宜的提议得到了大多数人的赞同。初步拟出的研究计划是要先进行稀土原料的提纯，徐晓白和X射线组的青年人便打算先去外单位（物理所）借设备来试验一番[①]，就这样从1958年下半年开始，徐晓白正式转到稀土利用方向。

1958—1966年，徐晓白的工作主要是关于稀土化合物的制备及性质研究，即稀土含氧酸盐的试制及性质测定、稀土硼化物的制备及性质测定和硫化镧、硫化铈的制备及性质研究等几个方面。这些化学所早期开展的稀土元素化合物的研究工作均取得了较好的结果。

由徐晓白负责的稀土新材料合成与应用研究小组，成员先后包括高达治、彭美生、陈习淼、曹嘉正、张惠民、彭中贵、方庆贵、李从、姚海文、孙万林、马生德、李芸本等，他们都是化学所里优秀的中青年研究人员。开展工作期间，徐晓白和小组成员经常往来于北京、沈阳两地，前去位于沈阳的中国科学院金属研究所工作，在近两年的时间里，他们利用该所从事金属陶瓷工作的设备来做实验。不仅如此，为了在化学所里制作出合用的设备，他们还经常要靠人力背负小钢材去金属所煅成大钢材，然后再亲自背回北京加工成实验适用的碳管炉。就这样，在徐晓白的组织和带领下，小组平地起家，在化学所里一点一滴建立了高温合成实验室，拥有用于稀土材料合成的数百至2000℃的高温炉和热压成型的大型设备，并配套建立了粉末热压成型以及多种物理、化学性质测试方法，其过程可说是经历了千辛万苦，实属不易。

---

① 徐晓白人事档案，《从五七年到大跃进前》，20世纪60年代末。存于中国科学院生态环境研究中心。

经过初期探索，研究小组确定了两个制备方向：稀土硼化物和稀土硫化物。尤其是稀土硼化物的研究，是徐晓白小组取得的卓著成果，他们主要采用真空碳化硼法制备稀土硼化物，合成出六硼化物和四硼化物，尤其是他们成功制备出具有发射密度大等特点的新型阴极发射材料——六硼化镧，解决了国家急需，可谓是打出了中国科学院发展稀土新材料合成与应用响亮的一炮！

六硼化镧的制备合成始于电子所的建议，当时电子所急需熔点高、热电子发射性能好、适用于制作真空电子管的阴极材料。六硼化镧是应用性强、国家急需的重要材料。关于其制备过程，在比较了数种不同的制备方法后，小组采用了真空碳化硼法和真空硼热法。前者更经济，容易制得成品。小组使用该方法获得的六硼化镧产物纯度高，基本上不含硝酸不溶物。而且徐晓白小组仅采用由化学所稀土分离组提供的原料，便试验得到以千克级计算的六硼化镧。

徐晓白小组研究了六硼化镧的性质，探索了六硼化镧在各种腐蚀性介质以及高温水、高温气体中的稳定性和在特定条件下的耐变性。其中，为探索其在高温下的稳定性，他们进行了非常困难的实验，相关实验的内容可参考1965年她和中国科学院金属研究所的郭可信（1980年当选为学部委员）联名撰写，并发表在《化学学报》上，题为《六硼化镧于800及1000℃时在空气中的氧化作用》的文章。这篇文章详述了徐晓白小组的试验工作和试验方法。在试验中，通过称重、化学分析、X射线相分析等方法，研究六硼化镧在800和1000℃温度下空气中的氧化稳定性。通过把六硼化镧粉末热压成的致密小块切割成10平方毫米、3~5毫米厚的小片，再经过磨光、抛光，形成试验样品。他们用铂丝将样品悬挂于垂直的硅碳管炉中，硅碳管炉处于自然通风状态，并置于室温为25℃，空气相对湿度为60%~70%的环境中，且炉温上下浮动在10℃范围内。炉内样品在一段时间的作用后取出称重，求得作用前后的重量变化；此后，他们又将试验样品作用层以稀盐酸溶解研究，测定其中镧与硼的含量，并对反应产物用X射线进行了鉴定。徐晓白小组不仅对镧做了研究工作，还用相似的办法检验了铈、镨、钕、钐、钆、钇、镱等稀土元素，同时他们还制备出了四硼化物等。他们得出结论：在硼化物中，一般以六硼化物最稳定，其他还有四硼化物，例如六硼化钇等经常与四硼化钇共同产生，而有的稀土元素则容易制成四硼化物。

徐晓白小组成功制成了六硼化镧。在对六硼化镧性质做了充分研究后，徐晓白总结了几年来的工作的成果和经验，撰写成论文《新型阴极材料六硼化镧简介》：

> 随着电子技术的不断发展，对电真空器件提出了愈来愈多的要求，而作为电子管心脏的阴极往往对于电子管的寿命起着决定性的作用；但在高频、大功率、或一些可拆式电子设备中，常用的金属或氧化物阴极往往不能满足要求。几年来，国外新的阴极材料六硼化镧在某些重要的电子系统中已成功地代替了原有的阴极材料；由于它具有发射性能好、化学性稳定、不易中毒等许多优点，能延长电子管的寿命及扩大阴极使用的范围，在实用方面起了很大的促进作用。①

因为当时国内对于六硼化镧阴极材料应用较少，所以徐晓白撰文，向大众介绍了该材料的性质、工艺和使用情况。她详细介绍了六硼化镧的结构、制备、物理和化学性质、比电阻、热发射性质，并断言这一材料未来应用范围广泛。而事实上，因六硼化镧阴极材料具有熔点高、化学性能稳定、电子逸出功低、发射电流密度大、抗中毒性强、耐正离子轰击等特点，被应用于电子束焊接机、离子注入机、各类加速器及可拆式电真空器件中阴极。徐晓白小组建立了六硼化镧阴极材料加工成型全套工艺，并制成各种尺寸、不同形状的阴极材料。经中国科学院电子研究所测定，他们所研制的阴极材料电子发射性能好，具有一系列优良性能。1964 年，清华大学将其适用于 ZD-30 型真空电子束焊机，认为满足要求，且焊缝宽仅是钨阴极所得的一半。1965 年，三机部精密机械研究所采用该组研制的六硼化镧作为真空电子束焊接炉的阴极材料。六硼化镧阴极材料制备取得了巨大成功，全国有 20 多家单

---

① 徐晓白：新型阴极材料六硼化镧简介。《化学通报》，1965 年第 12 期。

图6-2 1978年稀土化合物制备及性质研究获得中国科学院重大科技成果奖

位向化学所索要材料。1965年,徐晓白小组无偿将六硼化镧阴极材料的制备及试验方法推广至上海泰山耐火材料厂,适应了国家的需要。

除了稀土硼化物的合成制备以外,徐晓白还领导了化学所里稀土硫化物的制备工作,主要是制备硫化铈、硫化镧。1965年,徐晓白小组总结工作,其小组成员(张惠民、刘孚禹与徐晓白),联名在《硅酸盐学报》上发表题为《三硫化二铈和一硫化铈的几种制备方法之比较》一文,主要是对稀土硫化物制备的几种方法做了阐述和比较研究:制备三硫化二铈最简便的方法是将氧化铈与硫化氢在1000℃高温下进行反应;而制作一硫化铈则以真空条件下,用碳还原二氧化铈和三硫化二铈的混合物的方法为最佳。不仅如此,研究小组还开发出硫化亚铈加工成型工艺,将合成的硫化亚铈加工成冶炼钚的坩埚和精密铸造涡轮机翼片上冷却孔道用的铸芯。稀土硫化物研制取得成功后,徐晓白小组将项目的全部资料转给了营口一耐火材料厂使用。

徐晓白小组在全国最早开展了稀土硼化物、硫化物研究,且研究面广泛而深入。1978年,徐晓白主持的这部分工作获得了中国科学院颁发的重大科技成果奖。这是对徐晓白小组从事稀土化合物工作的肯定。1982年,徐晓白和彭美生、曹嘉正总结了十多年前的部分基础研究,并发表于《化学学报》上,题为《六硼化镧和六硼化铈与二氧化碳在高温下的作用》,摘录其中的文字如下:

稀土硼化物具有特异的电子性能和中子吸收性能,其中例如六硼化镧已有重要用途。研究它们在高温下的化学行为,不但是为扩大其应用范围所必需,也是稀土化学基础研究内容之一。关于过渡元素硼化物在高温下与二氧化碳的化学作用,过去研究得不多。Davies 曾报道了 TiB2 和 ZrB2 等若干高熔点硼化物于 600~750℃在二氧化碳中氧化的一些结果,但未阐明其间的化学作用。关于六硼化镧(LaB6)和六硼化铈(CeB6)与二氧化碳在高温下的作用则尚未见报道。我们用化学分析和 X 射线相分析等固相鉴定的方法,研究了它们在 500~1000℃的化学作用,并结合热天平称重法,对于不同温度下的反应速度进行了探讨。[1]

多年以后,徐晓白曾回忆过这一段时间的研究工作,她不胜感慨:

> 稀土化合物的研究,最初试验条件十分困难,主要利用兄弟所的设备进行工作。我们花了极大的精力建立了高温实验室,开展了有关工作。到"文化大革命"前,基本上建立了高温合成、物理及化学性质研究的整套设备、技术和实验方法,可惜一扫而光,实验室全被拆散,对本人是一极大打击……
> 我认为稀土利用的工作,作为我国生产资源的研究工作,仍应发展。[2]

1958—1966 年,徐晓白从事稀土化合物的制备及性质研究,小组人数最多的时候有 10 人,最少的时候仅有 2~3 人,人员流动很大。但徐晓白小组克服了重重困难,取得了一系列的成果。遗憾的是,"文化大革命"期间,化学所为研究稀土化合物而建成的高温实验室被拆散,原有设备被调出,相关稀土化合物的研究也就停顿了。对此,徐晓白感慨:"将近八年,曾为每次成功而雀跃,但难于忍受最终彻底垮掉。""科研工作有成功、有失败、有弯路、有顺利,但工作方向轻易经常变动,应作为极大教训吸取,而这个问题在过去往往是不能由个人所能决定的。"[3]

---

[1] 徐晓白、彭美生、曹嘉正:六硼化镧和六硼化铈与二氧化碳在高温下的作用。《化学学报》,1982,40(3),第 233-242 页。
[2] 徐晓白,《研究工作情况补充》,1982 年 3 月。未公开发表,原件存于胡克源家中。
[3] 同[2]。

参与原子能化学研究任务

原子能化学是研究原子能科学技术中有关化学问题的一门科学。它是化学的分支学科，又是核科学的分支学科，也是能源科学的分支学科。20世纪五六十年代，我国发展原子能及其相应科学，是和当时国际形势及我国要自强、自立的需求相关联的。

从1954年地质部的探矿队在广西第一次发现了铀矿资源，我国发展原子能的计划便被提上了议程。1958年，毛泽东主席在中共中央军委扩大会议上谈到了国防问题，提到了要"搞一点原子弹、氢弹、洲际导弹"，并提出，一年要"抓它七八次""有十年工夫完全可能"[①]！毛主席的讲话指出了新中国对发展国防科技的重视，并提出了国防尖端科技的发展目标，国家投入了许多人力、物力和财力，致力于"两弹一星"的研制。发展"两弹"一开始采取的是"自力更生为主，争取外援为辅"的方针，即一边自己发展，一边向苏联专家学习。但是在20世纪60年代，中苏关系恶化，苏联政府全面毁约停止对中国援助，苏联撤回援华专家，带走了研究资料，对我国进行了封锁，再加上西方大国对我国的核威胁，我国面临的国际形势十分严峻。面对这样的形势，毛泽东在1960年7月18日的北戴河会议上发出号召："要下决心搞尖端技术。"我国发展国防科技事业便完全依靠自己的科技力量，独立自主、自力更生！

苏联对我国援助的中断是从核领域开始的。在化学方面，1958年，苏联停止对我国有关原子能科学的援助后，给核燃料后处理工厂的设计及修建造成了很严重的困难。根据二机部（即现在的核工业部）的要求，中国科学院长春应化所、化学所以及上海有机所共同承担了核燃料后处理工艺及其化学问题的研究工作。在化学所内，为配合我国原子能事业的发展，所长柳大纲亲自领导并部署了化学研究所三个研究室开展了核燃料前处理

---

① 毛泽东：要搞一点原子弹氢弹（一九五八年六月二十一日）. 见：《毛泽东军事文集（第6卷）》. 北京：军事科学出版社，中央文献出版社，1993年，第374页.

和后处理工艺关键问题的研究以及同位素分离研究工作。1961—1968年，徐晓白参加了化学所里开展的与原子能化学相关的工作，主要是研究核燃料前处理和后处理工艺中的化学问题。

徐晓白先是参加了从四氟化铀到六氟化铀之间的中间氟化物的合成研究工作，这是"46号"任务中的一部分工作，而"46号"任务名字的由来，指的就是从四氟化铀到六氟化铀。四氟化铀是铀最重要的化合物之一，它的用途是制备六氟化铀和铀。从四氟化铀到六氟化铀的转化十分重要，当时四氟化铀氟化到六氟化铀的生产过程中出现了烧结，要解决这个问题，就必须了解氟化动力学过程，这也是该任务开展的重要目的。"46号"任务是当时很重要的国防任务，化学所九室五组承担了其中一部分工作，徐晓白小组主要负责的是合成中间氟化物标准样品。他们的研究为氟化动力学研究提供了X射线相分析的标准样品，并阐明了氟化工艺的优选条件。

徐晓白回忆"46号"任务下达的时候，正值她在稀土工作中刚取得了一些成绩的时候，对于要不要接受新的任务，她曾经历过一番思想斗争：

> 1961年"46号"任务下达时，正是刘静宜要我回稀土，我自己才定下心来，想好吧，即我就搞它一辈子稀土的时候。当时是想斗争很激烈，想："这下子完了，稀土又钻不成了！"……可是又觉得做原子能任务重要，组织上分配应该接受，要我做任务也是领导上对自己的信任。[①]

徐晓白的犹豫不无道理，她的研究方向一直随着国家任务的需要而不断转换，每次工作取得了进展，却又不得不调整思路重新来做，她迫切希望能固定自己的研究方向。但是每一次组织上分配下来任务，她一想到国家的需要和领导的信任，便毅然接受下来。

徐晓白小组的成员包括化学所的贺大为、雷达、龙耀庭等。工作一开始，他们查阅了大量国外文献资料，了解到应用四氟化铀与六氟化铀的平衡反应在金属系统中合成了氟化反应的中间产物。徐晓白感到，多类文献

---

① 徐晓白手稿：历次工作变动中的主要思想。1968年5月27日，未公开发表。资料存于采集工程数据库。

中提到的"金属系统"是反应的关键所在,但是金属系统不易建立,且操作起来复杂,不易对反应物进行控制,也有一定的危险性。徐晓白几经思考,她主张采用更易控制和操作的高真空玻璃系统来做实验,他们通过玻璃系统表面钝化、氟化钾吸收,结合深冷或加热条件下抽真空等操作,使参加反应的化合物高度干燥和净化。徐晓白小组研究了四氟化铀与低蒸气压下的气态六氟化铀的反应,在不同的温度条件下,分离出了三种中间氟化物[1]作为 X- 射线衍射对照的标准样品。

除了"46号"任务之外,这一时期徐晓白参与的还有"493"任务。这项任务是有关核燃料处理问题的研究,其提出是在 1965 年 8 月,在中国科学院的无机化学会议上,确定了核燃料后处理为今后研究的一个重要课题。

核燃料后处理,即在反应堆中,在核燃料元件使用过后进行化学、物理和冶金处理,以除去裂变产物及提取和回收易裂变材料的过程。后处理的特点是面临强放射性、高毒性和存在临界安全问题,所以必须采取特殊设备和严格安全防护措施。处理方法包括湿法和干法两种,前者主要是共沉淀法、溶剂萃取法、离子交换法,后者主要是高温冶金法和氟化物挥发法。

在 1965 年的无机化学会议上,对于核燃料的后处理工作,与会专家普遍认为当时各国一般采用的"萃取"流程具有工序多、周期长、费用高等局限性。根据已知的文献资料,专家提出了组织中科院有关单位协作进行干法处理核燃料研究的建议。1965 年 12 月 23 日,在北京召开了一次干法处理核燃料工作的座谈会,参加的单位除了负责筹备的化学所、应化所之外,还有化工冶金所、矿冶所、冶金所、金属所、有机所等各单位有关人员。会议比较了氟化物挥发法和高温冶金法两种干法流程的优缺点,在此基础上,对挥发法的各项工艺在我国核燃料后处理的应用前景、流态化技术的可能性、材料问题和安全防护等问题都进行了讨论。最后,会议确定由化学所和应化所为基础,联合化工冶金所、金属所等进行氟化物挥发法干法后处理研究,并定名为"1223"任务,后结合二机部的编号,易名

---

[1] 分别是 α-UF_5(190℃)、U_2F_9(230℃)、U_4F_{17}(290℃)。

为"493"任务，这便是"493"任务的由来。自确定干法任务后，化学所和应化所即着手组织人员参加工作。徐晓白当时还在河南农村里参加"四清运动"，在接受任务后，她很快返回了北京，投入到前期的文献调研和国内情况初步调查工作中来。

"493"任务重在研究干法核燃料后处理工艺，核反应堆里的元件是以铀铝合金为主，含有一定浓度的铀235，"493"任务就是要把用过的原件熔解掉，分离铝后回收铀，还要分离裂变产物。这项工作是化学所十二室与二机部有关单位合作完成的，并有应化所、化工冶金所参与。化学所派出了无机、分析和物化三个研究室共40多位科研人员参加。在任务开始阶段，徐晓白作为室主任，和化学所从国外回来的从事核燃料相关研究的专家张拭一起，主要负责该项任务，进行铀铝合金的氢氯化、氢氟化和氟化流动床工艺的研究。1966年2月28日，召开了该任务方案论证会。考虑到中国科学院化工冶金研究所有丰富的流态化技术经验，化学所有从事"46号任务"的经验，方案论证会议最后决定，"493"任务采用设备要求高、技术难关多、技术先进的直接氟化干法。同时，因为这项任务紧急、难度大，会议同时也部署了更有把握、技术难度较小的干湿法。

徐晓白和张拭分别独立计算和设计了所需处理的模拟核燃料元件，并根据任务要求和各种可能包含的元素的衰变速度，确定了模拟元件的设计数据（铀铝合金及其他元素含量等）。不仅如此，她还参加了大量铀铝分离研究和一些组织工作，提出了很多具体可行的意见。例如，在铀铝分离研究中最初采用的是搅拌床工艺，即把所有材料都放入反应器中加热、搅拌，让材料发生反应。但因氯化氢与铝之间反应非常剧烈，容易发生安全事故。徐晓白考虑再三后，认为，用流化床方案更好。那时候已经是"文化大革命"初期，徐晓白属于"半用半管"的状态，她提出使用流化床[①]方案一开始便受到了猛烈的批判，但她坚持自己的看法，据理力争：用搅拌床熔解铝棒非常危险，而且反应速度没办法控制，一旦发生事

---

① 在流体作用下呈现流（态）化的固体粒子层称为流化床。该技术已被广泛应用于炼油、化工、冶金、轻工、动力等工业部门，包括输送、混合、分级、干燥、吸附等物理过程以及燃烧、煅烧和许多催化反应过程。

故对实验人员危害极大！她坚持采用流化床方案，主张把反应物慢慢喷进反应容器，让其在容器内少量接触、缓慢反应。徐晓白的建议并未得到采纳。因缺乏经验，小组成员对反应物状态估计不够，导致实验时发生过事故。有一次徐晓白和几个同事在熔解铝棒时，因反应剧烈，导致反应物猛烈喷出，在场有的人在后来的尿检中查出铀，情况十分危险。在接受事故教训后，徐晓白的建议终于得到了承认，经过实践检验，小组成员都普遍认为，采用流化床方案是合适的，因为用流态化的方式可以调节气流的速度、浓度，使得反应速度和温度可控，从而降低实验的危险性。后来，在中国科学院化工冶金研究所郭慕孙[①]指导与协助下，用流化床技术将模拟铀铝元件经氢氯化分离铀铝，然后再将留于反应床中的四氟化铀转化为六氟化铀冷凝回收，最终铀的回收率达到了99.5%，这与同时期美国阿贡国家实验室[②]发表的结果相当。时隔多年（1982年）后徐晓白欣慰地回忆往昔："后来成功的流程，实验都是在流化床进行的。"[③]

除了实验的放射性危险之外，当时研究工作是在位于怀柔的化学所二部进行的，参加工作的人员长期居住在北京远郊，生活、家庭、对外联系都十分不便，徐晓白等人每两周才能回城与家人团聚一次。但所有的参与者对此都毫无怨言，他们夜以继日，忘我工作。

除了上述任务外，同一时期，徐晓白还参加了锆合金在高温下与水的作用研究工作。这项工作也是一项紧急任务，徐晓白参加此项工作的时间不长。在参考稀土工作的一些研究方法后，徐晓白在实验方法的设计上，采用热天平法研究增重的动力学过程和直接观察反应前后变化，她仅参加了装置组建的工作后即离开。

1968年，因"文化大革命"的干扰，徐晓白受到诬告被迫停职接受审

---

① 郭慕孙（1920-2012），原籍广东潮阳，出生于湖北汉阳。中国化学工程学家、中国流态化学科研究开拓者，中国科学院院士、瑞士工程院外籍院士。

② 美国阿贡国家实验室（Argonne National Laboratory，简称ANL）是美国政府最早建立的国家实验室，也是美国最大的科学与工程研究实验室之一。ANL隶属于美国能源部和芝加哥大学，前身是芝加哥大学的冶金实验室（Metallurgical Lab），著名物理学家费米在此领导小组建立了人类第一台可控核反应堆（芝加哥一号堆，Chicago Pile-1），人类迈入原子能时代。

③ 徐晓白：《研究工作情况补充》，1982年3月。未公开发表，原件存于胡克源家中。

查，不得不暂时告别心爱的研究岗位，停止了"493"任务的工作。1968年秋以后，该工作转由化学所的彭中贵、张秋彭等人负责。

有徐晓白负责和参与的两项任务"四氟化铀氟化动力学"和"流化床氟化物挥发法处理铀、铝合金元件"获得1978年中国科学院重大科技成果奖。

1989年，徐晓白曾写过一篇题为《核燃料后处理任务》的回忆，其中提到过自己从事核燃料后处理化学研究工作的往事。她深深感到，在"动荡的岁月中为赶超世界先进水平而不顾一切，齐心奋力拼搏的激情和热烈气势至今仍令人振奋和怀念"。

创 伤 岁 月

这是中国现代史上一段特殊的岁月，徐晓白一家在这场史无前例的运动中深受打击，她被剥夺了工作的权利，她和丈夫胡克源被怀疑是"特务"，在很长一段时间里遭受到了不公正的对待。夫妻分离、隔离审查、工作停顿，这样的日子一过便是七年。直到拨乱反正，春天到来，她才得以焕发出新生。

1966年，徐晓白向组织上递交过入党申请，但因其家庭出身和"历史原因"，她的申请并未得到批准。此后，在一年多的时间里，徐晓白和丈夫胡克源、弟弟徐民苏等人便先后被卷入"文化大革命"的风暴中。

1966年11—12月，徐晓白遭遇到"红卫兵"的"抄家"，家中许多物品被搜走，其中包括夫妻二人所珍爱的、胡克源从苏联带回来的音乐唱片。继而在1967年下半年，因宁夏地区发生了武斗，弟弟徐民苏不得不离开宁夏躲避。徐晓白后来从姐姐徐家和的来信中得知徐民苏受1957年"右派"帽子牵连，长时间内身心都受到了苦楚折磨，他心中已萌生了逃走、轻生之念，意志消沉。而此时在化学所内，已有许多"揭发"徐晓白、胡克源的大字报。徐晓白夫妇早不敢随意说话，更不敢议论单位和社会里发生的种种不好的事情，危机一触即发，他们在心中默默祈祷，希望能躲过这场风暴。

尽管已经异常小心谨慎，但是徐晓白和胡克源仍不可避免受到了牵连，1968年8月开始，徐晓白和胡克源被宣布停止工作，接受隔离审查。除了在所内被扣上的大帽子之外，他们还受到了长春应化所"特务案"的牵连，而当时全国许多化学家、科学工作者都被列入莫须有的"特务"名单，许多化学研究机构都受到了这个案件的牵连，连徐晓白夫妻的老上级、应化所所长吴学周都被关押，一只眼睛更是因遭遇不幸而永远失明，更何况是徐晓白夫妻，他们因为家庭出身和过往经历而被怀疑是"特务"，被隔离起来，还被强迫接受劳动"改造"。徐晓白本人被隔离审查、监督劳动长达三年之久，当时她头上被扣上了许多无理、无端的大帽子，她身上被捏造出了许多莫须有的罪名。

一开始，徐晓白被勒令写"交代"材料，要她详详细细交代自己的历史和问题。徐晓白感到十分委屈，她自己清清白白，并没有什么可"交代"的，但是这却被认为是"不老实"，徐晓白的家庭出身、1949年以前的经历，以及她与苏联专家的交往、她所参加的国防科研任务，都被人污蔑是"特务"行为。更令她感到莫名的是，一位老上级、曾部署徐晓白参加过多项科研任务的老同志被定性为"特务"，徐晓白受到牵连，她的科研活动被认为是"特务"行动。对于这些罪名，徐晓白感到实在是难以接受，她心中困惑：自己所从事的工作全部都是由上级安排，一切都是服从国家的需要，并无任何私心，怎么就是"特务"行为了呢？但无论怎样辩白，她也无法获得自由。无奈之下，她被迫一遍又一遍检讨自己，一遍又一遍"交代"历史。在这暗无天日的岁月里，她最伤心的事是，她和丈夫胡克源被分别关押，无法见面。"文化大革命"中，夫妻二人被迫分离长达七年之久。

徐晓白只好一遍又一遍"交代"自己的过往历史，与此同时，她在位于怀柔的化学所二部被监督劳动，目的是要她在劳动中"改造"思想。徐晓白被迫告别了心爱的科研工作，她一边参加政治学习，一边干着最苦、最脏、最累的活计，她干过的活计有烧锅炉、拉油毡、搬砖、抬木头、修路面、拉炉渣、浇水、打井、砍树[①]。有一次，徐晓白被派去砌地下水道，

---

① 徐晓白日记，20世纪60年代末，未公开发表。

因为工作时间太长，体力负荷太大，导致她脚部韧带严重受伤，一双本该在实验室里操作精细仪器的灵巧双手被石灰完全烧烂。不仅如此，她还曾连续上夜班长达数月，而一晚上的夜班上完了，第二天她还不能休息，要继续参加政治学习。在这最困难的岁月里，徐晓白从事着令一个强壮的男青年都嫌繁重的体力劳动，这对当时已年过40的徐晓白来说更是艰辛，但她咬紧牙关都坚持下来了。她没有发出过任何怨言，即使后来平反了，她也从不向他人诉说自己经受过的磨难。她那时心中只抱着这样的念头：既然没有机会做研究，那就争取多劳动，在劳动中改造自己[①]。直到1972年，全国形势发生了变化，她才被解除了"劳改"。

在解除了劳动改造之后，徐晓白的心情轻松了许多，尽管化学所未给她安排工作，但是她白天可以去图书馆看书，晚上能够在家里学习。她珍惜这一段时光，她要抓紧时间，要找回因隔离审查而失去的岁月。

在这期间，徐晓白不仅自己学习，她还常常帮助他人，尤其是研究所里的年轻人。她丰富的学识和多年的积累，令年轻人心悦诚服！钟晋贤——时任化学所的助理研究员，也是与徐晓白共同参加过原子能化学任务的同事，根据他的回忆，在"文化大革命"后期情况好转一些后，徐晓白作为所里的老同志，对年轻人帮助很多，她常常帮助他们学习外语、教授业务知识。钟晋贤回忆："当时我们比她年轻，她很重视年轻人，组织大家学外语，我们有什么问题她都很热情地解答。'文化大革命'这一段时间她靠边站的时候，也做了很多工作。我印象很深的是，当时我们从德国进口了一台液相色谱仪，我们不懂德文，她便把操作说明翻译出来，使得我们很顺利地掌握了这台仪器操作方法。"[②]1972年，徐晓白被允许参加到化学所的研究项目里来，在两年的时间里，她主要从事了化学所里有关化学激光器的研制工作，包括氟化氢化学激光器等离子体发生器部分的试制、供气以及红外测定的准备工作，她还帮助研究所翻译刻印了大批文献资料。1975年以后，徐晓白曾向组织申请去长春应化所老领导吴学周处、或去上海硅酸盐研究所继续开展无机化学研究，但都未获批准。

[①] 徐晓白人事档案，《入党志愿书》，1980年4月。存于中科院生态环境研究中心。
[②] 钟晋贤访谈，2014年11月22日徐晓白学术经历座谈会。资料存于采集工程数据库。

第七章
走进新时代

在新的时期里，徐晓白的科研人生也焕发出了新的活力。告别无机，走上环境化学研究之路，尽管已到知天命之年，但徐晓白并不畏惧，她从新的起跑点出发，从头学起，积极吸收国内外最新的知识，不断创新方法。对硝基多环芳烃的研究打响了她投身环境化学的第一炮！

投身环境化学

1975年，中国科学院以化学研究所二部为基础成立了中国科学院环境化学研究所，徐晓白在新成立的中国科学院环境化学研究所工作，据中国科学院化学研究所的一份纪念材料记载："徐晓白、胡克源、庄亚辉、刘静宜、倪哲明成为这个所（笔者注：中国科学院环境化学研究所）的创始人。"[①]

环境化学所成立之初，所址在离市区较为遥远的怀柔县山区。鉴于环化所当时地处偏僻，往来交通不便，对工作造成了许多不利的影响，1977年，中国科学院建议将原北京林学院院内的部分房屋和空地拨给环境化学

---

① 中国科学院化学研究所：《中国科学院化学研究所五十年》。内部材料，2006年。

所使用。中国环境化学研究所成立后，1986年与中国科学院生态研究中心合并，改称为中国科学院生态环境研究中心。其研究领域包括环境化学、环境工程学和系统生态学，研究内容涉及环境化学、环境工程、生态学、地学等学科的相互渗透，该所以综合性、多学科优势，研究与解决地区性、全国性以及全球性的重大生态与环境问题。

徐晓白的研究方向发生了巨大的转变，她的研究领域从早年的无机合成、稀土材料和有关核燃料后处理转移到有机污染物的分析、环境行为和生态毒理等环境化学方面。

实际上，我国环境化学起步较晚。1973年，我国召开了第一次全国环境会议，在此之后，经过四十余年的发展，形成了包括环境地学、环境化学、环境医学、环境工程学、环境经济学、环境法学在内的十几个学科的环境科学。环境化学作为环境科学的一个分支，发展很快，是一门新兴学科。20世纪70年代，我国开始发展环境化学，这门学科一开始关注点在于对污染源的调查和环境影响评价工作。

在环境化学研究所展开工作后不久，20世纪70年代末，徐晓白开始着手翻译莱文（A.A.Levin）所著《固体量子化学》一书。为了把这本书翻译得更准确，为了把作者的本义原原本本表达出来，徐晓白既参考了该书1974年最先以俄语出版的版本，还阅读了1977年该书的英文版，她的目的是希望做到"洋为中用"[1]，给对化学键理论感兴趣，以及从事有关固体电子结构研究的科技人员参考。这是徐晓白在环化所较早期的一项工作。为了翻译这本书，徐晓白花了很多时间和精力，她常常为其中的一个专业术语、一个概念去请教许多人、去翻阅许多书。她怀念这段平静地从事翻译工作的时光，她伏案苦读，做了不少笔记，整整记满了两个厚厚的笔记本。而令人钦佩的事是，她的翻译几乎都是在忙完一整天的工作回家后，于寂静的夜晚里完成的。这部近15万字的译著，于1982年由科学出版社出版，这部书问世后，徐晓白正式告别了从事了近三十年的物理化学、无机化学工作，踏上了环境有机污染物化学研究的新征程。

中国科学院环境化学研究所的成立，是基于国家对环境化学发展的需

---

[1] 徐晓白译，A.A.莱文著，《固体量子化学》。北京：科学出版社，1982年，"译者的话"。

要。20世纪80年代以来，徐晓白担任了环化所有机室的主任。但一开始，她只愿意接受科研任务，她表示自己过去一直做的是无机化学的工作，对于环境化学研究毫无经验，来到环化所，要以科研工作为主，并不想接受任何行政工作，尤其是不愿意当"官"。但是当时环化所成立没多久，又正值"文化大革命"之后人才断层，无可接班人选。国家用人之际，徐晓白工作多年，又有在应化所、化学所刚成立时参加组织工作、领导开展科研任务的丰富经验，环化所希望借助徐晓白的能力，帮助研究所打开局面。1982年前后，徐晓白接受了研究所有机室主任的职务任命，而这件事用她的同事许后效的话说，研究所是在"三请诸葛"之后，才请到徐晓白出山的。

20世纪80年代初期，环化所里设立了四个研究室，分别是无机分析、有机污染物研究、污染物治理方向，并设置了情报资料研究室。有机污染物研究分析研究室在筹备期时，研究所领导考虑由徐晓白来担任主任。许后效是有机室筹备组人员之一，也是有机室的党支部委员，奉研究所党委的指示，去请徐晓白来当研究室主任。他与徐晓白原先就认识，对徐晓白的脾气很了解。他原以为这是个简单的任务，用不了多少口舌便能说服徐晓白同意，但是他第一次去找徐晓白，却遭到了拒绝，徐晓白的理由很简单：专业不合适！她考虑到自己之前是做无机化学工作的，对环境化学并无多少研究经验，她没有把握能够规划好有机室未来的发展方向，感到难以接受研究所赋予的重任。此外，徐晓白心里还有些负担："文化大革命"的风暴刚过去没几年，她心有余悸，只想安安静静做一些研究工作。许后效第一次上门无功而返，十分沮丧，只好把徐晓白的顾虑原原本本告诉了研究所党委。研究所党委知道情况后，表示一定要说动徐晓白接受任命，许后效奉命第二次来到徐晓白家。许后效告知徐晓白，研究所对徐晓白的学术能力十分肯定！并告诉她，专业不对口可以学习，徐晓白的能力和她这些年积累下来的经验才是最宝贵的财富，对研究所的发展有不可替代的作用。听了许后效的话，徐晓白有所触动，她感怀于研究所的信任，但是她仍然没有一口答应下来，她心中还有一些犹豫。环化所领导了解徐晓白的顾虑，许后效在第三次上门劝说的时候便坚定地告知：新成立的环境化学所有机室里年轻人很多，大家都要向徐晓白学习，要尽力支持她的工作！

许后效的第三次劝说彻底打消了徐晓白最后一丝疑虑，她走向新的方向。

这是十分艰难的选择，人到中年的徐晓白，将要展开全新的研究领域，一切都要重新开始。在接过有机室室主任的指挥棒后，徐晓白的心情反而平静了，她打算克服一切困难，在新岗位上重展身手！

徐晓白就有机研究室的工作方向做了很多考虑，她一方面召集研究室成员，多方讨论，征求大家的意见，一方面也向室里的同事们表明了自己的见解，同事钟晋贤清楚地记得，徐晓白当时的意见是：以有机分析为主，暂时不搞治理，因为有机物怎么治理目前还没有条件做。徐晓白进而提出，要分析和检测环境中的各种有机物，为控制环境污染及将来治理提供科学依据。徐晓白的思维符合当时国内环境化学研究水平的现状，也是脚踏实地的考虑。根据这个思路，徐晓白建议所里购进了质谱、红外、核磁和色谱等设备，完善了实验室设施。徐晓白心系研究室未来的发展，在与研究室同事们反复研究后，她对研究室未来的发展方向也有了大致的描绘，有机室的布局包括农药污染化学和除虫菊酯类农药分析方法研究、环境分析化学（水、气、土、生物研究）、致癌物研究（包括对潜在致癌物分析、分离、反应转化、毒性和结构的研究）、仪器研制及公用设备四个部分；围绕有机物污染化学的研究方向，在研究室的四大组成部分中都设置了重点攻关的课题任务，各课题小组之间相互协助。为了进一步明确研究室的布局，1983年夏，她特意绘制了一张图表，落实了每个方向正在承担的课题任务和主要负责人，从而做到了心中有数。

徐晓白看到了当时有机室的短处，一是新组建的有机室研究室助理是一群年轻的助理研究员或是实习研究员，人员群龙无首、各自为政，缺乏聚合力，也无长远方向，这对于研究室的未来发展是极其不利的。她的思路是将全室组成一盘棋，按照不同的研究方向各自主攻又互相渗透合作。按照这样的思路，她帮助各课题组明确最前沿的科研方向，制订切实可行的科研计划，并组织协调各课题组之间的科研合作，这样一来，调动了研究人员的积极性，不仅解决了有机室原先一盘散沙的情况，而且通过整合，有机室在有机物污染化学方面的研究得以蓬勃开展，徐晓白后来从事的工作也在此中。1990年，有毒有机物环境行为和生态毒理研究报告会召

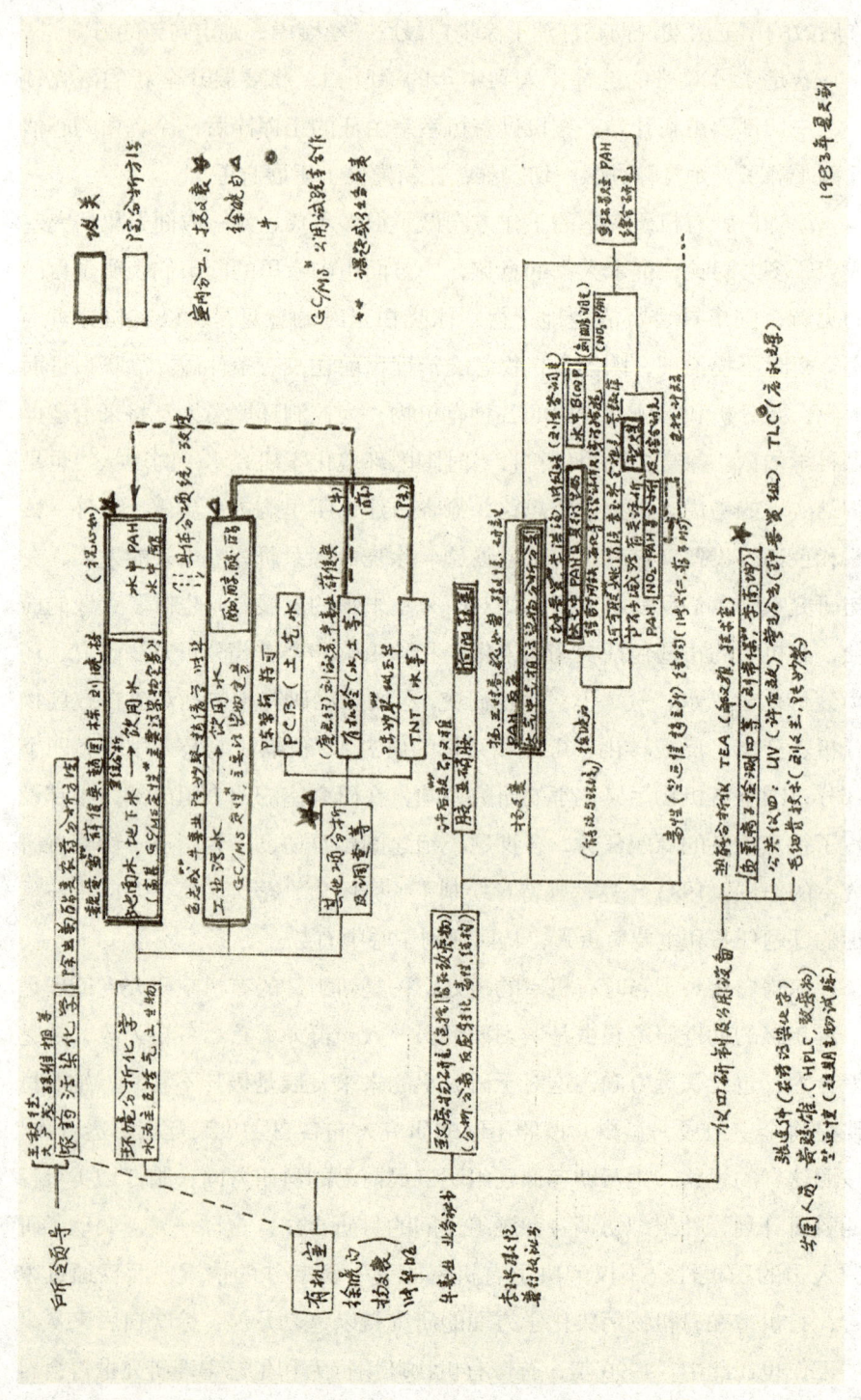

图 7-1 徐晓白手绘的有关环化所有机室设置示意图

开，会议上共收到了 70 余篇报告，其中有半数是由有机室同仁提交的。

对于徐晓白接受有机室主任一职，带领有机室开创局面，研究室人员这样评价："徐晓白在科研工作中勇于挑重担，众所周知。徐晓白出任环化所有机分析室首任主任，更彰显出她敢于担当的精神品质。"[1] 在确定了研究方向以后，徐晓白在研究室里建立了一整套完整而规范的规章制度，她落实了每个人的职权范围、工作开展方法和成果申报制度，使得研究室的工作在规范的框架中开展，从而有效避免了工作无序发展的情况。钟晋贤回忆：

> "文化大革命"刚结束，研究所没有很好的制度。徐晓白就分类建立了各项规章制度。例如研究室里的器材，她安排了专人管理，她让我负责管器材，为此还给器材部门设了一个副主任；在申报成果的时候，她要求各个组、每个人都要申报，我们申报发表的论文，她每次都要审核一下，无论谁发表什么文章她都要审核，确保无误。这样在她领导下建立了相应的规章制度，使得我们研究室能够正规化了。[2]

徐晓白重视人才，想方设法寻找途径，为研究室里的年轻人创造学习的机会，令他们有了出国深造或进修的机会，以期他们回来后能学以致用，帮助发展环境化学事业。为了使青年人都能得到提高，徐晓白既帮助他们联系国外学校的老师，还为他们写推荐信。业余时间里她还充当老师，组织年轻人学习英语，帮助他们提高口语水平。这令所有人既难忘又感动。

徐晓白积极为年轻人争取荣誉，钟晋贤回忆：环化所刚成立时，大部分职工都是年轻人，大家干劲十足，做了不少工作；年轻人虽然踏实肯干，但是缺乏总结能力，不会把成果综合起来令人注意到，徐晓白很快便发现了这个问题，她思考着，须得凸显出年轻人的成果来。于是，徐晓白召集开了一次会议，她把研究室人员都叫到一处，问：你们有什么成果？在徐晓白的帮助下，年轻人各自总结了工作成果交给徐晓白，徐晓白将他们的成果按照学术价值和产值分别上报给研究所和中国科学院，从而令大

---

[1] 许后效撰写关于徐晓白的材料，胡克源提供，原件存于胡克源家中。
[2] 钟晋贤访谈，2014 年 11 月 22 日徐晓白学术经历座谈会。资料存于采集工程数据库。

家得到了荣誉表彰。钟晋贤记得其中一个项目是关于多环芳烃的研究，徐晓白帮助年轻人较好地总结了工作，她还拿出了自己对硝基多环芳烃的研究成果，将两项工作综合起来，把成果上报给国家科委，使得这项工作的成果得到了国家自然科学技术奖。①

远赴重洋、刻苦进修

1980 年，令徐晓白高兴的一件事是，已经是知天命之年的徐晓白由环化所派遣，前往美国加州大学伯克利分校进修，为期两年。

去美国深造是徐晓白青年时候的梦想，没想到时隔 30 年后，她才能够夙愿以偿，实现当年的理想。而更令她满意的是，加州大学伯克利分校是美国顶尖的公立大学之一，是加利福尼亚大学体系中最老的一所，位于旧金山东湾伯克利市的山丘上，也是美国大学协会的创始者之一。加州大学伯克利分校一直被誉为世界上最好的教研一体的大学之一，是各领域中优秀学者、著名作家、音乐家、明星运动员以及创新科学家的摇篮，学校为个人的创造力、创新思维及个人进步提供了大量的机会，因此也吸引着越来越多的人慕名而来。徐晓白知道自己将要去的这所大学里集结了当时最一流的学者和一流的设备，其化学学科，尤其是环境化学学科，师资力量很强。徐晓白打算要好好珍惜接下来的两年时光，好好学一些国外的先进经验，以期回国以后能更好开展工作。

徐晓白能够去加州大学伯克利分校学习，一方面有她在美国定居的堂兄、工程力学专家徐皆苏，以及青年时代的朋友、邻居，后来成为美国著名化学家周载华帮助联络；另一方面，徐晓白的老领导吴学周以及环化所的刘静宜所长也都努力为她推荐，创造了学习的机会。吴学周是徐晓白的老上级，刘静宜与徐晓白从 20 世纪 50 年代开始便是同事，这两位对徐晓白的情况非常了解。1979 年 10 月 29 日，由吴学周主笔，他们给美国加州大学

---

① 钟晋贤访谈，2014 年 11 月 22 日徐晓白学术经历座谈会。资料存于采集工程数据库。

伯克利分校公共卫生学系魏德峰（E. T. Wei）教授写了一封推荐函[1]，该信是用英文写就的，吴学周和刘静宜向魏德峰介绍了徐晓白的学习和工作经历，他们赞扬徐晓白接受过很好的科研基础训练并有很好的实验室工作的经验（"good basic scientific training and laboratory experiences"），能力很强，在过去30年的从业生涯中很好地完成了工作，有资格也有能力与魏德峰教授合作开展研究。在一番考察后，魏德峰接受了中国方面对徐晓白的推荐，徐晓白获得了去美国的机会，成为魏德峰教授小组中的一名访问学者。

当然，对于出国学习这件事，徐晓白心中还是有些忐忑的。1980年，当党组织要接纳徐晓白入党时，她即将赴美留学，她在入党志愿书中诚恳地提到了自己的困难：

> 在新的长征开始的时刻，接受了出国的任务，对我说来并不是轻松的。一方面虽然工作时间不短了，但是专业不对口径。另一方面，本来是预备几个同志一起去的，年轻和年大的相互可以取长补短，现在叫我去，以后能否按原定计划考虑也是没有把握的。不过既然定下来了，只好努力去做。对于将要面临的环境心中没底。[2]

徐晓白的顾虑不无道理，她已经50多岁了，精力和思维已经不如年轻人。现在一切都要从头学起，又要远离家人，不提将会在异国他乡感受到的孤独情感，对于在两年的进修中能否学到更多的知识，做出更多的成果，徐晓白心中也没有把握。但是徐晓白珍惜这来之不易的机会，而且还有丈夫胡克源的热烈支持。1980年4月，徐晓白把家庭和女儿全部交给了丈夫，收拾了简单的行装，便踏上了去往异国他乡的行程。

徐晓白在美国期间的研究主要是与美国方面的教授合作，进行柴油机排出颗粒物分离鉴定研究，她检出了潜在致癌物硝基多环芳烃和多环芳烃，并对其转化规律和控制途径进行了研究。

徐晓白的工作与当时美国的能源政策有关系。她研究的对象是多环芳

---

[1] 吴学周、刘静宜的推荐信，1979年10月29日。资料存于采集工程数据库。
[2] 徐晓白人事档案，《入党志愿书》，1980年4月。存于中科院生态环境研究中心。

图 7-2　20 世纪 80 年代徐晓白在加州大学柏克莱分校实验室里

烃和硝基多环芳烃，因为从已有的研究资料看，这是致癌物，对人体健康危害很大。早在 1976 年，国际癌症研究中心便列出 94 种对实验动物致癌的化合物，其中有 15 种属于多环芳烃，可见多环芳烃有很强的危害性，是潜在致癌物。多环芳烃（Polycyclic Aromatic Hydrocarbons PAHs）是煤、石油、木材、烟草和有机高分子化合物等有机物不完全燃烧时产生的挥发性碳氢化合物，是重要的环境和食品污染物，硝基多环芳烃是多环芳烃化合物中的碳原子与硝基中的氮原子连接而成的一类芳香族化合物的总称。这两者都广泛存在于人类赖以生存的环境中，对环境产生了极大的污染和危害。徐晓白的思路是，先检测，找出哪些地方有这些污染物，再找出规律，控制这些污染物的发生。

硝基多环芳烃对环境的影响与作用机制是徐晓白关注了许久的问题，从这时期开始一直到 20 世纪末，徐晓白把许多的时间和精力都放在对硝基多环芳烃化合物研究上。她从检测做起，到研究硝基多环芳烃化合物的特点、致癌机理和防治办法，她的研究成果为我国乃至世界卫生组织防治硝基多环芳烃化合物污染建立科学依据。

在美国期间，徐晓白成功从柴油机尾气颗粒物中分离出硝基多环芳烃，并建立了柴油尾气颗粒物中硝基多环芳烃的分离方法。她的分离方法是：采用二氯甲烷将颗粒物中有机物萃取分离，然后经4级分离柱分离出上千个组分；鉴定首先采用色-质联用技术确认2-硝基芴的存在，然后采用高分辨质谱考察高效液相色谱分离出的活性组分，从中发现了大量硝基多环芳烃的存在，通过色—质联用与标样核对等方法，确认了柴油机排出颗粒物中存在几种致癌物，如5-硝基苊、2-硝基芴和1-硝基芘。在分离鉴定过程中，采用Ames试验对柴油机排出颗粒物有机溶剂提取物中的致突变活性组分进行选择、鉴别。关于徐晓白在国外工作的创新，她自己如是总结：

在大量分离、提取化学前处理工作的基础上，用各种质谱方法推测鉴定出了数十种硝基多环芳烃存在于柴油机排气颗粒中，这种硝基多环芳烃有强的致突变性。他人已证明其中有的是致癌物，这些潜在致癌物移入大气后，对人体健康有无影响值得引起注意。①

除了大量采取分离、提纯与鉴别技术外，徐晓白用Ames试验来筛查柴油机排放颗粒物中致癌物。Ames试验的全称是污染物致突变性检测，由B. N. Ames等经十余年努力，于1975年建立并不断发展完善。其原理如下：鼠伤寒沙门氏菌的突变型（组氨酸缺陷型）菌株，常用的如TA97、TA98、TA100和TA102，只能在有组氨酸的培养基上正常生长，无法在无组氨酸的培养基上存活；但当无组氨酸的培养基中存在致突变物时，则突变型菌种可回复突变为野生型从而正常生长。利用这一现象，可以根据无组氨酸的培养基中突变型菌落形成数量，判断被测物是否具有致突变活性。利用Ames试验，徐晓白从柴油机排放颗粒物中筛选各类致突变和致癌物质，从而极大提高了工作效率。

---

① 《徐晓白填写的国外工作和学习情况调查表》，20世纪90年代。资料存于采集工程数据库。

在 1980—1982 年，我们对一个重型柴油机试验设备排出的颗粒物试样进行了有关研究。颗粒物收集在一种总面积为 13 平方米的折叠型玻璃纤维滤膜上。共计处理了 14 张这样大的滤膜。用有机溶剂二氯甲烷提取，共获得 200 克以上的有机物。之后，用四种不同类型的色谱柱进行了较大规模的分级预处理。色谱分离中采用 Ames 试验作指引，将注意力集中在活性强的级份上，以提高工作效率。[1]

一开始，徐晓白的研究并没有取得很大的进展，她的合作者魏德峰教授对此颇有微词，认为这是砸钱的项目，而且即使投入了，也很难出成果。但是鉴于徐晓白留美的费用并不由伯克利分校承担，而是由中国方面资助，他也不好多说什么，于是他对徐晓白的工作既不支持，也不反对。合作教授持这样的态度，也令其他人对徐晓白十分不解，但是徐晓白坚信自己的研究是有价值的，也能出成果，她耐受住了周围异样的眼光和不赞同的态度，坚持了自己的实验方法和观点。不久以后，她所取得的成果令周围所有的人都感到了震惊。徐晓白通过各种实验手段，提取了一系列致突变和致癌物。

初始有机提取物的比活性为 0.46 净 TA98 回变数（不加 S-9）/微克，每一步分级后，活性级分的比活性都有增加，最后达 100—200 净 TA98 回变数/微克，这也说明我们感兴趣的化合物已富集到这些级份中。

曾采用高分辨质谱（HRMS）直接进样法、毛细管气相色谱/低分辨质谱（HRGC/LRMS）和 HRGC/HRMS 对若干不同活性级分进行了研究。……该级份主要为单硝基取代的多环芳烃级份，其 Ames 试验比活性为 39 净 TA98 回变数/微克。从中推测检出了 20 多种 NO_2-PAH，其中包括 1-硝基芘（经用 F344/DuCrj 雄性大鼠试验，已证明为致癌物）及已知致癌物 5-硝基苊。[2]

---

[1] 徐晓白，等：柴油机尾气颗粒物中硝基多环芳烃的分离和 GC_MS 研究.《质谱学报》，1987 年第 9 卷第 1 期.

[2] 同[1].

1981年，徐晓白首次报道了从柴油机颗粒物中检出的强致癌物2-硝基芴，继而又详细报道了五十多种硝基多环芳烃及含氧硝基多环芳烃等直接致突变物，其危害可能大于多环芳烃（PAH），且其中的1-硝基芘、3-硝基荧蒽、二硝基芘等后来都被证实是强动物致癌物。徐晓白的研究是关于柴油机排放颗粒物环境风险研究的重要突破，是当时美国政府有关部门决策是否实施柴油机化的重要依据之一，对其他国家的大气污染控制也有重要的参考价值。关于徐晓白的工作，情况是这样的：

> 1980年初开始美加州大学贝克莱分校魏德峰小组与中国科学院环境化学所徐晓白合作，进行了一项工作量较大的分离鉴定计划。整个柴油机排出颗粒物的提取物试样达225克。……在这项合作中，徐等首先采用毛细管气相色谱/高分辨质谱/计算机数据系统（HRGC/HRMS/DS），根据离子碎片精确质量色谱共极大值与标样保留时间吻合的方法，肯定了一种已知的致癌物和直接致突变物——2-硝基芴的存在。另外，通过对HPLC分离后若干活性级份的高分辨质谱考察，发现在提取物中有许多种类的NO_2-PAH存在，已报道初步推测鉴定出的有50多种。[1]

徐晓白详细阐述了硝基多环芳烃的生成、反应方式、特性，以及其代谢机制，她提到，生物试验表明，硝基多环芳烃与核酸反应，将会产生染色体异常，增加动物恶性肿瘤的易发性，越来越多的硝基多环芳烃被证明是致癌的。她呼吁："需要建立简便的分离方法和更灵敏的检测手段，还需要合成和研究更多PAH（多环芳烃）母体上有烷基取代的NO_2-PAH（硝基多环芳烃），以利探究环境中这类潜在致癌物的存在量以及可能对人体健康产生的影响。"[2]

徐晓白在美国期间发表了多篇论文，其中有两篇被学界公认为是十分

---

[1] 徐晓白：硝基多环芳烃——环境中最近发现的直接致突变物和潜在致癌物。《环境化学》，1984年第1期，第1-16页。

[2] 同[1]。

具有创造性的，都发表于美国的权威科技期刊上。一篇题为《柴油机尾气颗粒物中 2-硝基芴的检定》(Identification of 2-Nitrofluorene in Diesel Exhaust particulates)，发表于 *J. Applied Toxicology* 杂志 1981 年第 1 卷第 3 期上。另一篇是她于 1982 年发表在 *Anal Chim Acta* 上的题为《柴油机尾气颗粒物中硝基多环芳烃的分离与检定》(Isolation and indentification of mutagenic nitro-PAH in diesel-exhaust particulates) 的论文。这两篇论文都是徐晓白与美国实验室的同僚合作署名的。这两篇文章经 SCI 检索，发现被国内外学术论文争相引用多达百次。徐晓白在国际上最先检出柴油机排放物中含有 2-硝基芴潜在致癌物和 50 多种硝基多环芳烃直接致突变物，发现燃烧煤也能产生硝基多环芳烃，这些成果令美国的学术界感到惊讶，他们没想到中国学者居然能有这么敏锐的学术观察力。

徐晓白珍惜这来之不易的学习时光，在美国的两年里，她几乎把所有的时间和精力都投入了工作。徐晓白所在的实验室因为有保密限制，建筑在偏僻的山上，她工作起来常常忘记了时间，干活到深夜是常有的事。为了节省开支，她租住的房子很小，离实验室还有一段距离，在结束了一天的忙碌工作后已无公共交通工具，她只能步行回家休息。有一次，她凌晨才从实验室出来，一个人走在漆黑的夜晚，道路上除了她以外，已经没有行人了，四周静悄悄的，只有昏暗的路灯与她相伴。她还在琢磨当天的实验数据，隐约感到身后有细微的脚步声正紧紧跟随着。徐晓白早听人说过校园附近有抢劫犯出没，她的心跳得很快，她猜测自己已经被抢劫犯盯住了，尽管身无长物，没什么可让人抢的，但是这样的危险令徐晓白十分害怕。此后，如果工作进行到深夜，她就会打电话去附近的警局寻求帮助，请警察护卫她回住处。

在伯克利分校两年来的学术交流中，徐晓白收获了来自美方很高的评价和赞誉，她在美国忘我投入科研的精神和其高超的学术水平赢得了国际友人的尊重，美国友人甚至亲切地称呼她是沟通两国友谊的大使，还赠送给了她有实验室成员签名的卡片。在她即将回国之际，伯克莱分校的实验室还特意给环化所写了一封信，热切赞扬了徐晓白两年以来的工作成果和人格魅力。现摘录全文译文如下：

在徐即将回中国之际，我代表我们小组对你们研究所派遣她来这儿做研究工作表示感谢。显然，徐来此目的是要熟悉Backeley学院的研究情况。实际上，在很多方面，她能独立、熟练地领头进行研究工作。我叙述一下她的活动以及研究工作的意义：

徐已经完成了对内燃机颗粒物致诱变方面鉴别的大部分工作。她使用了Barlingame教授的实验室的设备，用他的气相色谱－高分辨率质谱对排放出气体样品中多种硝基芳烃化合物进行了测定。这工作的结果刊登在多种刊物上。

对发动机颗粒物种硝基芳烃致诱变物的鉴别意味着我们对空中传播的致癌物的了解取得了重要的进展。一段时间以来，人们认为，多环芳烃是空气中主要化学致癌物。事实上，徐已经在动物实验中证明硝基芳烃化合物是强致癌物。这些化合物是稳定的，而多环芳烃化合物是不稳定的。事实上，可以对硝基芳烃化合物开展比苯并芘更为广泛的研究考察，因为硝基芳烃的毒性更大。

徐在实验室给人们带来了愉快和魅力。我们小组和她合作感到非常愉快，同时通过文化交流产生了友谊。

我期望和徐保持联系并在今后和贵所继续交流。

最好的祝愿！[1]

检出大气中的致癌物

在投身环境化学之后，徐晓白和其小组已经实现了数个"国内首次"：

首次在北京大气飘尘中检出硝基荧蒽、硝基芘等致癌物！
首次在工业炭黑中检定出硝基多环芳烃！

---

[1] 《美国实验室对徐晓白的评价》（中译），材料由胡克源提供，原件存于胡克源家中。

首次在工业城市河水和饮用水源中检测出硝基多环芳烃！
……

徐晓白和她的团队在环境化学领域已经取得了累累硕果。

1982年，告别了在美国两年的学习和生活，徐晓白回到北京，她继续在多环芳烃检测方面开展工作。1984年，她在《环境化学》上发表题为《硝基多环芳烃——环境中最近发现的直接致突变物和潜在致癌物》一文，这是她对几年来研究的总结。她提到，国外相关研究已经证实从汽油机、柴油机排出的颗粒物、燃油及木材的锅炉、电厂排出的飞灰，和某些复印用增色剂的碳黑中都有致突变性；而燃烧条件、地区大气差异都会直接影响大气颗粒物的直接致突变活性。为了更深入研究大气颗粒物中致突变活性物，徐晓白从"大气及其他污染源颗粒物的直接致突变性""环境样品中硝基多环芳烃的分离、鉴定和定量分析""硝基多环芳烃的生成""芳烃与羟基的反应""各种硝基多环芳烃的致突变性""硝基多环芳烃的代谢机理"等方面开展研究，系统阐述了大气及其他污染源颗粒物中硝基多环芳烃的分析方法、生成机理、致突变机理以及代谢机理。这既是对她在美国进修时的研究工作的总结，也为未来国内环境化学学科研究指明了方向。

在此研究基础上，徐晓白带领研究队伍着手探讨在北京大气中检测致癌物的可能性。徐晓白小组对比了一年中随着时间的变化，在不同地区大气颗粒物的致突变活性情况。在对大气及各种排气颗粒物中直接致突变物进行毒理学的评价时，徐晓白小组对致突变物的化合物类型做了分析。

徐晓白的研究和大气污染息息相关。随着全球工业的发展，工业生产的副产品对环境带来的危害是令科学家关注的重要问题。就大气污染而言，工业生产的污染物排放于大气中，随着污染物质浓度的上升，便有可能对人、动物、植物以及物品和材料产生不利的影响和危害，而当大气中污染物质的浓度达到有害程度，以至于破坏生态系统和人类正常生存和发展的条件，对人和物产生危害。

在这样的工作基础上，徐晓白在环境化学所里，领导了一项在国内产生重大影响的课题，这就是京津大气空气污染物变化的研究，这是国家部

图 7-3 徐晓白参加煤焦油（渣）无害综合治理技术鉴定会（第一排左三：徐晓白）

署的"六五"攻关的重要课题。这项研究与环境污染息息相关，因为大气飘尘中的污染物会在人体肺部沉积，对人体健康危害很大。尽管国际上开展大气颗粒物对动物致癌性的研究已经有数十年历史，但当时国内这方面的研究报道较少。当时与徐晓白一起工作的包括环境化学研究所里的钟晋贤、金祖亮、刘鹏、蒋可、李洪海、何宇联这几位，她还与中国科学院感光化学研究所康致泉、边雅明两位合作，研究方案是用两种不同的方法，即 GC-MS 法和还原衍生化 -HPLC（荧光检测）法从北京大气飘尘中检出了数种硝基多环芳烃，如硝基荧蒽、硝基芘等致癌物，并提供了北京若干采样点冬夏两季飘尘中硝基多环芳烃的含量，研究了北京不同地区大气飘尘中的多环芳烃分布与变化的规律。

1984 年，徐晓白小组在《环境科学学报》上发表了一篇文章——《北京地区大气飘尘中检出潜在致癌物——硝基多环芳烃》，他们的研究首次在北京检测出大气飘尘中的致癌物硝基多环芳烃。小组的工作方法是采用气相色谱－质谱联用和高效液相色谱方法分别对北京地区个别地点的大气

第七章 走进新时代

图 7-4 1984 年徐晓白和同事们参观清洁固体燃料的设备

飘尘进行检测，而这两种方法的检测结果都说明当地大气飘尘中存在少量硝基多环芳烃。这些硝基多环芳烃对居民的健康造成了很大的侵害。

徐晓白对大气环境十分关注，为了探求大气飘尘中的污染物情况，她设计了多种方式对样品进行检测，以求得出污染的类型和污染物的来源，为环境保护部门提供环境监测、治理的依据。徐晓白与美国加州大学 LBL 国立实验室应用科学部的成员合作，探索用新的方法——X 射线光电子能谱分析方法，以检测北京大气飘尘试样中硫和氮的化学状态。为了样品的多样性，她走访了北京市区和郊区，既去了市内交通密集的区域，也去了近郊和远郊的学校、水库区域，她提取了大量大气飘尘样品作为检测依据，通过 X 射线检测，徐晓白认定北京地区大气飘尘试样中硫的主要状态为硫酸盐或者硫化物，氮的状态比较复杂，而家庭用煤亦是大气飘尘中产生多环芳烃的污染源之一，这一结果，徐晓白等人撰写了题为《用 X 射线电子能谱和加热释气分析法初步探讨北京大气飘尘中的硫和氮等的化学状态》发表在《环境科学学报》上，详述了其工作方法和创新之处。

因为煤燃烧带来了一系列的大气污染，徐晓白小组除了了解家庭用煤导致的污染之外，他们还调研了工业用煤燃烧产生多环芳烃的情况。徐晓白通过调研，认为燃煤锅炉是煤烟型大气污染中多环芳烃的主要来源之一，为了研究锅炉烟道气中多环芳烃的测定方法，掌握多环芳烃的排放规律，评价各类燃烧工艺的污染程度，在很长一段时间里，徐晓白不辞辛苦，带着研究室里的年轻人前往北京各大厂矿去采样。课题小组有一次去往焦化厂去做调查，采样的时候需要派人爬到焦炉上去取燃烧后释放的煤灰、飘尘。尽管课题组里有不少年轻人，但徐晓白犹不放心，不顾自己已经 60 岁，要亲自爬到高高竖立的焦炉上去采样。这样工作一整天，每位采样人员都要上上下下爬好几次，汗水沾湿了徐晓白的头发和衣服，她也全然不顾。徐晓白的辛苦都被众人看到了眼里，这件事也令一同去考察的人员印象深刻，久久难忘。

徐晓白小组取得的研究成果很多，其中一篇是课题小组的名义发表在 1987 年第 3 期的《环境化学》中，题目是《锅炉烟道气中多环芳烃的测定》，作者是姚渭溪、崔文炬、何宇联、李玉琴和徐晓白，这篇文章介绍了"采用过滤、冷凝和吸附三级串联的采样装置，用有机溶剂超声提取和高效液相色谱（HPLC）紫外－荧光两检测器联用的分析技术"[1]，徐晓白小组介绍的检测方法准确、快速、实用，能够在野外和高空等工作条件较为恶劣的现场使用，该研究在大气污染物的测定上取得了一定的突破。徐晓白小组在中国工业炭黑中检出了硝基多环芳烃，其中包含强致癌物二硝基芘，由此提出了炭黑工艺条件的改进建议，并指出燃煤排烟也是重要的

图 7-5　1990 年 10 月徐晓白研究小组成员合影（前排左一：金祖亮，左二：徐晓白，右一：姚渭溪；后排右一：蒋湘宁，右二：刘国光，左一：吴刚）

---

① 姚渭溪、徐晓白，等：锅炉烟道气中多环芳烃的测定。《环境科学》，1987 年第 3 期。

硝基多环芳烃的污染源。徐晓白还结合早前的研究成果，对柴油掺水氧化沥青治理等措施的多环芳烃排污做了评价。徐晓白和她的小组的研究成果丰富了环境化学的基础研究理论，对决策部门制定大气污染控制标准和可持续发展的能源政策发挥了重要的作用。

  徐晓白小组用了近 10 年的时间，在大气颗粒物、柴油机尾气排放物和工业炭黑以及城市水源中都检测出了硝基多环芳烃。其中，检测城市水源中的多环芳烃的研究工作起于 20 世纪 90 年代初，是徐晓白小组承接的国家自然科学基金项目，主要是对水污染情况的调查，他们通过对城市水源进行检测，发现其中存在硝基多环芳烃。研究方法是利用还原衍生化高分辨气相色谱法结合双柱，定性在城市地表水样中检测出包括 2- 硝基萘在内的八种硝基多环芳烃。其中，河水和饮用水中均含有 ppt 级[①]的硝基多环芳烃存在，而饮用水中浓度低于与其相邻的河水，经煮沸处理后饮用水中浓度又会显著降低。徐晓白小组的工作首次在城市水样中检测出硝基多环芳烃，研究结果对当地的环保部门制定政策，以及水生态环境保护起到了重要作用。

---

① ppt 是一种浓度度量单位，在水中 1ppt 相当于 10^{-9} mg/L。

第八章
环境保护新话题

徐晓白厚积薄发，在环境化学的研究领域中做出了许多新成果。她不满足于运用化学的分析方法来检测污染物，把目光放长远，又从污染物对生物的危害性入手，结合生物学知识做了一系列研究，从而在我国环境化学的发展历程中写下了新篇章

共和国的女院士

1995 年，徐晓白当选为中国科学院院士。徐晓白获得这项殊荣，表明她已得到了国内学术界的最高认可。而以女性之身，当选为中国科学院院士，真是一件了不起的事！

实际上，在当选中国科学院院士之前，徐晓白直到 1982 年，在参加工作 34 年之后，才得以晋升为研究员。在徐晓白参评研究员时候，她的前辈和老师——吴学周和柳大纲，已经为这位后辈感到骄傲，两位老师对徐晓白的评价很高，吴学周说：

徐晓白同志具有较广阔而扎实的理论知识和实验技术基础；分析问题、解决问题的能力；坚持做工作，做到精益求精的毅力。①

柳大纲则是毫不保留地称赞了这位昔日好学的女学生，他评价徐晓白：

对无机化学、物理化学、分析化学及各学科，有较深的基础。对无机合成、水盐体系相平衡，无机化合物性质，有机物的痕量分析，环境化学等领域，熟悉原理，娴习方法，学术思想细致，孜孜不倦的勤奋工作。……既注意学术上系统性，也考虑到在应用上的重大性……一位正直有道德修养的科学工作者，理论联系实际的思想是内在的。……她的科研工作是有成绩的，是有较高水平的，在培养人才和学术组织方面也有一定经验。②

对徐晓白的能力表示赞扬的还有稀土化学家徐光宪，他说：

徐晓白同志……既有很好的物理化学理论修养，又有丰富的无机合成方面的研究经验，是我国为数不多的中年无机化学专家之一，有较深的造诣和较高的学术水平，科学作风严谨，在解决与国防及国民经济有关的科研项目中做出了贡献，有组织领导研究工作的能力，符合研究员的标准。③

在新的时代，更令徐晓白感到高兴的事情是，1980 年 4 月 3 日，经张华昭、钟晋贤介绍，她一偿多年的夙愿，光荣加入了中国共产党。1986 年，她因表现优异，经生态环境中心推荐，荣获了中国科学院优秀党员的称号。这都是令她愉快的事。徐晓白多年的表现获得党组织认可，研究所党组织在推荐表上写道：

---

① 《吴学周对徐晓白晋升研究员的审查意见》，1982 年 5 月 4 日。资料存于采集工程数据库。
② 《柳大纲对徐晓白晋升研究员的审查意见》，1982 年 6 月 4 日。存地同上。
③ 《徐光宪对徐晓白晋升研究员的审查意见》，1982 年 5 月 12 日。存地同上。

多年来,她以国家需要为己任,坚决执行党中央的科技方针,坚持科研工作面向四化建设的方向。从1979年起,徐晓白同志就带领全组同志开展了与能源有关的环境科学研究,如:柴油掺水,型煤及煤气化等方面的工作,并取得了可喜的成绩。……徐晓白同志在科研工作中始终坚持"三严"作风,表现了对科学事业的强烈事业心,在业务工作中,她不但负责把握科研方向,审查实验方案,而且亲自参加试验,撰写论文。在她的悉心指导下,课题组的工作取得了显著成绩。……徐晓白同志热情关怀和重视中青年科技人员的培养,作风民主。在讨论工作时,她从不以长者自居,让同志们充分发表自己的见解,善于集思广益,调动大家的积极性。无论室内外,所内外,青年科技人员前来请教,她总是不厌其烦。对组内的同志在学术上给予认真指导,积极安排中青年科研人员和研究生在国内外有关单位进修。……徐晓白同志的确是中青年科技人员的良师益友。[①]

从上述可见,无论是学界同行还是所在单位,都高度认可了徐晓白的工作能力、科研水平。在晋升为高级职称之后,徐晓白十分满意,她由衷高兴,这鼓励了她把更多的精力放在了研究和培养学生上来,她要做出更好的成绩。1991年,在徐晓白已经取得了一系列成果,获得了一系列奖项后,她第一次参加了学部委员评选。但是,徐晓白参评中国科学院院士(学部委员)的道路并非一帆风顺,她前后一共参评了三次,直到1995年,终于如愿以偿,当选为中国科学院院士。

令徐晓白感动的是,推荐她成为院士候选人有多年前引领她走入分析化学大门的梁树权老师。尽管与梁师的研究方向早已不再相同,但梁树权依然关心着学生的点滴进步,并在多个场合对徐晓白的工作表达了认可。梁树权是徐晓白的老领导,他对徐晓白的情况非常了解,对徐晓白的科研能力一向赞赏有加,他认为徐晓白已经具备成为学部委员的资格了,他为

---

① 徐晓白人事档案,《优秀党员事迹登记表》,1986年6月。存于中科院生态环境研究中心。

徐晓白写下了一封内容实在又不乏热情称赞的推荐信：

> 徐晓白于交大毕业后曾随余作分析化学方面的研究，继转到柳大纲先生门下，从事光谱等研究，其负责或参加的有关稀土利用和原子能的三项研究分别获1978年中科院重大科技成果奖。"文化大革命"后，其研究领域更变颇繁，实非其本意，而与当时之所领导的作风有关。她基础扎实，英语冠侪辈。近十余年来从事环境化学研究，藉色谱法，质谱法等探讨环境中有机物污染研究，并协调、负责院内从事该项的工作，卓有成绩。她为人聪敏，专心治学，热爱祖国及自己的工作。①

梁树权感到，尽管徐晓白的研究方向变换多次，但她基础很好，工作努力又勤奋，在多方面都取得了成就，已经具备了成为一名学部委员的实力。但令人遗憾的是，这次参评徐晓白落选了，落选的原因大抵是评委认为她长期从事的是无机化学方面的工作，从事环境化学的时间还不长，虽然已经有了一系列成果，但并未对自己的研究工作做出较好的总结。徐晓白对于落选一事并不气馁，她清楚自己的短板在哪里，也有自己的担心：已经到了年龄，虽然还在一线科研岗位上奋斗，但是如果再评不上院士，便要退休了！而退休这件事，是徐晓白最不愿意去面对的。在经历了"文化大革命"风波之后，她无时无刻不在找回失去的那段时光。尤其是她现在身体健康、精力充沛，又花了许多时间在国外进修，学习了许多新知识，她感到自己还没能够把全部的所学用在工作上呢！她常常对同事和学生们说：我还年轻，还可以再做出一些事业！

徐晓白决定要在摘取院士桂冠的道路上再努力一二。1993年之后，在接下来的两年时间里，她争分夺秒继续奋斗在科研的第一线，珍惜每一分钟，竭尽全力，把自己的所学、所想全部付诸实践。在两年的时间里，她连续发表了30多篇学术论文，并在1994年主编了《化学污染物环境行为及生态毒理研究方法》专辑一册。通过这些文字，徐晓白总结了转入有机

---

① 《梁树权推荐徐晓白为学部委员候选人的推荐信》，1991年2月。资料存于采集工程数据库。

化学领域后,在环境化学行业从业十余年里积累的经验,以及自己所开拓的新的研究方法。徐晓白的这些成果,在行业内获得了好评。

徐晓白的付出有目共睹,得到了学界同行的一致认可和尊敬。1995年,当她再一次整理材料,准备参评中国科学院院士时,徐晓白曾经的同事、从事半导体化学分析工作、于1980年当选学部委员的女化学家沈天慧欣然应诺,为她写下了一封情真意切的推荐信:

> 徐教授的理论基础及试验技术扎实,重视理论联系实际,急国家之所急,几次更换研究方向,但在多领域中均做出显著成绩。四十多年来兢兢业业,工作细致,坚持在研究第一线,亲自参加实验并参与组织领导有毒有害有机物的研究,完成了国家多项任务,发表论文一百多篇,上百次为国内外文章引用,积极参加国内外学术交流,在国内外有一定知名度。
> 综合徐教授的研究方向及取得的成果,对环境化学方面的贡献巨大,本人郑重推荐她为中国科学院院士候选人。①

1995年,中国科学院增选了59名院士,徐晓白赫然在榜,她如愿以偿当选为中国科学院院士,成为当时为数不多的女院士之一。而这一年除了徐晓白之外,当选的女院士,仅有高分子化学家沈之荃、植物生理生化学家匡廷云、原生动物学家沈韫芬、构造地质学家许志琴、材料科学学家朱静。

女性当选为中国科学院院士,是十分不容易的事。在1955年学部成立时,一共选聘了172名学部委员,1957年增聘了18名学部委员,1980年又增选了283名学部委员,但是截至1980年,女性学部委员只有林巧稚、林兰英、郝诒纯、李敏华、池际尚、谢希德、蒋丽金、黄量、王承书、高小霞、陈茹玉、沈天慧、何泽慧、李林和叶叔华。女科学家当选为院士的,可谓是凤毛麟角。而到1991年学部委员增选,共有210人当选,但是其中的女科学家仅有张树

---

① 《沈天慧推荐徐晓白为学部委员候选人的推荐信》,1995年3月。资料存于采集工程数据库。

图 8-1　1995 年徐晓白当选为中国科学院院士

政、陆婉珍、夏培肃、赵玉芬、尹文英、杨芙清、张淑仪、唐崇惕、王业宁、胡和生、张弥漫、吴德馨这 12 位。1993 年当选的 59 人中，女性只有李方华、石青云、李依依三人。这些女院士（学部委员）有许多人与徐晓白是常有来往的，有的是她的好朋友，如高小霞、沈天慧，还有的人是曾与她共事过的，如蒋丽金。这些在科学上取得杰出成就的女性，无一不是付出了比男性更多的努力，以顽强毅力投身科研，开创一派理论，取得累累硕果，从而得到了科学界的认可。这些女院士之中，许多人有 1949 年以前留学海外的经历，获得了硕士、博士学位，还有的人在 20 世纪 50 年代经由国家派遣去往苏联学习、进修，她们的学识和经历都令徐晓白感到十分尊敬和敬佩。

徐晓白当选院士后，生态中心里张贴了大红榜，还为徐晓白举办了一场小型的庆祝会，同事们都热烈庆祝她获得了这项殊荣，尽管她本人也对成为院士感到高兴，但她的表现十分平静，心里松了一口气，笑着对前来祝贺的同事说：我不用退休了，可以继续工作了！

厚积薄发的二噁英研究

徐晓白有关二噁英类污染物的研究是她继检出大气致癌物后的又一项卓有成效的工作。

二噁英，即二噁英类物质的简称，是结构和性质都很相似、包含众多同类物或异构体的两大类有机化合物的总称，是持久性有机污染物，其全称分别是多氯代二苯并二噁英（PCCD）和多氯代二苯并呋喃（PCDF）。该物质在常温下多为固态，在大气中主要存于颗粒物或滴液中，并可通过被地表植被吸附，进入陆地食物链。因其难溶于水，易溶于油脂的特性，二噁英被摄入人体后难以排出或降解，有很强的致癌性和高毒性，对人类健康有很大的危害，早在1995年，从美国环境保护局公布的数据便可看出，二噁英不仅具有致癌性，还具有生殖毒性、内分泌毒性和免疫抑制作用。

二噁英难以降解，在环境中能稳定存在，是超痕量有机污染物，对环境和人类健康有很大的危害。在人类历史上曾经发生过多次二噁英类污染事件，例如1971年美国Bliss公司将一部分混有二噁英的废油洒在密苏里州的马圈和牧场里，导致了重大污染，令62匹马死亡，对当地人的健康也产生了影响。还有1999年比利时二噁英鸡饲料污染事件，是因为饲料里含有二噁英，导致有的鸡体内含有二噁英含量超过正常限值的1000倍，令鸡下出外壳坚硬的病态鸡蛋来，这对当地的养殖业影响很大。在世界范围内发生的二噁英污染不是个例，这些事件证明了二噁英污染对环境危害极大。一些发达国家已经注意到二噁英的危害，也投入科研力量，研究并阻止二噁英危害的进一步扩大。

关于二噁英类的分析始于20世纪50年代后期，但直到20世纪80年代中期，美国环保局才着手建立系统的二噁英类化合物分析方法，这些方法后来成为国际上公认的二噁英类化合物分析经典方法。我国对二噁英的研究始于20世纪80年代，1987年起，学者便陆续在国内外学术刊物上报道有关二噁英类化合物研究的最新成果，但是直到20世纪80—90年代，我国尚未系统开展二噁英类污染环境的监测，国内缺乏对二噁英类污染源的控制对策。当时我国能检测的二噁英类样品种类、数量、范围都很少，且取得的数据远不能描述我国二噁英类污染的现状。我国二噁英类污染的来源一是工业化学品生产中产生的副产品和杂质，二是在垃圾焚烧时产生。因二噁英的严重危害性，徐晓白感到加强对环境中二噁英类污染问题的研究与管理刻不容缓！

20世纪80年代末至90年代初，徐晓白通过一系列的研究，率先引进用同位素稀释—高分辨气相色谱/低分辨质谱联用方法检测二噁英类化合物。徐晓白的工作，为二噁英类化合物检测建立了比较成熟研究方法，在这样的基础上，徐晓白团队发现了中国当时二噁英类化合物带来的环境污染的重大问题：中国采用六六六热解生产三氯苯的工艺导致产生最大的二噁英类污染。

六六六是曾经辉煌一时的杀虫剂，其成分是六氯环己烷，对昆虫有触杀、熏杀和胃毒作用，因其对人、畜都有很大的危害性，于20世纪60年代末被禁用。三氯苯是用于农药、染料以及其他方面的有机原料和中间体。尤其是我国农业生产所需的农药，如五氯酚钠、六氯苯、三氯杀螨砜等，需要大量的三氯苯来生产。利用六六六热解法生产三氯苯，容易导致工厂的生产工人职业中毒。以沈阳化工厂六六六提纯车间1976年统计的数据[1]来看，28名从事六六六热解法生产三氯苯的工人中，产生职业性皮肤病的占92%。六六六热解生产工艺带来的危害很多，通过检测样品，徐晓白发现六六六热解残渣中造成了大量的二噁英类污染，例如在用氯苯水解法生产五氯酚，很容易产生二噁英类副产品。

1990年3月，徐晓白和她的同事蒋可（第一作者）在《环境科学学报》（1993年第10卷第1期）发表了题为《质谱/质谱法（MS/MS）快检出国产五氯酚中的痕量剧毒杂质——四氯二苯并呋喃（TCDF）》一文，此文报道了徐晓白等利Finnigan公司提供的MAT TSQ质谱仪，快速鉴定由卫生部门提供的三氯苯残渣样品中的痕量二噁英类化合物，他们的工作在国内工业化学品中首次证实了四氯二苯并呋喃（TCDF）副产品的存在。徐晓白团队的发现引起了国内环境化学家和生态专家的重视。

1990年，徐晓白团队利用从大沽化工厂和沈阳化工厂以六六六热解生产多氯苯残渣样品，采用HRGC/MS法并用分族选择离子检测法，检测二噁英类污染物，他们确定地发现："六六六热解生产多氯苯的残渣中含有大量PCDDs和PCDFs，其量约占残渣总量的40%……为世界罕见，尽管该残渣尚未进入环境，但无疑对环境具有极大的潜在危害。"[2]

---

[1] 沈阳化工厂六六六提纯车间，六六六加压水解制三氯苯新工艺。《辽宁化工》，1976年第3期，第13-16页。

[2] 包志成，丁香兰，张尊，徐晓白：六六六热解残渣中PCDDs和PCDFs的测定。《化境化学》，1990年12月，第9卷第6期。

关于二噁英类污染研究，不能不提到的一个人便是徐晓白的博士研究生郑明辉，他后来成为中国科学院生态环境研究中心的研究员、博导，也是环境化学与生态毒理学国家重点实验室的常务副主任，在环境化学领域做出了很多成绩。徐晓白对学生们未来的方向都有安排，她据此为学生们安排了在读期间的课题任务，而郑明辉博士便是徐晓白为深入研究PCDT而专门招收的一名学生。郑明辉记得徐晓白指导自己课题的事情，老师让他做一些有关二噁英的研究，这也是当时值得研究的一项任务。郑明辉在二噁英类污染上做了很多工作，他的博士论文便是以二噁英研究为方向，题为《二噁英的生成及降解机理研究》。他在老师指导下，聚焦于我国的化工和造纸等典型行业的生产工艺，结合我国二噁英污染的现状，探讨了二噁英在环境中的来源、分布和迁移及转化的规律。在博士毕业以后，郑明辉也没有停止对二噁英问题的探讨。

在已经做了一番深入研究的基础上，徐晓白认为，我国应该重视二噁英污染带来的危害，国家应有专门机构来做这项研究，控制污染。1999年7月16日，徐晓白与郑明辉联名，给国家环境保护总局写了一封信，就所调研到的二噁英污染的情况，建议成立2～3个国家级二噁英实验室，现摘录信件内容如下：

尊敬的领导同志：

从今年5月底开始的比利时饲料二噁英污染风波已逐渐平息，这次污染事件不光给比利时本国带来了近10亿欧元的损失，也在全世界范围内造成了强烈反响。二噁英这个中国公众还非常陌生的化学名词几乎在一夜之间家喻户晓。人们不禁要问类似的二噁英污染事件是否会在我国重演？通过对目前我国已知二噁英类生成源和二噁英类在局部环境介质中含量的初步调研的结果显示，在关于二噁英污染问题上，我们绝非某些媒体宣称的那样可以隔岸观火，高枕无忧。

二噁英类是持久性有机污染物，其化学性质稳定，难以生物降解，已证实此类化合物可通过食物链富集。二噁英类不仅具有剧毒性、强致癌性还能影响正常荷尔蒙分泌，因此又被称为环境雌激素。

工业发达国家非常重视二噁英类污染源的控制和二噁英类环境污染的治理。美国在1988—1992年投资10亿美元用于造纸行业二噁英类的治理，使二噁英类的环境释放量减少了90%。澳大利亚政府为迎接2000年奥运会，花费6600万美元清除悉尼湾二噁英类含量过高的底泥。

二噁英检测和研究难度很大，费用十分昂贵，在目前国力下还不可能做到检测和研究工作的普及，但建立2—3个各具特色的国家级二噁英实验室成为当务之急。所谓各具特色是指的除建立能按国际标准检测复杂样品中痕量二噁英的权威检测实验室之外，还应建立以二噁英生成、降解及污染控制对策为主要研究内容、能代表国家级研究水平的实验室。这不仅可为我国制定工业污染源二噁英污染控制法规或标准、食品中二噁英含量限制标准、二噁英污染治理措施提供技术支持，还可使我国政府在进出口产品（主要是食品和化工产品）管理、国际贸易纠纷、环境外交等方面处于更加有利的地位，同时可以开展有关国家安全的环境灾难事件的预防及处理对策（如科索沃战争中南联盟化工厂被炸，随浓烟烈火大量二噁英释放到环境中，其生态环境和人体健康影响将逐渐显示出来）。

以上建立2—3个国家级二噁英实验室的建议请领导考虑。

中国科学院生态环境研究中心
徐晓白院士，郑明辉博士
1999/7/16 [①]

徐晓白饱含责任感，有理有据，建议国家投入二噁英研究。师生两人的建议很快便得到了国家环保总局的回复。1999年8月4日，国家环保总局发出一份题为《关于加强我国环境中二噁英污染问题研究与管理的建议》，这封建议书里指出，我国急需加强对环境中二噁英污染问题的研究和管理，并提出了一系列的建议：

---

① 徐晓白信件，资料存于采集工程数据库。

1. 尽快建立能够按国际标准检测复杂样品中痕量二噁英的权威检测实验室；

2. 制定和实施二噁英测定方法和排放标准；

3. 开展有针对性的调查，摸清我国环境二噁英的主要来源、分布和污染现状，划出"高风险区"；

4. 研究制定控制二噁英污染环境的对策；

5. 争取用 3—5 年时间逐步加强能力建设，形成我国防治二噁英污染的综合能力，并为开展相应的环境外交提供支持。[①]

徐晓白带领同事和学生研究二噁英在环境中的存在、迁移转化和降解、生态毒理效应、定量结构与活性关系，以及其对生态系统结构与功能的影响。他们的研究发现了国内二噁英等重大污染源及其生成机理，提高了有关污染物的结构活性研究的综合性和理论性，建立了特定污染源多介质环境的稳态平衡、非平衡模型的动态模型和多介质环境循环模型，并发现了一些新的现象和新规律，在此基础上提出了具有科学性的生态调控对策，为阻断及防治相应污染提供了科学依据。

开拓新研究，探寻环境化学的新深度

20 世纪 70 年代中期到 80 年代中期，除了对大气污染物的研究外，加强对环境毒物的控制管理成为国内外重视的重大环境问题之一，这也是 21 世纪环境科学研究中的重点课题。20 世纪 80 年代，徐晓白组织科研人员开展了有机污染物痕量、超痕量分析技术的研究。

痕量一词的含义随着痕量分析技术的发展而有所变化。痕量分析包括

[①] 国家环境总局：《关于加强我国环境中二噁英污染问题研究与管理的建议》。资料存于采集工程数据库。

测定痕量化合物在试样中的浓度，以及用探针技术测定痕量化合物在试样中或试样表面的分布状况。徐晓白采用色谱和质谱等技术建立了多种环境样品中复杂有机物的痕量分析方法，检测灵敏度达到皮克（10^{-12}g）级，如地下水、地表水和饮用水中检出皮克级硝基多环芳烃。在中国分析仪器装备还比较落后的20世纪80年代，徐晓白领导的课题组及参加她负责的科研项目的研究群体在痕量复杂有机污染物净化分离方法、同类物识别、检测灵敏度等方面的研究接近国际先进水准。徐晓白的研究建立了复杂环境样品中痕量及超痕量的有机污染物的一系列分析方法。这些研究成果为中国及早发现并解决持久性有机污染物环境污染问题提供了重要技术保证。这一时期，徐晓白和她的团队引进和吸收了国外一系列有机污染物监测的方法，并结合国情进行了改进，促使一批分析方法为国家环保局采纳，成为中国第一批有机污染物的环境检测国家标准。徐晓白的工作发展了我国环境痕量有机分析的方法，促进了有机分析化学方法规范化。

在徐晓白的倡导和领导下，以她的学生储少岗为主的相关团队对多氯联苯（PCBs）污染进行调研分析，她不仅利用痕量分析方法测出一般环境样品与生物体中多氯联苯的总量，且进一步认证不同毒性多氯联苯同类物异构体的定量分布。其中一个例子是20世纪90年代，徐晓白曾前往浙江温台地区考察多氯联苯污染情况。

20世纪80年代以后，在改革开放的大潮下，随着国内经济快速发展，各地生产速度加快，环境治理跟不上，国内多地出现了严重的化学品污染问题，尤其是多氯联苯污染问题十分严重。徐晓白注意到各地有关多氯联苯污染的报道，感到问题已经十分严重，将注意力转向了多氯联苯对环境污染的研究。在她的领导下，以其学生储少岗博士为主的多人，前去污染最严重的的温台地区深入考察，寻求污染源头和解决办法。在身体允许的情况下，徐晓白也亲自前往被污染地区采样，对当地的大气、土壤、生态情况进行检测。徐晓白了解到，在温台地区的一些乡镇里，村民以经营废旧电器的拆卸为业，利用并回收其中的废钢材、铜材以及废铝箔等，用这些材料来生产玻璃台架等物品。这些废旧电器中有一部分为变压器和电容器，其中电容器大多是以多氯联苯为电介质的国产电力电容器。在拆卸过程中，除了少数电介质得到回收后用作化工原料外，大多数流失在环境中。1985年，该地区便发生过多氯联苯污染环境的事件，1989年是该地区多氯联苯污染发展规模最大时期，流失于环境中的多氯联苯多达10万吨，该地区的土壤、河道，甚至农副产品和饮用水都遭到了不同程度的污染，且该地区拆卸电容器而制成的日用品也流入了市场，带来了许多不利的影响。该地区多氯联苯污染对环境带来了极大破坏，于20世纪90年代初期，造成了令全国瞩目的特大型PCBs污染事件。在此以后虽然经过有关部门干预，污染情况有所好转，但在1992年底，经过检测，发现多氯联苯污染依然存在。这样大规模、集中性的多氯联苯污染，在国内外都是少见的。温台地区的污染情况触目惊心，在了解到污染始末后，徐晓白敏锐地意识到电子垃圾拆解产业带来的污染物将对该地区造成持久性影响。从1993年开始，她带领以储少岗为主的一个科研小组，在国内率先以温台地区为基础，陆续开展了于多氯联苯相关的环境污染现状、土壤—

图8-2 20世纪80年代徐晓白参加中国科学院环境有机污染物分析方法学术报告会审稿会

（第一排左五：徐晓白）

植物体系及多氯联苯等污染物在水—底泥—水生生物体内的迁移和转化等项目研究。

徐晓白团队调研了温台地区污染的缘由，提取了污染地的水、土壤、底泥、各类生物样品，通过数值对比，对当地PCBs污染情况做了调查。因当地水源污染严重，徐晓白团队对当地的鱼类体内的PCBs做了重点检测，从而探索了环境污染对生物的影响。他们的研究工作表明了无序的变压器拆解已经对温台地区环境造成了严重的污染，原始粗放的拆解方式是造成PCBs污染的主要原因。经过两年多紧锣密鼓的实地调研和室内研究后，从1995年到1997年，徐晓白的团队根据多年来的调研情况，撰写研究报告，在学术刊物上发表了一系列有关多氯联苯的性质以及环境行为研究论文。随着他们的研究成果陆续公布之后，科学界里也有越来越多的人注意到电子垃圾污染对人体健康带来的风险等问题。

尽管已经对温台地区污染情况作了多次考察，徐晓白仍然无法对当地污染带来的破坏以及后继治理情况完全放下心来。1999年，她亲自主持了温台地区多氯联苯污染恶果及触发的流行病学调查。这一年的9月10—16日，在她的精心部署下，她的学生杜克久等人前往山东村山坡下的水田，台州市的路桥，以及三丰江、石油中学所在地采样。此次调研，主要是调查当地因水土污染而危害到民众健康的问题，查阅她的工作笔记，上面清晰地记录着她提出的调研目的和考察方向：

> 流行病学调查了解情况：
> （1）妇女乳癌的发病情况（白象、路桥）（癌症死亡）；
> （2）男性病情况（如男子不育等）（白象、路桥）；
> （3）10岁左右儿童健康状况（三山乡中学、石油中学）；
> （4）新生儿健康状况（白象、路桥）畸形儿。[①]

通过对大量对污染地样本调查，徐晓白认为，多氯联苯污染造成的危

---

① 徐晓白对浙江采样的安排，1999年9月。资料存于采集工程数据库。

害是多方面的，不仅影响一个地区，还对河道、海湾、水产品带来不同程度的影响，且会对人们的健康造成危害，尤其是多氯联苯除了急剧毒性外，还有神经性毒性和致突变性，将对新生儿生长带来不良且难以弥补的影响，徐晓白对这样的现状深感痛心。她感到，加紧调查，提出解决方案非常重要，同时，她强烈呼吁有关部门将多氯联苯监测纳入环保部门的检测项目中。

徐晓白及其团队的工作探察了温台地区多氯联苯污染情况带来的诸多问题，建立的工作方法及解决的问题包括：以高灵敏度检测出实际环境样品（水、土、气）中多氯联苯不同毒性异构体在该环境中的分布转化，并了解其光解过程与机制；建立起实际样品中高毒性多氯联苯的分离、分析方法，成功地检测出鱼体及土壤样品中 ppt 数量级的三种共平面型多氯联苯的含量，这一数据是我国该项研究工作的第一次报道；研究了多氯联苯对鱼类等水生生物的富集效应及生态毒理；通过对多氯联苯单晶 X- 射线分析，了解多氯联苯的结构、毒性、降解之间的内在联系；通过对多氯联苯结构和在不同溶剂中的光解行为进行研究，探讨多氯联苯的光降解特性，徐晓白课题组在国内首次提出这一方法，对有毒化学品的处理效果和评价有重要影响。

徐晓白通过调查温台地区多氯联苯污染的研究，建立的这一系列的工作方法，后来还被广泛实践于北京、山西及台州电子垃圾拆解地的环境调查，不仅成功地揭示出这些区域的环境污染问题，并且帮助制定解决和治理污染的方法途径，在学界引起了好的反响。在跨入新世纪后，徐晓白的学生们秉承了老师的衣钵，他们在台州地区继续调研，开展了多氯联苯类似物—多溴联苯在土壤—植物体系中的迁移转化、生物体中的蓄积及消除、动物源性膳食污染等研究项目。这些工作和研究成果对环境部门制定排污、治污政策提供了重要依据。在发展有机毒物痕量、超痕量分析技术的同时，结合生态毒理发展交叉学科，徐晓白开拓了化学品安全性研究（或称潜在危险性评价研究），为控制管理提供了科学依据，也为之后学术界开展相应研究打下了坚实的方法学基础。

徐晓白的研究，结合了化学和生物学，除了对多氯联苯污染的研究之外，她的工作还包括农药的环境行为和硝基多环芳烃致突变的机理研究，等等。她的调查思路从来不是着眼于单一环境介质的调查，而是遵从"水—土—气—生物"的方向，把环境作为一个整体来进行综合考察，通过考察污染物对生物体的影响，揭示环境行为对人体健康的影响。

在农药的环境行为研究方面，徐晓白团队在这个方向上取得了较大的突破。例如，1995年，她和莫汉宏以及学生储少岗等人，承担了"地球化学生态环境填图有机氯农药部分"课题任务，对DDT[①]以及六六六等我国使用历史最长、范围最广的农药做了研究，对有机氯农药对环境的影响做了一番探讨。他们在大量的实验和现场调研后发现，DDT在施入土壤以后一年，其残留仍然高达80%。它在环境中不容易消失，通过食物链富集造成了不良的生态后果。甚至因为DDT的类雌性激素作用，对生物种群的分布也造成了影响。

图8-3 1997年徐晓白在"典型化学污染物在环境中的变化及生态效应"项目验收会上作报告

关于硝基多环芳烃致突变性的机理研究，这也是徐晓白长久以来关注的问题，她把这项研究工作进行总结，并纳入到"典型化学污染物在环境中的变化及生态效应"重点课题中做了一番总结和归纳。

作为一名对国家和公众有强烈责任心的环境化学家，徐晓白很清楚地看到和知道，随着我国经济的快速发展，环境污染的问题也越来越严重，甚至已经危害到了人类的生存，影响了生态环境，控制并解决环境污染问题刻不容缓！

1992—1996年，徐晓白主要从事"典型化学污染物在环境中的变化及生态效应"课题，这是国家自然科学基金委部署的重大项目，主持单位是中国科学院生态环境研究中心、南开大学环境科学系、中国科学院动物研究所，参加单位有中国预防医学科学院环境卫生与卫生工程研究所、东

---

① DDT（滴滴涕），二二三，化学名为双对氯苯基三氯乙烷，是有机氯类杀虫剂。

北师范大学环境科学系、南京大学环境科学系、中国科学院植物研究所、中国科学院微生物研究所、中国科学院青岛海洋研究所，共 100 多人参加，徐晓白是负责人，承担者还有南开大学教授戴树桂、动物所研究员黄玉瑶。

因为典型化学污染物中不少具有难降解、易积累、生物毒性大等特点，并对人体和动物体有致癌、致畸、致突变的作用，因此这项研究，选择国产新农药单甲脒、有机锡、砷、硒、氯代芳烃、多环芳烃及其衍生物、氯代二噁英等典型污染物为研究对象，并利用环境化学、生态学、毒理学、环境卫生学等多学科的研究方法，"旨在研究国产新农药、有毒金属有机化合物、潜在有机致癌物、有机氯化合物等典型污染物在环境中的存在、迁移转化及降解的过程，在多介质环境中的循环过程及模型，生态毒理学效应，对生态系统结构与功能的影响，建立一套综合研究污染物化学行为和生态效应的先进方法，弄清典型污染物在环境中的变化规律及生态效应机理，并提出生态调控对策"[1]。

这个课题内容复杂、涉及学科广泛，下设五个小课题，共 7 个小专题，采取分头并进、彼此协调、前后衔接、综合深化的方式来研究。徐晓白领衔主持了其中的"典型化学污染物在环境中迁移转化及降解的化学过程研究"课题，她带着中国科学院生态环境研究中心的 62 名工作人员，在四年多的时间里，对单甲脒、有机锡、多环芳烃衍生物、硝基芳烃、饮用水氯化过程中产生的有机氯化物和二噁英的生成、迁移、转化、富集及讲解等环境化学行为，以及环境中的硒优势形态配位反应，有机锡、砷烷基化过程及机理研究。其中，硝基多环芳烃的致突变活性与结构的关系研究是徐晓白小组工作的一个重心。徐晓白以硝基多环芳烃化合物为对象，研究它们的性质、环境行为和生态效应，以大量的数据来建立必要的结构活性关系，并对这类重要污染物的潜在危险性进行预测和评价，提出预防和治理措施，以达到减少污染、改善人类生存环境的最终目的。徐晓白结合生态毒理开展交叉学科研究，在国际上较早研究 NO_2-PAH 在水生生态系统中的行为建立了 20 种结构性质毒性（QSAR）。

---

[1] 徐晓白、戴树桂、黄玉瑶主编：《典型化学污染物在环境中的变化及生态效应》。北京：科学出版社，1998 年，前言。

在承担"典型化学污染物在环境中的变化及生态效应"课题期间，徐晓白在国内国外都进行过一番考察，目的是借鉴国内外最新的研究成果和研究方法，对自己所主持的项目进行改进。1994年3—5月，徐晓白来到美国访问，她是在基金委的资助下，来这里调研的国外对环境污染治理的办法。3月4日，她抵达纽约，在此后的近一个月里，她先后参观了罗德岛海洋研究学院、Beltsville农业部研究所、乔治亚州athens的EPA实验室、田纳西橡树岭国家实验室、德克萨斯州农业及机械大学，3月26日，她抵达旧金山。她感到这一路上收获很大，在写给丈夫胡克源的信件里，她也不忘提起自己看到的美国对于环境污染防治情况：

> 这一路参观收获不少，大体上感觉基金委确定的方向还是这里环境研究的一个前沿领域，当然，像环境变化及归宿之类的研究也有一段历史，但由于过去先污染后治理，所以后患无穷（例如橡树岭过去废物随便填放，现在有的地区水中、树上、动物都有放射性，我们到一个试验场所参观，他们就有专人来检测脚底有无沾放射性，大量——不是小数——金属汞到地下也不知哪里去了）现在的工作一则重视与生态风险评价结合为整体工作。另外则重视治理工作，Bioremediation 很多，不少工作与生命科学结合，Biomarker也时兴，关于PAH，PCB工作不少。①

在考察的基础上，徐晓白感到自己所从事的课题有继续研究的价值。回国后，她于1994年12月21日给时任中国科学院副院长的徐冠华以及有关部门写信，汇报情况，请求院里继续支持并关注"典型化学污染物在环境中的变化及生态效应"这一研究方向。徐晓白对徐冠华陈述了她在1994年3月，前往美国的研究单位考察的情况，她说：

> 得到的印象，美国工业化后，污染严重，现生态环境虽逐渐在恢

---

① 1994年3月31日，徐晓白在美国写给胡克源等人的信件。

复，但与我们重大基金相关的"化学污染物在环境中的表征、环境行为、归趋以及生态毒理效应"仍是研究的前沿，而且得到 DOE 等多方资助，70 人年经费就达 600 万美金。我国目前污染实际上非常严重，城市人口死亡率癌症已占首位，这不能不说与环境污染密切相关，因此我认为这个课题应很好完成并坚持下去。[①]

徐晓白的信得到了院里的重视，她的课题也获得了继续资助。1996 年课题结题验收时，由徐晓白领衔主持的这个项目在结题验收的时候获得了大丰收。160 名项目成员，在四年的时间里，较好地完成了预期研究目标，共在国内外核心刊物上发表了 200 多篇学术论文。该项目对典型化学污染物的环境行为和生态效应做了研究，分析了它们对我国环境的影响，并依据生态学原理提出对典型污染物的生态调控对策，为国家有关部门制定污染控制战略提供了科学依据。在汇集研究成果的基础上，课题组形成了题为《典型化学污染物在环境中的变化及生态效应》的专著，经由科学出版社于 1998 年结集出版。与之相关的，徐晓白还承担了一项重点课题"有毒有机物环境化学行为和生态毒理"。这项课题在结题评审时，得到了评审专家一致好评，写下了这样的评语为："硝基多环芳烃的环境行为和毒理研究中所建立的分析方法、化学降解研究和化学计量学、量子化学计算和应用达到国际同类工作先进水平。"

徐晓白十分关心有机污染物的毒理问题，她带领团队，运用环境毒理学的研究方法对有机污染物进行了深入分析。环境毒理学是环境科学和毒理学的一个分支，它是从医学及生物学的角度，利用毒理学方法研究环境中有害因素对人体和生态系统尺度影响的学科。其主要任务是研究环境污染物质对机体可能发生的生物效应，作用机理及早期损害的检测指标，为制定环境卫生标准做好环境保护工作提供科学依据。它是利用毒理学方法研究环境污染物对生物体的影响及其机理的学科，是环境医学的一个组成部分，也是毒理学的一个分支。

[①] 徐晓白写给徐冠华的信，1994 年 12 月 21 日。资料存于采集工程数据库。

徐晓白敏锐地看到，环境化学与生态毒理研究是十分有前景的方向，她安排年轻的学生们也加入到这一研究中来，在她的安排下，学生们都有了相关的专题方向，早早便确立了可以长期从事的研究方向。当时她密切关注的一个问题是，环境污染对生物体到底有什么影响？这也是结合了环境化学和生物学的一个交叉研究方向。

2000年，徐晓白曾指导自己的博士研究生杜克久完成论文《一些环境有机污染物雌激素生物效应研究》。2006年，徐晓白的学生秦占芬发表了题为《非洲爪蟾在生态毒理学研究中的应用：概述和实验动物质量控制》一文，这也是她在2002年完成博士论文《综合评价内分泌干扰作用的动物模型——非洲爪蟾模型的研究》之后的又一项研究成果。在这篇文章中，秦占芬和徐晓白在文中写道：

> 据世界卫生组织统计人类80%的疾病与环境污染有关。尤其近年来，随着有关环境污染物导致的动物内分泌失调、生殖功能障碍、性别逆转及生态环境恶化、生物多样性降低等报道的增加，环境污染物的毒理作用成为一个人们不得不重视的问题。①

由此已经可以看出，徐晓白已经有远见卓识地看到了生态毒理学研究的重要性，关注于化学污染物对生物种群、群落和生态系统产生的生态学和毒理学影响，由此带来了污染物在环境中的命运改变，这是一系列令人关注的问题。可以说，她走在了环境化学与生态学交叉的前沿。学生秦占芬钦佩老师的眼光，她在老师的指导下，以非洲爪蟾为研究对象，详细分析这种两栖动物因环境污染物影响，造成的性别分化、数量、质量等变化的情况。在这项由国家自然科学基金、国家高技术研究发展计划和国家重点基础研究发展规划资助的项目研究中，秦占芬之所以以非洲爪蟾为研究对象，主要是因为这种两期动物的胚胎和幼体是直接暴露于水中，因此对环境污染物十分敏感，可用于内分泌干扰物的性激素干扰作用和生殖毒性

---

① 秦占芬、徐晓白：非洲爪蟾在生态毒理学研究中的应用：该书和实验动物质量控制。《科学通报》，2006年第51卷第8期。

的研究。在进行了大量的动物实验以后，秦占芬与徐晓白多次联合撰文，描述了这一生物在环境污染中的性状、质量改变的情况。该研究也得到了业界的关注。徐晓白关注这一方向的工作，在她的指导下，她的多名硕、博士学生都专注于与此相关的研究，并取得了成果。

徐晓白和其团队在有机污染物方面的研究工作结合了化学、生物学、生态学等多项学科，尤其是利用生物学知识探讨环境污染的毒性，属于学科交叉研究，她和她的团队所做的研究，加深了学界对污染物生态毒理和对人体健康影响的认识。

图 8-4 2005 年"典型化学污染物环境过程机制"获得国家自然科学奖二等奖

第八章 环境保护新话题

第九章
夕阳无限好

　　自从转向了环境化学研究，徐晓白肩上总是挑着一副沉甸甸的担子。她常常考虑的一件事是，人类在生产、生活中产生了许多化学品，其中一些化学品对人类赖以生存的环境造成了许多危害。她四处奔走，呼吁有关部门要多渠道、全方位防治环境污染。她的工作为国家制定环境保护政策提供了许多科学依据。为了环境化学事业后继有人，她还花了大量时间和精力，把自己一生所学毫无保留传授给了有志投身环境科学事业的下一代。桃李不言、下自成蹊，徐晓白的科学精神默默感染、影响着她周围的每一个人。

为中国加入并履行《斯德哥尔摩公约》提供科学依据

　　环境化学是研究化学物质在环境中的行为和效应，及其调控途径的一门新兴科学。这门科学是化学学科的重要分支，也是环境科学的重要组成部分。随着研究这门科学的人越来越多，人们对保护环境、实现持续发展问题越来越重视。环境化学在国际上成了环境与资源问题的热点之一。

自从转入环境化学新领域后，徐晓白对环境污染问题尤其关注，她在自己的一篇论文里曾引用过1987年世界环境与发展委员会出版的《我们共同的未来》一书中的一句话——"将环境保护和持续发展统一起来"，不能把污染作为"进步的象征"。徐晓白说：

> 严峻的事实是：五十年代以来，随着工农业生产的发展，各类化学品进入市场。国际上相继发生了水俣病（汞中毒）、米糠油事件（PCB中毒）等许多严重公害事件。1984年印度博帕尔农药毒气（异氰酸甲酯）泄漏事故，更是世界上最严重的工业灾难。1986年冬瑞士某化学厂仓库火灾，有毒化学品被排入莱茵河，不但导致鱼类死亡，而且影响了下游国家饮水质量，等等，这一切引起世界范围对环境潜在毒物的重视。
>
> ……每年有千余种新化学品进入市场，进入环境中的也相当可观。极为遗憾的是，人们对进入环境的绝大部分化学物质，特别是有毒有机化学物质在环境中的行为（光解、水解、微生物降解、甲基化、吸附、淋溶、挥发、生物富集等）及其可能产生的潜在危害迄今尚无所知或知之甚微。更何况有些有毒物质是作为杂质或中间物或代谢物出现的，对之则更缺乏研究。以致相当长一段时期以来流传一种错误的传统观念："经济和环境只有一种选择"。然而，造成灾难性后果的严重事故不断增加，数以千计的危险废弃物堆放点引起的严重后果又是新出现的一类严重问题。"污染影响的广泛性、积累性、持久性，其程度远超认识水平"，以致污染问题已成为经济继续发展的一个制约因素。
>
> ……有毒化合物环境转归和潜在毒性的研究是国民经济持续发展所必需的工作。[1]

---

[1] 徐晓白：有毒有机化合物环境转归和潜在毒性研究若干动态.《环境化学》，1991年第3期，第36-40页。

徐晓白以强烈的责任心呼吁要重视化学品毒性对环境的污染带来的危害，在当选为院士之后，徐晓白并未安于院士的头衔，松懈下来。有感于国家和学术界对她的认同，徐晓白工作的热情更高了。徐晓白的晚年对化学污染物对环境污染问题十分关注，这也是与她的研究方向密切相关的。早在1996年的院士大会上，她就发表了一篇题为《化学（物质）污染与可持续发展》的报告，报告里谈到：

> 我们正生活在一个化学品充斥的世界里面，在过去的40年，全球化学品的种类与年产量均以指数关系急剧增长，到1993年已近4亿吨。现在大约每隔10年产量就翻一番，而人类普遍使用的化学品大约有8万种之多，它们对提高人类的生活水平起了（还正在继续起着）不可磨灭的作用，产生了巨大的效益。但遗憾是它们之中不乏有毒有害的化学品，例如：汞、农药、氯乙烯、多氯联苯等。在化学品的生产、运输和使用过程中，曾发生过多起严重的污染事故，造成巨大的生命和财产损失。[①]

徐晓白提到，化学品对大气、水资源都造成了很大污染，会造成新生儿畸形、疾病等许多不利的影响，她呼吁，绝不能走"先污染、后治理"这条老路，一定要"以国家、民族乃至全球全局长远利益为基点，不贪图眼前的局部利益，不危害他人、不危害子孙后代，保护环境，持续发展，这实际是精神文明和物质文明的统一"。她提出："我们应建立自己的研究体系，促进有关控制法令管理体系的建立和健全，以及正确实施，并建立环境保护人人有责的思想和新风尚，吸取和发展各种现代化科技知识，减少污染，为可持续发展做出贡献。"[②]

徐晓白关注化学品与环境污染的关系，深知一些排放于环境中的持久性有机污染物对环境带来的危害更大，这类污染物甚至会造成生态的失衡，她在经过多方了解后，在一段较长的时间内，把精力放在了为中国加

---

① 徐晓白：《化学（物质）污染与可持续发展》。1996年院士大会发言稿。
② 同①。

入并履行《斯德哥尔摩公约》提供科学依据的问题上来。

《斯德哥尔摩公约》全称是《关于持久性有机污染物的斯德哥尔摩公约》，其产生的背景是源于人们对持久性有机污染物（Persistent Organic Pollutants，即POPs）污染的关注。持久性有机污染物指人类合成的能持久存在于环境中、通过生物食物链累积、并对人类健康造成有害影响的化学物质，它具备四种特性，即：高毒、持久、生物积累性、远距离迁移性。持久性有机污染物对人类的生存和长远发展有很大的危害。

20世纪80年代，科学家在北极环境中的北极熊等动物体内检测到有机氯化合物，还发现爱斯基摩人母乳中有机氯化合物的浓度高于魁北克南部的女性，这一发现使得国际社会开始关注有机氯化合物在全球范围内的污染问题，并由此缔结了一系列国际性的涉及持久性有机污染物的环境保护协议，例如1992年《保护波罗的海区域海洋环境公约》《保护东北大西洋海洋环境公约》《防止黑海污染公约》，等等，这些环境保护协议都是通过减少和抑制有毒有害物质的排放，达到防止和消除污染，促进生态恢复和生态平衡等目的。

鉴于持久性有机污染物对人体健康和环境造成越来越严重的危害，尤其是许多持久性有机污染物通过空气和海洋进行远距离传输，造成污染出现于远离其排放源地区的情况，1995年，联合国环境规划署理事会第18届会议在审议后，通过了由智利、哥伦比亚、印度尼西亚、毛里求斯、莫桑比克、新西兰、挪威、秘鲁、波兰、罗马尼亚、塞内加尔、南非、斯威士兰、美国、津巴布韦及欧盟联合提出的关于持久性有机污染物的GC18/32号决定。该决定强调了推动对持久性有机污染物科学评估的迫切性，决定开展对部分持久性有机污染物物质进行评估，并在此基础上对国际行动提出建议和信息。

1995年年底，化学品安全国际方案组织专家对12种持久性有机污染物[①]做了评估，对它们的特性和环境行为、化学和毒理学性质、环境归宿

---

① 滴滴涕、毒杀芬、氯丹、六氯苯、七氯、灭蚁灵、艾氏剂、狄氏剂、异狄氏剂、多氯联苯、多氯代二苯并二噁英和呋喃。

和传输、用途来源和替代物等内容做了具体分析，并完成了评估报告，报告中提出，持久性有机污染物对环境和人体健康有巨大危害，必须采取国际性的，有效地在全球消除这些物质。在此之后，1997年2月7日，联合国环境规划署理事会第19届会议通过了GC19/13号决定，要求联合国环境规划署和相关国际组织一起筹备政府间谈判委员会，任务是在2000年年底之前制定一项具有法律约束力的国际文书，对12种持久性有机污染物采取国际行动。该决定还要求政府间谈判委员会成立持久性有机污染物筛选标准专家组，为国际文书将来增列管制的持久性有机污染物质制定科学的标准和程序。接下来的1997年5月，在第15次世界卫生大会上，通过了一项关于持久性有机污染物问题的WHO50.13号决定，号召各成员国遵循和执行联合国环境规划署和世界卫生组织关于POPs的决定。从1998年开始，政府间谈判委员会历经三年的谈判，终于形成了《关于持久性有机污染物的斯德哥尔摩公约》。

关于中国加入《斯德哥尔摩公约》，以及加入后的履行情况，也经历了漫长的过程。徐晓白多次奔走，做了很多工作，为促成中国加入并履行公约提供了科学依据。

1997年7月17日，徐晓白和她的学生储少岗给国家环保局王扬祖副局长写信，请求对"持久性有机污染物类（POP）化学品环境和健康危害评估及其控制对策研究"给予支持。她希望对危害较大的几种化学品立题立项，展开工作，并建立"我国环境中DDT、六六六等POP污染残留特征研究"项目，并从以下几个方面进一步开展工作：

（1）联合国UNEP

图9-1 徐晓白在学术报告会上介绍《POP国际公约》

新规定的若干种 POP 的调查（包括六六六,五氯酚及五氯酚钠）；

（2）土壤中六六六、DDT 统一分析方法的建立及验证；

（3）我国不同地区土壤中六六六、DDT 残留表征初步研究；

（4）我国有机氯农药对策研究。

徐晓白带领她的团队，对持久性有机污染物类化学品问题进行了一些探索。

徐晓白早已经意识到持久性有机污染物对中国有很大的危害和影响，通过调查，她知道中国还在生产和使用氯丹、灭蚁灵和滴滴涕等对环境有很大危害的农药，且尽管在 20 世纪 70 年代已经停止生产毒杀芬、多氯联苯和七氯，但因为经济、技术、意识和管理水平的限制，对上述持久性有机污染物的废物和污染场地未及时妥善管理与处置。并且，中国是二噁英排放量较大的国家，但当时对二噁英排放控制措施有限，二噁英污染较为严重。鉴于上述现状，1998 年 8 月 12 日，徐晓白给国家环境保护局的领导解振华写信，谈到她对持续性有机污染物的一些想法，并恳请国家环境保护局对 POPs 问题立项，并支持有关的调研及研究工作。徐晓白在信中提到：

> 鉴于这些持久性有机污染物的致癌性，生殖危害性及其他健康、生态影响（并能远距离转移），持久性，生物富集特征，在国外越来越多引起人们的重视，对我国来说也不能掉以轻心（参见夏堃堡及本人材料）。因为它们涉及我国持续发展及生态的大问题，其次从上海外贸近况报道一则来看，发达国家为保护本国商品市场竞争，而设置了无形的"绿色贸易壁垒"，而这种环境贸易制裁，对我国来说不是局部区域性的，而将是全局性的，我们无法回避，而只能迎头赶上去，与国际接轨摆脱困境。再者联合国理事会决议 GC18/32（1995），GC19/13（1997）早已决定将 12 中 POPs 争取纳入全球性的控制准则，而且比较明确 2000 年前，要定为全球性有关决议。夏堃堡同志的文章可能反映了环保总局领导的意志，很及时，同时也反映了我们的希望。我们也希望再接再厉，继续做出贡献。……希望总局对之能下决

心，尽早设立一个新项目，继续支持有关的调研及研究工作，同时对这不可能避免，终究要实现的POPs法规的国际活动进行大力支持，全面进行活动。①

对于徐晓白的来信，国家环境保护总局的领导解振华看到后，非常重视，并及时做出了回复：这项工作要统筹安排，早做工作！

2004年，徐晓白联名向政府上书，呼吁中国尽早加入《斯德哥尔摩公约》。她还向我国《斯德哥尔摩公约》履约办公室写下了一封题为《关于及早做好履行〈斯德哥尔摩公约〉准备的建议》的建议书。建议书上，徐晓白说，持久性有机污染物对人类带来的威胁，她提到以下几点：

> 持久性有机污染物（POPs）是已知的对人类生存威胁最大的一类污染物。
>
> 削减和淘汰POPs已成为国际社会的共识和优先环境行动。

图9-2　2005年4月22日徐晓白参加中国履行《斯德哥尔摩公约》国家实施方案第二次技术协调会（第一排左六：徐晓白）

---

① 1998年8月12日，徐晓白写给国家环境保护总局的一封信。资料存于采集工程数据库。

目前我国的POPs污染十分严重，且对人体健康的影响已开始显现。

POPs的生产和使用将产生灾难性的后果，造成严重经济损失和社会不稳定。

POPs已成为很多国家限制我国商品出口的绿色贸易壁垒。

尽管有关部门已经采取了一系列行动，如国家组织了有环保总局、农业部、卫生部、外交部等多个部门参加的跨部门技术协调小组，参加《斯德哥尔摩公约》政府间谈判委员会的所有会议；国家环保总局还牵头组织了公约国家实施方案编制领导小组，启动了一系列的项目活动，并成立了履约领导小组及履约办公室，组织专人进行谈判、政策、宣传教育、国际国内项目开发和管理工作。但因为中国有关工作起步晚，缺乏规范化、协调一致的对持久性有机污染物管理机制，缺乏持久性有机污染物的替代技术、处理和污染场地修复及污染控制的资金，对持久性有机污染物相关研究基础薄弱，以及履约技术支持能力不足等因素，中国在控制和削减持久性有机污染物面临着巨大挑战，鉴于上述情况，徐晓白呼吁：要开展履约行动，需做好以下几点：

（1）做好履约相关准备，尽早批准公约，落实履约专项配套资金；
（2）建立跨部门跨行业的国家履约协调机制和机构；
（3）加强对POPs控制技术和控制对策研究。①

2003年7月8日，徐晓白给学部联合办公室写了一封关于对"国家中长期科技发展规划的建议"的信，此时徐晓白已经在担任联合国环境规划署UNEP全球环境基金委GEF、第三届科学技术咨询委员会POP领域成员，她非常希望能为国家争取一些资助来发展POP研究工作，她在信中建议国家开展持久性有机污染物类化学品研究，并说："建议的POP研究是国家需求、学科前沿，多学科交叉，事关子孙后代，也不是少数人的工作。"

---

① 徐晓白手稿，《关于及早做好履行〈斯德哥尔摩公约〉准备的建议》。资料存于采集工程数据库。

第九章　夕阳无限好

2004年6月25日，第十届全国人民代表大会常务委员会做出了批准加入《斯德哥尔摩公约》的决定，该公约于2004年11月11日对中国正式生效。按照公约要求，中国政府编制并向缔约方大会递交了履行公约的《中国履行关于持久性有机污染物的斯德哥尔摩公约国家实施计划》。

2006年12月25日，时任科技部部长的徐冠华给徐晓白写了一封信，信中肯定并表彰了徐晓白以及她所带领的团队，在持久性有机污染物研究领域内所取得的成就，信中提到，国家对持久性有机污染物污染问题非常重视：

近年来，由于持久性有机污染物（POPs）所具有的持久性、毒性大等特点，已成为当前环境科学研究与管理所关注的热点问题。科技部对此给予了充分的关注，"十五"期间，通过"973"计划和"863"计划先后安排了"持久性有机污染物的环境安全、演变趋势与控制原理"、"持久性有机污染物的采样及分析测试技术"等20余个项目和课题，在POPs污染特征、检测技术及替代和削减前沿技术研究方面取得了可喜的进展，部分成果在POPs控制与管理中得到应用。"十一五"期间，针对我国POPs控制与国际履约工作的科技需求，科技部将重点组织开展优先污染物国家名录编制技术、检测技术、重点行业替代和削减技术以及风险评估技术等关键技术与系统集成的研究工作，推动我国POPs控制整体水平提高。①

图9-3 徐晓白获得POPs杰出人物奖

---

① 2006年12月25日，徐冠华写给徐晓白的信。资料存于采集工程数据库。

徐晓白从未停止过对创造人类美好环境的追求，她的工作为中国加入和履行《斯德哥尔摩公约》提供了依据。徐晓白在媒体和公开场合呼吁，社会要重视污染问题，她指明了一些化学品毒性对环境有很大的危害，她告诫人们要爱护环境，减少使用化学品，构筑我们绿色地球。2006年，徐晓白在接受北京林业大学绿色传播研究中心学者采访时，曾说过一句话："我们正生活在一个化学品充斥的世界里。"[1]她对采访者说，人类普遍使用的化学品中，有许多是有毒有害的，对人类生存环境及人体健康存在污染影响，对有毒有害废物的控制和安全处置已成为当今环保的焦点之一。我国环境情况不容乐观！她向采访者介绍了全球性的典型持久性污染——多氯联苯污染带来的恶果，这类污染是因为使用有机氯农药，或是某些日用品的降解物，通过食物链等途径进入生物体后，除了会导致癌症之外，还会影响甚至破坏内分泌系统。她心中感到紧迫的事是，一定要从源头上控制污染。

化学污染问题的严重性怎么强调也不过分，而更严重的是这一问题并没有得到应有的重视。不应该排放的还在排放，应该控制的没有控制。污染并不仅仅是管理方面的问题，我们制定的一些污染标准实际上是很松的，由此产生的潜在污染危害更大。有些问题解决起来有一定难度，但关键是对这些问题并没有给予高度重视。……我们的检测污染能力并不是很弱，监测站有几千个，加上行业办有上万个。面对化学品充斥的世界，我们并不是无所作为的，我们可以做的事情很多，关键是要提高认识，并且真正落实在具体行动上。[2]

落实在具体行动上！这是徐晓白发出的最有力的呼吁，她向社会发出热烈的号召，同时也以行动把保护环境落到了实处！

---

[1] 铁铮：如何面对化学品充斥的世界——中科院院士徐晓白一席谈。见：《绿色风云集》。北京：中国传媒大学出版社，2006年，第177页。

[2] 同[1]，第178-179页。

桃李成蹊

20世纪八九十年代，中国从事环境化学研究的学者并不算多，这种情况制约了学科的发展。徐晓白深深了解这样的现状，从调入到环境化学所开始，她便产生了培养学生，让更多的人从事环境化学事业的想法。20世纪80年代，她担任研究生导师，每年大约招收2名学生。即使后来评选上院士，徐晓白也没有扩大招生规模，她并不愿意做挂名导师，深感必须要对每一位学生负责。她总是亲力亲为指导学生，从不假手于人。在20余年的时间里，她培养了硕士生10余人，博士生20余人，博士后4人。对于学生们来说，她是最好的老师，也和母亲一样亲切、慈祥。她喜爱自己的每一个学生，关心他们远甚于关心自己，例如，她体谅学生们课业繁忙，亲手帮学生复印学习资料；学生们做实验、采样，她总是手把手指导；学生们写出一篇有价值的学术论文，她比自己做出了成果还要高兴；学生毕业之前，她还要细心指点他们，根据每一位学生的特长，为他们设计就业方向。徐晓白的学生们，有的出国深造，有的在国内知名研究机构、大学里工作，他们中的大多数人现在已经成长为环境化学领域里的知名专家、学者，继承了老师的衣钵。徐晓白欣慰于学生们的成才，同时，她也以自己的人格魅力和慈爱赢得了学生们的尊敬和爱戴，学生们提到老师，没有一个人不是衷心感激和怀念。

图9-4　1990年徐晓白参加1987级博士学位论文答辩会（前排左二：徐晓白）

徐晓白待人亲切，从小事上关怀学生。1987年徐晓白招收了一名学生刘国光，他现在已经是广东工业大学环境科学与工程学院的教授，也是有名的环境化学家，他回忆自己初次见到徐晓白便被老师的亲切、温和、平易近人所打动：

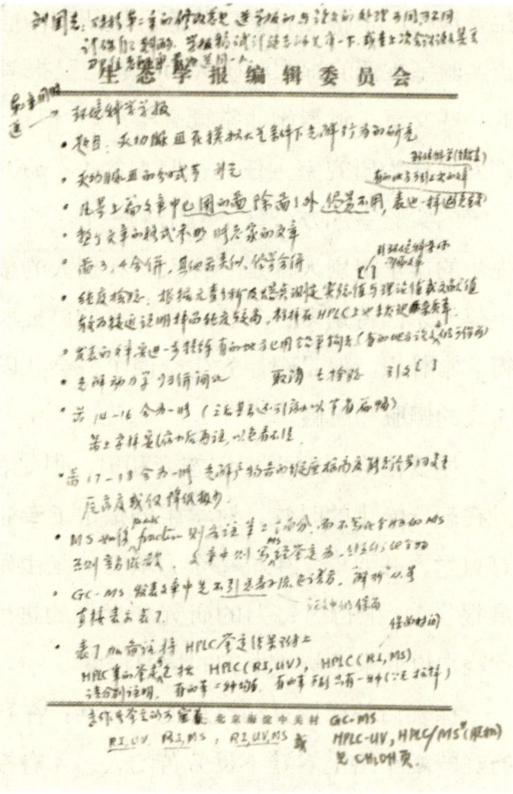

> 考试之前我见到了徐老师。……我给徐老师打了电话说去北京考试，徐老师也很关心我，她就告诉我要准备一些文具，她问我有没有带，我说我没有带，徐老师说，那好，你在动物园门口等我，我骑车过去给你送一点文具去。我在此之前没有见过徐老师，我站在动物园门口，不久就看见徐老师骑着自行车过来了。第一面就感觉徐老师对人非常慈祥，也很关心别人。[1]

图9-5 1991年徐晓白与学生刘国光的通信

清华大学环境化学学院的余刚教授，至今还记得与老师第一次见面的情景，1989年他报考了徐晓白的博士生，在结束了笔试进入复试阶段的时候，他第一次见到了徐老师："当时看到她就觉得，这个人就像自己的妈妈一样，不像是名大科学家，给人的感觉特别亲切！"[2]

徐晓白的学生想起老师，都感到徐老师真是太朴素了！她的另一名学

---

[1] 刘国光访谈，2014年4月28日。资料存于采集工程数据库。
[2] 余刚访谈，2013年11月23日。存地同上。

生,现在已是中国科学院生态环境研究中心环境化学与生态毒理学国家重点实验室主任的郑明辉研究员想起自己报考徐老师的经历:"来之前看过她的一些文章,觉得她非常德高望重。"但是当他第一次来到生态环境中心,却发现作为研究室主任的徐晓白的办公环境非常简单:"一共是一个60平方米的实验室加办公室,隔出来一个小的一间,里面放了五六张桌子。徐先生的桌子跟别人都是一样大,和别人的桌子并行在一块儿。徐先生桌子上码的东西特别多,办公室里连我们单独谈话的地方都没有……徐先生穿得非常朴素。但是跟徐先生交谈了一会儿以后,她那种威严和语气,令我由衷的佩服和震慑。"①

尽管徐晓白对学生们态度和蔼,但她在专业上对学生们要求很严格,她在教导学生的时候,对学生们指定了专业书,要学生们在专业课之外认真自学,并要求学生们每个月填写一张由她设计的专门表格——《研究进展报告》,把自己每月的研究和学习的进度填在表格里,交给老师阅览,徐晓白以此来了解学生们的学习程度。

徐晓白曾引用过马克思的一句话:在科学上没有平坦的大路可走,只有在崎岖小路上攀登不畏劳苦的人,才有希望到达光辉的顶点。她还有一句更激励人心的格言,那就是:"一个向着目标奋进的人,世界也会给他让步!"这句话对学生们影响也很深。徐晓白的学生们谨遵了老师的教诲,他们在后来教导学生时也学习了老师的方法。

徐晓白对每一个学生的背景和专业知识都有详细的调查,从他们一进所走上科研道路开始,便对他们有了规划。郑明辉还记得,20余年前,他来参加博士生考试面试的时候,在和徐老师谈完话后,老师便带着他去见了研究室里的其他人,并向他详细介绍了实验室里的分组情况和仪器设备的使用。在那次谈话以后,郑明辉隐约觉得老师已经对他有了规划。果不其然,在开始攻读博士研究生以后,他发现徐老师当初向他重点介绍的研究小组、仪器设备都和自己未来的课题研究相关的。从那时候起,他便感到徐老师真是高瞻远瞩!

---

① 郑明辉访谈,2013年12月14日。资料存于采集工程数据库。

对于这一点，余刚也有同感。徐晓白很关心学生的成长，她把还在读博士的余刚派到了武汉水生所去学习，就是因为她认为余刚是一名有潜力的学生，余刚有环境化学的基础，她希望余刚能多方面学习，了解生物化学的相关知识，她叮嘱学生多学一些硝基多环芳烃在水生生态系统里迁移转化的规律，为将来做课题打下基础。而当时在生态环境中心并不具备这样的学习和实验条件，恰好徐晓白得知武汉水生生物研究所建立了一个有关淡水生态与环境技术的国家重点实验室，她便多方联系，把学生推荐到那里去学习。为了让学生心无旁骛，她还帮助学生申请到了开放的基金，让学生能够有足够的科研经费完成博士课题研究。余刚也由此打下了环境化学和生物学的双重基础，每当他想起这件事，心中都充满了对恩师的感激。

中国林业大学教授、环境化学专家蒋湘宁记得，自己原本是学生物的，但是到了环化所以后，徐晓白在考察了蒋湘宁的情况后，认为他可以结合以前的专业，再做一些新方向。于是，在徐老师的安排下，蒋湘宁转投到了环境化学和生物学的交叉领域研究。20世纪八九十年代，中国的环境状态很糟糕，徐晓白关心环境的有机污染问题，发现河北白洋淀污染很严重，当地渔民捞起来的鱼做出来带有臭味，不适合食用，于是便派蒋湘宁去白洋淀采集水样，看看当地污染的情况。蒋湘宁带着老师指派的任务便去了白洋淀，做了一系列的采样，回来后又用了半年的时间把数据整理了出来，还写了一篇有关北方碧湖有机污染的报告，得到了徐晓白的好评。蒋湘宁感到自己在徐老师的引领下，不但在环境化学研究中入了门，还用上了以前学到的专业。不久以后，徐晓白又指导蒋湘宁进行有机污染物致癌机理研究。每当提起老师，蒋湘宁便打心眼里佩服她，他总是说：徐老师是真正高瞻远瞩的，她希望学生做学科交叉的工作，拓宽了学生们研究的路子。

徐晓白带学生总是亲力亲为，从定课题到研究思路，都是亲自辅导，带着学生做实验。刘国光记得："当时我们在林业大学的三楼，徐老师在这个课题组有一间办公室，还有一个套间的实验室和一个单独的实验室。我在单独实验室。徐老师经常会到我的实验室检查我做实验的情况。"①

徐晓白不仅关心学生的研究,她还处处体贴着学生们的日常生活,她把学生当作孩子一样关照。蒋湘宁记得有一次母亲来北京看望自己,恰逢课题组组织节日聚餐,徐晓白得知蒋湘宁母亲来京的消息后,反复嘱咐蒋湘宁,一定要把他的母亲请来参加聚会,在聚会上,徐晓白与蒋湘宁的母亲说起学生和家庭的趣事,谈得热烈,两人很快便成了朋友,后来还常常问候、关怀对方,这件事令蒋湘宁十分难忘。

还有一件事,徐晓白的学生,现在已经是中科院生态环境中心研究员的秦占芬清楚地记得,在做博士后期间她感到自己年纪已经大了,很想请假生育,但又担心因为自己的私事耽误了课题组的研究进度。她一向把亲切和蔼的徐老师当妈妈一样,在一次和老师的谈心中,她向老师倾诉了自己的烦恼。没想到老师得知这件事后不但没有批评学生不顾事业,还非常高兴,徐晓白是真正为青年学生们考虑,她亲切地鼓励秦说:不要有顾虑,年纪大了该生孩子就去生,不要担心这些事影响工作,并多次叮嘱她一定要注意身体健康。徐晓白的关怀令学生真真切切感受到了来自母亲的温暖!秦占芬在日后的学习和工作中,时刻铭记着老师的帮助,学习老师的高贵品行,她感到尽管老师对自己严格,但是她宽以待人,时时刻刻为他人着想。

徐晓白的学生们都感到,自己从老师身上学到的,不仅仅是知识,更重要的是为人为学和处事的态度。1990年9月,徐晓白被中国科学院评为优秀研究生导师,学生们都感到,老师无愧于这样的称号。生态环境研究中心在推荐表上写道:

> 徐晓白同志在学生中享有崇高的威望,她是一位品德高尚,知识广博的博士学位指导教师,她时时处处为人师表,教书育人,她有坚强的事业心,更主要是对教育事业有强力的责任感,为培养高级专门人才付出了很多代价,献出自己的心血和汗水。

---

① 刘国光访谈,2014年4月28日。资料存于采集工程数据库。

……徐晓白同志是我中心学位评定委员会的成员,她热心支持学位工作,对每一份申请学位的报告,论文摘要她都认真进行审阅,提出意见和建议。请她审阅论文,她一丝不苟,与学生一起讨论问题进行指导。

……她乐于助人的事迹,学生都非常感激她,都称她为教书育人的好老师。①

徐晓白的每一位学生,都是发自内心地爱戴和尊敬老师,在他们的心目中,老师和妈妈一样慈祥,这不仅仅是徐晓白在学业上关心学生,她毫无保留为学生传道、授业、解惑,还在生活上处处体贴关怀学生,更是因为徐晓白总是以无私的人格魅力感染着他们。现在,徐晓白亲自教过的学生们,如今许多人已经年过50,他们中有的已是各大高校、研究机构的学术带头人、博士生导师,无论从事哪种职业,他们都下意识地在工作岗位上处处向老师学习,以老师为榜样,不仅是学习老师对科学的奉献、求真精神,还学习老师无私地向学生教授知识、时时刻刻关心学生的成才。2017年3月,徐晓白教过的学生们回忆起老师的点滴,写下了这样的文字:

能成为先生的弟子,是我们一生的幸运。……先生身上总有使不完的干劲,她孜孜不倦学习新事物、百折不挠探索科学问题的精神一直激励着我们。她不仅把我们领上了科研的道路,还深深影响了我们处事为人,成为我们一生学习的楷模。

……

先生的谆谆教导,殷殷深情,此生难以忘怀。先生之于我们,是春风化雨,润物于无声;先生之于我们,更是高山景行,虽不能至,心向往之。②

---

① 徐晓白人事档案,《中国科学院优秀研究生导师审批表》,1990年9月10日。存于中科院生态环境研究中心。

② 《徐晓白科学论著选集》编辑委员会编:《徐晓白科学论著选集》。北京:科学出版社,2017年,序。

蜡炬成灰、意犹未尽

熟悉徐晓白的人都知道，她性格开朗，在研究之外，尤其喜欢和同行们"聊天"。她曾多次在国外做访问学者，多次参加国内外重要的学术会议，担任过大学、学术刊物、学术社团的兼职工作。在交流中，她不断萌生出新的想法，发表学术文章，在徐晓白的科学生涯中，共发表论文260余篇，主持出版中、英文专著三部。这样的成就在同行中已经是引人瞩目的了。徐晓白的强烈社会责任感促使她积极参与相关社会工作。2000年，她发起和参与成立了中国化学会环境化学专业委员会，并担任专业委员会主任。在她的积极推动下，环境化学学科从小到大在中国发展很快。2002年她当选联合国环境规划署、全球环境基金委第三届科技咨询理事会理事。一直到她病倒之前，她总是马不停蹄，除了在实验室工作之外，总在四处考察、四处开会，没有一天休息。

徐晓白的学生想起老师，普遍认为徐老师太喜欢学术，太不懂得生活和休息了。余刚回忆起老师，总是感慨：

> 学术就是她所有的追求！老师的生活非常简单，她从没有穿得好一点、吃得好一点，她的心思不在吃穿上。我记得她住在中关村，来所里上班都是骑着自行车，还要带上很多资料。令人印象深刻的是，她总是带着很多放资料的袋子上班去，这个把手上挂一个，那个把手挂上一个，车后面还夹着一个。有时候中午比较忙，她来不及去食堂吃饭，就泡一包方便面充作午饭。她在生活上的花费很少，把心思都放在科学和学术上了，这种精神对学生们影响很大。[①]

用徐晓白女儿胡永洁的话来说，母亲既不擅长家务，也没多少时间放

---

① 余刚访谈，2013年11月23日。资料存于采集工程数据库。

图 9-6　徐晓白与家人在一起（左起：胡永洁、徐晓白、胡克源）

在家庭里，因为她太喜欢工作了，她的时间总是安排得满满的。母亲白天上班，下午下班回家后吃过晚饭略休息一会，便继续工作到凌晨三四点才就寝，常常自己半夜里起来，还看见书房的灯亮着，母亲还在工作。一年365天，母亲没有休息日，她把工作当成了生命的全部。

2002年国庆节前夕，《人民日报》发表了题为《人民论坛：祖国，我能为你做什么？》一文，这篇文章提道：

> 作为一个中国人应当经常这样问自己。有的人能为家庭出力，有的人能为城市增色，有的人能为国家争光。古人把最后一种人称作国士。作为常人，我们不可能去当各个领域的顶尖人物，却完全应该有一颗拳拳报国心。顾炎武说，"天下兴亡，匹夫有责。"人民对国家的那份忠诚和热爱，是固有的也是高尚的。……祖国，我能为你做什么？十五岁，这样问自己；二十五岁，还这样问自己；三十五岁、四十五岁，再这样问自己……有没有这一问，区别可大了。生存的意义、生命的价值，都系于这一未了的悬念。有了这一问，虽然只是普通的记

者，下笔就感到具有千钧分量；虽然只是普通的教师，教室就变成庄严的圣殿；虽然只是普通建筑工人，脚手架就成为有血有肉的脊梁……①

徐晓白反复阅读这篇文章，她感到作者真是写到了自己的心里去，因为她也是常常想着：亲爱的祖国，我能为你做些什么呢？她已把青春献给了祖国的化学事业，她还要把自己余下的每一分钟、每一秒钟都用在科研上。她争分夺秒、抓紧时间工作，她总是对家人和朋友"抱怨"：时间真是不够用呀！她要再多干一些事！因为太投入工作了，徐晓白常常遭到朋友们的批评，说她太不注意休息了！尽管老朋友们都劝告徐晓白要在工作之余注意身体，但她毫不在意，总是说，自己的身体还吃得消，等忙完这一阵子再休息吧。在徐晓白病倒后，她要好的朋友、也是她共事多年的老同事魏爱雪回忆起往事，感叹道：

> 她在生活方面非常刻苦，她为了工作，吃饭十分随便。我们都劝她，说你这样吃对身体不好，她说没关系，我已经习惯了！她不注意自己的身体健康，完全埋头在工作上……如果她当初注意自己身体健康，她的身体不会损害这么大。有一次她去台湾领奖，回来以后就得了小中风住院，我们到医院去看她，但是她出院后又拼命干工作，为了争取课题经费她还经常在外面跑……②

原来，徐晓白曾经去台湾访问，参加在台湾举行的两岸分析化学研讨会暨第八届分析化学技术交流研讨会。这期间，她被诊断出有大面积脑梗，不得不放下工作入院治疗。但是在病情刚得到缓解之后，她便马不停蹄又出差考察去了，除了国内到处跑，有时候为了交流和课题研究，她还经常要独自出国访问，她浑然忘记自己已经是70多岁的老人了。20世纪90年代以来，徐晓白因工作需要出国交流、开会达20多次，有时她还要

---

① 彭俐：人民论坛：祖国，我能为你做什么？《人民日报》，2002年9月30日。
② 魏爱雪访谈，2014年11月22日徐晓白学术经历座谈会。资料存于采集工程数据库。

图 9-7　2000 年 6 月 18 日徐晓白在第一届两岸分析化学研讨会上

带着样品出国做实验检测，她总是这样跑来跑去，她那颗还年轻的心从没有一刻停歇。徐晓白的丈夫胡克源回忆，有一次，她去美国短期访问，要在那里做三个月的研究，但为了给国家节省经费，她只租了一间 200 美元的小屋，住的地方离实验室很远，从而不得不每天花费几个小时在路上，早出晚归，十分奔波。

2003 年，徐晓白已经是 76 岁的高龄了，可是她还坚持奋斗在科研的第一线。当时她正带着年轻人做一个项目，是关于上海青浦区血吸虫病疫区的二噁英污染问题调查。这个课题的起因是因为上海青浦区爆发了血吸虫病，在疫区消灭血吸虫需要用到五氯酚进行灭钉螺，五氯酚的附属产物就是二噁英，由此对疫区产生了污染。得知这一情况，徐晓白带着几位年轻的学生匆匆赶往上海。从北京赶往疫区，先是乘坐飞机，接着又要换乘汽车，大家行色匆匆，旅途劳累，青年人都感到身体吃不消，徐晓白笑着对学生说：你们可不能喊累，我们一定要有下了飞机立刻投身工作的体力！已过古稀之年的徐晓白从未喊过一声辛苦，她以身作则，一到现场便亲身上阵，手把手教学生采样，从土壤到河水，她一个环节也没漏过，直到做完这一切，她才放下心去休息。徐晓白敬业、踏实的作风令随行的年轻人肃然起敬。

2006年夏天，徐晓白接受《中国科技奖励》记者的专访，这是她为数不多的在公开场合谈及自己的工作和生活。

记者：在有限的空闲时间里，您以什么作为消遣？

徐院士：工作就是我的消遣。有空时我看看书、上上网，或者跟老伴溜达溜达。

……

记者：现在您工作和生活的重心是什么？

徐院士：当然是工作，我如果没有工作我都不知干什么。当时申请院士时也是考虑院士没有工作年龄限制。如果按退休年龄退休，我就没有工作了，我不能接受那样的事实。

记者：您对物质享受怎么看？

徐院士：对我来说，能吃得饱、穿得暖基本就够了。跟我们所里的年轻人比，我们觉得不错了。我们有房子，他们很多人连房子都没有。

……

记者：对于今天的青年人，您最想把哪些经验与他们分享？

徐院士：其实我觉得我们所的年轻人都很敬业，本来所里这些天是休假，可是这些年轻人都放弃休息，为了我们将要开展的一个课题准备着。

还有所里返聘回来的一个同事，为了方便所里人做实验，在外定做了一个自己设计的仪器设备。

今天早晨我来办公室之前，收到了一封来自美国的邮件，我很高兴，我的学生他在美国国家环境署的招标上中标，他有很多事情要做，可他仍为我们所在美国发表的一篇文章忙前忙后。所以我觉得很多东西我得向他们学习。[1]

---

[1] 闫宏飞、解志涛：创造美好环境的女化学家——记中国科学院生态环境研究中心徐晓白院士.《中国科技奖励》，2006年第8期，第30-34页。

图 9-8 2001 年徐晓白获得何梁何利奖
（左起：胡克源、杨承崇、徐晓白）

图 9-9 2004 年 12 月日本环境化学会发给徐晓白的荣誉证书

徐晓白从不计较个人的得失，她顾不上休息、顾不上生活，把自己的全部都奉献给了工作，勤奋的她获得了一系列荣誉。这许多奖项中，除了科研成果的奖项，2001 年，她获得了何梁何利基金科学与技术进步奖，这是对她学术成就的重要肯定。尽管获奖令徐晓白高兴，但她实际上很少关心个人荣誉，她的同事和学生都异口同声：徐晓白总是强调集体荣誉，她很少谈及个人。每次获得科研奖项，她总是认真思索研究小组里哪些人对工作有贡献，她想方设法在奖项中体现出同事们的功劳。2006 年，徐晓白主持的"典型化学污染物过程机制及生态效应"项目获国家自然科学奖二等奖。按照规定，这个奖只能申报 5 个人的名字。但是徐晓白认为，成果和奖项不是个人的功劳，是小组全体成员集体工作的体现，每一个参加者都有不可替代的贡献。她坚持一定要反映出项目组集体的工作来。在徐晓白的关心下，中国科学院生态环境研究中心科研处特意给项目组每个成员都颁发了一份由所里印制的证书，表彰了每一位参加者的工作，这件事令所有人的心中都深深感动。他们深深感到：徐晓白真的是毫无私心，一心为公！

徐晓白一直忙碌，她从未有半刻停歇，也从未想过要停下来休息休息。然而不幸的是，2007 年 3 月，徐晓白下班归家时在电梯里不慎摔倒而骨折，紧急送医后她又被诊断出身患"阿尔茨海默病"，并且医生告诉

第九章 夕阳无限好

图 9-10　2005 年 11 月徐晓白在宜兴参加流域优先污染物的管理与对策国际研讨会

图 9-11　2006 年 5 月徐晓白八十华诞时与学生们合影

说她的病情已发展很快，难以控制。生病这件事令性格刚强的她沉默了许久，她无法想象自己在不久的将来会逐步失忆、失语，甚至不能行动。这是多么沉痛的打击！是多么残酷的事实！在医生的反复叮嘱下，徐晓白不得不逐渐放下了手头的工作，接受治疗。徐晓白身患重病，令深爱着徐晓白的丈夫胡克源伤感万分，他心中不能接受妻子那样灵巧、睿智，储存着

图 9-12　徐晓白夫妇与老朋友们相聚在一起（前排左起：郭郛、胡克源、徐晓白、郑竺英；后排左起：刘惠、张蕴珍、陈雅丹、张赣南）

许多知识的头脑将会慢慢退化的事实，为了帮助心爱的老伴儿康复，他放下了业余的音乐爱好，把时间全部用来陪伴妻子，全心全意照料起妻子的日常起居，配合医疗。

徐晓白从不服老，她更未被病魔击垮，在短暂的伤感之后，便又乐观起来，即使是在患病的这几年，她还惦记着工作，惦记着学生。记得有一次，学生秦占芬前来看望老师，她向老师汇报了自己被提升为研究员的喜讯，病中的徐晓白听到后，欣慰地说：你评上了研究员，我很高兴！然而，天不假年，尽管已经极力配合医治，徐晓白的病情仍然以极快的速度恶化着。在短短几年的时光里，她身体迅速消瘦，逐渐便卧床不起了。

2014 年 3 月 27 日，徐晓白因抢救无效在北京溘然长逝。2014 年 4 月 2 日，在缓缓的哀乐中，在人们沉痛的哀悼中，徐晓白的遗体告别仪式在八宝山举行。在亲人、朋友、同事、学生的相送下，徐晓白永久告别了她为之奋斗了一生的化学，告别了这个曾给她带来过烦恼、更令她深爱着的世界！

图 9-13　2003 年在庆祝"三八"国际妇女节大会上，中国妇联主席顾秀莲赠予徐晓白《中国精英》画册

结 语

徐晓白是我国为数不多的女院士、女科学家之一。纵观她一生的学术经历，从求学到就业，从一名普通的化学工作者成长为中国科学院院士，她的人生经历十分丰富，她的科研道路充满了曲折。

徐晓白的人生可被划分为以下几个部分：1927—1948年，是她早年求学、受教育的积累阶段；1948—1968年，徐晓白走上了化学研究的道路，"文化大革命"前，她从事无机化学研究，并取得了诸多成果；1968—1975年，特殊年代里，她受到了不公正的对待；1975—2014年，她转换了研究方向，进入到环境化学新领域，取得了一系列成果。

名师引领，走上科研道路

徐晓白就读的中学是南洋模范中学，这所学校在上海历史悠久，她考入该校，是该校女子部的第一届学生。南洋模范中学师资力量很强，许多交通大学的教授也在这所中学授课，例如，她在中学时候便上过数学家、后来当选为中国科学院院士吴文俊的课。南洋模范中学数理化课程，有的用的是英文原版教材，学校注重理科和英语教学，徐晓白也因此打下了好的专业和英语基础。同时，语言学习是徐晓白的强项，她精通英语和俄语，还会德语，这对她的科研生涯也起到了很大的帮助。

徐晓白于1944年考入交通大学化学系，她在知识的海洋里遨游。当时化学系的教授有潘承圻、张大煜、梁普、李懋观、颜翼东、徐宗骏等人，他们都是当时有名气的化学专家、知名教授，大学期间，她还听过吴学周讲授的物理化学课程。名师授课，令徐晓白如鱼得水，她深深折服于教授们渊博的学识，并以他们为自己学习的榜样。徐晓白在校期间成绩很好，对学习怀有浓厚兴趣，一心只追求学业的进步，很少关心社会上的事件。

初出校门，徐晓白选择前往中央研究院化学研究所就业，希望做实际的研究工作。引领了她科学生涯的第一位老师，便是著名的分析化学家梁树权。虽然徐晓白跟随梁树权工作的时间并不长，但是梁师对徐晓白影响很大。梁树权的严格要求，令徐晓白在科研之路的初始阶段便在心中树立起了严格的科研道德，这影响了徐晓白的一生，她不仅以此要求自己，也把优良的传统教授给了自己的学生和下属。通过一系列的训练，徐晓白打下了牢固的从事化学分析的功底，也为她后来从事环境化学研究提供了许多工作方法。

青年时代的徐晓白，以兴趣引领科研方向。她喜欢物理化学，1950年，她师从著名化学家柳大纲开展相关研究。柳大纲是对徐晓白影响最深的一位老师。1950—1966年，在16年的时间里，她的科研工作几乎都受到了柳大纲影响。从紫外吸收光谱研究到新型荧光材料研制，到盐湖化学到熔盐体系研究，到稀土元素高温二元化合物到原子能化学任务，徐晓白听从柳大纲的安排，一步一个脚印，做出了许多成绩。柳大纲非常信任徐晓白，很看重徐晓白的科研能力，把这位女弟子当作了自己得力的助手，从上海的物理化学所到搬迁至长春应化所，以及后来参加化学所的建设，徐晓白无论是在科研组织工作上，还是承担研究任务中，都表现得极其出色。柳大纲对徐晓白的影响，一是体现在柳师手把手教授年轻人开展工作，令她在专业上进步，她从柳师那里学习到丰富的专业知识，积累了许多经验，业务上得到了很大提高；二是柳大纲的全局观——他提倡化学学科要以"为国民经济发展做出更多贡献"为基础开展工作，这对徐晓白影响很深，她因国家需要数度转换研究方向。徐晓白深深敬佩柳师，在专业选择上不计个人得失！

着眼国家需要，数度转换科研方向

新中国的知识分子，以积极的面貌适应新时代的到来，有学者总结过：以喜为主，喜忧交织；主动适应，积极调整；渐感自卑，努力重塑。[1]

经历了上海解放前夕的物价上涨和中央研究院的护院运动，徐晓白热烈欢迎解放军进驻上海，亲身感到新中国与旧社会截然不同，思想学习的积极性很高。然而，徐晓白的父亲徐祖藩担任过国民政府的官僚，她又因为"三青团"等历史问题无法澄清（事实证明清白无问题）而数次在政治运动中遭遇挫折。徐晓白的家庭出身，决定了她从一开始便不是"又红又专"的知识分子。在1957年"反右"运动中，她的妹妹徐千里、弟弟徐民苏，先后在工作岗位上被打为"右派"，受到了不公正的待遇，她最敬爱的父亲因思想问题自尽，家庭的变故给了她沉重的打击。徐晓白在学习中改造自己，表现在她对自己的要求严格，并逐渐不再以兴趣和爱好作为科研工作的主导，而是以国家需要来部署自己的工作。

新型荧光材料研制成功，令徐晓白品尝到了成功的喜悦，但她很快便转向了土壤加固工作。紧接着，盐湖化学和熔盐体系研究，她都取得了好的成果。20世纪60年代，她的工作转向稀土化合物制备，并参加了原子能化学研究任务，她的研究方向转变都是根据国家的需要来的。尤其是在稀土材料研制工作中，她已经取得了很多实用性很强的成果，她的工作为后来的研究者奠定了基础，但她未能在这些方向上深入进行研究，这也是她科研生涯中的遗憾。

1975年以后，徐晓白在新成立的中国科学院环境化学研究所工作，也就是今日的中国科学院生态环境研究中心，她的研究方向发生了比过去更大的转变，她从多年研究的无机化学转向了环境化学方向，这对人已中年的她来说，是一项巨大的挑战。尽管难度很大，但是她以坚定的意志力克服了困难。她在环境有机化学基础理论、环境分析方法、有机污染物环境行为和生态毒理研究等方面成果卓著，后来中国科学院生态环境研究中心

---

[1] 杨凤城：《中国共产党的知识分子理论与政策研究》。北京：中共党史出版社，2005年，第77页。

建立起了环境化学与生态毒理学国家重点实验室，这里亦有她早年打下的基础，所做的奠基工作，她成为我国环境化学学科的主要开创者之一。

化学界里了解徐晓白的人，有很多人都惋惜徐晓白因客观原因造成工作数次变动，大家普遍认为，假如她专心一个领域，一定会走得更远！例如，中科院院士、物理冶金和晶体学家郭可信曾这样评价徐晓白："徐晓白同志从事的科研工作范围较广，基础比较扎实雄厚，这也是在她转入一个新领域后，很快能做出较好成果的原因。当然，由于工作领域变动较频，这也限制了她在一个领域内取得更多和更深入的成果。但是，这些变动不是她本人见异思迁，而主要是化学所科研工作发展的需要。"[1] 徐晓白的老师柳大纲更是为这位得意的学生而感到惋惜："若干年来，由于客观上变化很多，许多有重大意义的课题未能系统坚持下去，是很可惜的。"[2] 类似这样的评价很多，学界对徐晓白的评价是，尽管她多次转换方向，但是她每一次都做出了有开创性的成果，她所取得的成就是有目共睹的！

从早年以兴趣引领科研方向，到后来一切为了国家需要，徐晓白以实际行动真实做到了"干一行，爱一行，精一行！"她对化学爱得深沉，对工作爱得热烈，这种情感让她如蜡烛一般，无怨无悔燃烧着生命，照亮了他人，也实现了自己的人生价值。

目光卓越，探索环境化学的前沿

1975年，徐晓白调入环境化学研究所，她开始了环境化学的新征程。尽管如今人人都提倡要保护环境，要重视生态环境和社会发展的和谐，但是实际上环境化学在中国起步较晚，20世纪70年代末以来，随着国家经济的发展，人类活动对环境的破坏等问题也越来越突出，才促使了人们把目光转向环境保护。环境化学作为环境科学的一个分支，主要研究的是环境污染中的化学现象，为控制和改造环境质量提供科学依据，其重要性不言而喻。徐晓白是当时为数不多的，较早投身环境化学研究的女科学家之一，更是这行里少有的、做出了优异成绩的女性，她的很多成果，被同行

---

[1] 《郭可信对徐晓白晋升研究员的审查意见》，1982年6月14日。资料存于采集工程数据库。
[2] 《柳大纲对徐晓白晋升研究员的审查意见》，1982年6月4日。存地同上。

认为是有开创性的。

徐晓白在有机污染物分析、环境行为和生态毒理学等方面做了大量的工作。她在环境化学方面的工作成果主要体现在三个方面：一是对潜在致癌物硝基多环芳烃、多环芳烃的检出、转化规律与控制途径的研究，二是发展并规范我国环境痕量有机分析方法，三是开展了化学与生物学等交叉学科的前沿性研究。

徐晓白有敏锐的学术洞察力，她早早便看到了环境化学的发展潜力，她的研究轨迹从大气、水到土壤，并把环境化学与生态学有机结合起来，从生物学的角度探讨环境污染对生物体的危害性。尤其是1995年以来，徐晓白主持开展了国内持久性有机污染物的初步调查和一系列的研究工作，为我国加入并履行《斯德哥尔摩国际公约》提供了重要的科学依据，开拓了环境化学新的研究领域。不仅如此，她组织学生们开展了环境雌激素等前沿研究，这在国内也是十分领先的！徐晓白的许多工作是奠基性的，她所提出和开拓的研究领域，为后来人进行深入的研究打下了好的基础。

女性科研角色，执着攀登科学高峰

徐晓白是我国为数不多的女院士之一，她的科研热情很高，对工作全身心投入。徐晓白接受了良好的教育，南洋模范中学的教师教会了她自尊、自强、自立。从中学时起，她看重学习成绩，力争学习上游。无论是中学，还是大学里，她的学习成绩在班级里都是名列前茅！青年时代的她，以居里夫人为偶像，选择以科学为职业，立下了从事科学研究的志向。

在科研的道路上，徐晓白遇到过许多挫折。无论多次转换科研方向，还是政治运动对科研工作的干扰，或是在特殊年代受到的不公平待遇，徐晓白都咬紧牙关坚持下来了。她不计较个人的得失，只一心一意投入工作。

在徐晓白60余年的科研生涯中，她发表论文多达260余篇，主持出版中英文专著三部，译著两册，还主持了多项国家级的重要课题，获得了包括国家自然科学奖、中国科学院自然科学奖、何梁何利奖在内的十余项重要奖励。这对一名科学家来说，可谓是硕果累累。

作为一名女性科学家，徐晓白的学术之路异常艰辛。还在高中毕业之际，她的父母曾提出让她放弃学业，去海关就业，但徐晓白顶住了压力，通过申请奖学金和课余去做家庭教师完成了大学学业。大学毕业以后，她前往中央研究院化学研究所工作，从助理员做起，先是做分析化学的工作，继而转向物理化学研究，这期间她打下了牢靠的基础，为长远的研究做了许多准备。徐晓白的同事都称赞她热爱学习，踏实工作。无论是青年时代还是到老年，她保持下来的一个习惯便是熬夜读书，经常工作到夜深人静才就寝。一天下来，她的学习和工作时间长达十几个小时。

徐晓白的踏实肯干，令比她年长的老科学家吴学周、柳大纲、梁树权等人对她称赞不已，她不但是研究所里的科研骨干，也是吴学周和柳大纲的得力助手，在物化所从上海搬迁至长春的过程中徐晓白承担了许多组织工作。20世纪50年代中期，她在化学所筹建期间来到北京，为新成立的中国科学院化学研究所服务长达20年。1975年，中国科学院环境化学研究所（中国科学院生态环境研究中心）成立不久后，她义无反顾挑起了有机室的建设担子，规划了研究室的发展方向，为所里带出了一批拔尖的研究人员，徐晓白是该所的重要创建人之一。

"一个向着目标奋进的人，世界也会给他让步！"这是徐晓白的座右铭，她是这样想的，也是这样做的！她的执着、坚强、厚德，让每一个认识她的人都感到难以忘怀。

1995年，徐晓白当选为中国科学院院士，当选院士是令她最感到开心的事情，因为她从此可以不退休，能继续工作下去。而徐晓白摘取院士的桂冠，这更是难得的殊荣。因为无论是在当时还是现在，女性院士的比例都十分稀少。由此亦可看出，以女性角色攀登到科学高峰的人数很少，且作为女性科学家，要赢得学界的认可、得到社会的赞誉需付出比男性角色更多努力和辛苦，她们要摆脱自身的性别束缚，超出社会对性别的评价而摘取科学界至高的桂冠，十分不易，值得人们钦佩和永远铭记。

附录一　徐晓白年表

1927 年
6 月 7 日（农历五月二十八），出生于江苏吴县。

1930 年
秋，入苏州升平小学幼儿园。

1932 年
秋，入苏州升平小学部，开始了求学生涯。

1936 年
随父母迁居上海。转入位于上海迈尔西爱路的中和小学读四年级下学期课程。

1937 年
"七七事变"爆发，战争逐渐对徐家的生活产生了影响。

11 月，上海沦陷。12 月，日伪上海政府成立。徐祖藩不愿为日伪政权工作，辞职赋闲在家，自此，徐家一家七口依靠徐祖藩积蓄度日，经济条件一度窘迫。

1938 年

秋，升入位于天平路 200 号的南洋模范中学初中。

1941 年

秋，入南洋模范中学女高中部就读。徐家因没有了经济来源，无法支持子女继续求学。为了获得学费，中学期间，勤工俭学，以担任家庭教师来维持生活和学业。

1944 年

6 月，从南洋模范中学第一届女高中毕业。
夏，以全校第二名的优异成绩考入交通大学化学系就读。

1945 年

秋，转入临时大学就读。

1947 年

6 月，父亲去台湾就职，随父亲去台湾游玩。
9 月，和家人去无锡游玩。

1948 年

夏，获得交通大学化学系学士学位。
8 月，任职前上海中央研究院化学研究所助理员。

1949 年

5 月，参加了中央研究院"护院运动"，迎接上海解放。

1950 年

3月，任上海中国科学院物理化学所助理员。

5月17日，加入中华全国总工会上海总工会教育工作者工会。

与梁树权在《中国化学会会志》上发表《硫酸钡法测定硫》《以钼酸钡法测定钼》两篇学术论文。

1952 年

8月，随吴学周在长春做物化所迁往长春之前的调研。

9月初，去南京灯泡厂参观。

11月，到长春，在长春中国科学院物理化学所、应用化学所担任助理研究员。

1953 年

年初，开始在柳大纲领导下研制卤磷酸钙新型日光灯荧光料。

1954 年

年初，南京灯泡厂依照卤磷酸钙新型日光灯荧光料（制备、分析、光学测试和原料提纯）的全套方案，批量生产出了采用新型荧光材料的日光灯，中国照明事业得到了发展。该项目获得中国科学院长春应用化学所二等奖。

冬，参加柳大纲领导的国家任务——土壤硅化加固任务。

1955 年

冬，担任中国科学院化学研究所担任助理研究员。

7月，在中国科学院地质研究所岩矿室参加实习，主要从事岩石矿物分析鉴定工作。

1956 年

年初，开始跟随柳大纲展开盐湖化学研究。

8月10日，与胡克源在北京结婚。

翻译（苏）伊凡诺夫著《天然矿物盐》一书由北京地质出版社出版。

1957年

春，跟随苏联专家妮娜·彼得罗夫娜·鲁日娜娅开展熔盐体系研究。

11月15日，父亲徐祖藩去世。

1958年

春，在十三陵参加生产劳动。

9月，参加稀土研究项目。主要负责稀土高温二元化合物研究工作。

1959年

10月25日—11月8日，荣获"全国三八红旗手"称号，并在北京参加全国工业、交通运输、基本建设、财贸方面社会主义建设先进集体和先进生产者代表大会（即"群英会"）。

1962年

冬，为配合原子能任务，所在研究组担任了四氟化铀到六氟化铀之间的中间氟化物的合成研究工作，为氟化动力学研究提供了X射线相分析的标准样品，并阐明氟化工艺的优选条件。

1964年

原第三机械工业部精密机械所采用徐晓白小组提供的六硼化镧元件做真空电子束焊接炉的阴极材料，获得满意结果。

申请加入中国共产党，审核未被通过。

1965年

根据原第二机械部的要求，中科院组织有关研究所展开了干法后处理和燃料、高浓缩铀铝合金元件研究。组织并参加了模拟元件设计与前期实验，坚持采用化工技术流化床代替搅拌床的工艺路线，从而保证了干法后处理小试第一次在中国取得成功。

年底，担任化学所第十二研究室业务副主任。

1966 年

年初，担任中国科学院化学研究所助理研究员，研究室主任。

再一次申请加入中国共产党，审核依旧未能通过。

1967 年

"221 厂"利用徐晓白小组提供的六硼化镧元件投入生产真空电子束焊接炉。

1968 年

在"矿业学校"（怀柔雁栖湖一带）参加劳动。

1972 年

春，恢复工作。1972—1974 年参加化学激光器的研制。

1975 年

中国科学院环境化学研究所成立，担任助理研究员。

1978 年

3 月，担任中国科学院环境化学研究所副研究员。

9 月，担任中国化学会理事（1978—1982 年）。

"四氟化铀氟化动力学""流化床氟化物挥发法处理铀、铝合金元件""稀土化合物的制备及性质"等均获得科学院重大科技成果奖。"环境污染分析方法"获得科学院二等奖（集体）。

1980 年

4 月，加入中国共产党。

4 月，赴美国加州大学伯克利分校担任访问学者（1980—1982 年）。与加州大学伯克利分校魏德峰小组合作，进行了工作量很大的柴油机排出颗粒物分离鉴定研究。

8 月 23—28 日，在纽约参加美国化学会 182 次全国会议。

1981 年

根据研究结果，首次报道了从柴油机颗粒物中检出了已知 2-硝基芴致癌物。

1982 年

检出 50 多种硝基多环芳烃（NO_2-PAH）以及含氧 NO_2-PAH 等直接致癌物，其危害可能大于多环芳烃。其中 1-硝基芘、3-硝基荧蒽、二硝基芘等后被其他实验室证明是强动物致癌物。这是关于柴油机排放颗粒物研究的重大突破，有关结果已被百余篇国外文章引用，它是当时美国有关部门决策是否实施柴油机化的重要依据之一，对其他国家的大气污染研究也有重要参考价值。美国毒理学署（NTP）已将硝基芘、二硝基芘等作为"预计为人类致癌物"列入《致癌物报告》中。

6 月 16—18 日，在美国参加环境分析化学（Environmental Analytical Chemistry）会议。

7 月，担任中国科学院环境化学研究所研究员，研究室主任。

7 月，翻译的《固体量子化学》一书，由科学出版社出版。

8 月，负责院委托项目《环境污染物分析方法研究及其标准化》，完成 40 余种分析方法并出版发行；主持和领导《柴油机排放颗粒物中直接突变物的分离和鉴定》，系统研究多环芳烃的生成，以及其在环境中的化学行为、代谢、结构与毒性。负责院择优课题《有毒有机化合物的环境化学行为及毒理研究》。

9月，开始招收硕士生，第一位硕士生名叫高士祥。

"环境污染分析方法"课题获得中国科学院科学技术进步奖二等奖。

母亲夏佩玉逝世。

1983 年

5月25—6月1日，在上海参加中国遗传学会、上海科协、国际环境诱变剂学会联合举办。美国、日本、瑞士、英国等13国参加的"国际环境致变、致癌、致畸讲习交流会"，做报告交流和墙报交流，并主持会议半天。

9月14—17日，在长春参加中日分析化学双边讨论会。

与金祖亮合作的"柴油机尾气中直接致突变物的分离、鉴定"项目获得中国科学院科学技术进步奖二等奖。

参加的"京津渤区域环境综合研究"获得国家科学技术进步奖二等奖；参加的"环境污染分析方法的研究及其标准的研制"获得国家科学技术进步奖三等奖。

1984 年

5月12日，在第一重机厂参加煤焦油（渣）无害综合治理技术鉴定会。

在北京大气飘尘中也检出硝基荧蒽、硝基芘等致癌物。

1985 年

参加中国能源研究会燃油掺水技术座谈会，并提交题为《柴油机尾气颗粒物中致突变性硝基芳烃的分离与鉴定》《柴油机排放颗粒物的致突变活性》《柴油机尾气颗粒中2-硝基芴的鉴定》的报告（与Nachtman. J Rappaport 合著）。

1986 年

6—8月，赴美国加州大学旧金山分校，进行短期访问研究。

7月1日，被中科院京区党委授予优秀共产党员的称号。

组织、协调的"向阳污水场 COD 超标问题研究"课题获得中国科学院科学技术进步奖三等奖。

1987 年

年初，国务院批准为博士生导师，并开始招收博士生，招收了一个博士生，及一名硕博连读生。第一名博士生刘国光，硕博连读生王西奎。

以二级课题负责人身份参加的"京津地区生态系统特征与污染防治"（一级课题）课题获得中国科学院科学技术进步奖一等奖。

1988 年

2 月 29 日，去浙江考察土壤污染情况。

12 月，中国环境诱变剂学会成立，兼任学会理事。

1989 年

兼任全国环境监测技术委员会委员理事。

"环境中潜在致癌物硝基多环芳烃和多环芳烃的综合研究"获得国家自然科学三等奖（1989），为获奖第一人。

20 世纪 80 年代末，组织由中国科学院生态环境中心、南京土壤研究所、上海昆虫研究所、武汉水生生物研究所等单位共同承担的中国科学院择优项目"有毒有机化合物的环境化学行为及毒理研究"。

1990 年

5 月 21—25 日，在北京召开"有毒有机化学物在环境中的行为和生态毒理研究"学术会议，出版 100 万字的中文版论文集（与金祖亮、许后效等人合编，1990 年 12 月，中国科学技术出版社）。

被评为中国科学院优秀研究生导师。

10 月，参加第一届全国有毒化学品学术讨论会，并提交题为《有毒有机化合物环境转归与潜在毒性研究若干动态》学术论文。

1991 年

参加中国环境诱变剂学会理事会会议。

9—12 月，在美国加州大学旧金山分校做短期访问教授。

1992 年

6 月，负责开展国家自然科学基金委员会重大基金项目"典型化学污染物在环境中的变化及生态效应"。

10 月，在北京参加中瑞环境与全球变化讨论会议。

以顾问身份参加的"型煤特性、固硫催化剂的研究和应用"获得中国科学院科技进步奖二等奖。

1993 年

参加的"湿式氧化破坏水中高溶难解毒物的应用基础研究"获得中国科学院自然科学奖三等奖。

1994 年

3—5 月，在美国加州大学旧金山分校作短期访问研究。

5 月，被聘为浙江大学化学系兼职教授。

主持重大基金项目《典型化学污染物在环境中的变化及生态效应》通过基金委中期检查。

主持《化学污染物环境行为及生态毒理研究方法》专辑出版。

1995 年

担任 SCOPE 所属 SGOMSEC（化学品安全性评价方法科研组）成员。

受国家环保局委托，开展了中国持久性有机污染物的初步调查，为中国代表团参加《有关持久性有机污染物的斯德哥尔摩公约》谈判提供了重要科学依据。

负责重大项目专题《多环芳烃衍生物在环境中的表征及光化学行为研究》。

研制煤飞灰多环芳烃一级环境标准参考物质。

年底，当选为中国科学院院士。

负责的"有毒有机物环境化学行为及毒理研究"获得中国科学院自然科学奖三等奖。

1996 年

6 月，主持重大基金项目《典型化学污染物在环境中的变化及生态效应》通过基金委结题验收。

负责重大基金子课题《多环芳烃衍生物在环境中的表征及光化学行为》。

负责《环境中 PCB 的不同毒性异构体的表征及其行为研究》。

1997 年

3 月，与魏复盛、阎吉昌等人合著《水和废水监测分析方法指南》（下册），由中国环境科学出版社出版。

7—8 月，在中国化学会第六届分析化学年会暨第五届微量技术痕量分析会议上提交《痕量多环芳烃及其衍生物分析若干进展》。

11 月 17—18 日，在上海参加中国环境诱变剂学会第二届第三次理事会和第八届学术会议。

1998 年

主持的"硝基多环芳烃综合研究"项目获得国家自然科学奖三等奖。

10 月，主编的《典型化学污染物在环境中的变化及生态效应》一书由科学出版社出版。

11 月，担任中国化学会理事。

1999 年

10 月，主持的"典型化学污染物在环境中的变化及生态效应"重大基金获中国科学院自然科学一等奖（获奖第一人）。

被聘为上海交通大学兼职教授。

被聘为持久性污染物（POP）国家技术协调组成员。

以第一负责人身份参加的"典型化学污染物在环境中的变化及生态效应"获得中国科学院自然科学奖一等奖。

2000 年

4月13—18日，参加在北京召开的国际科联环境问题科学委员会扩大执委会暨快速发展地区的生态发展：技术、规划与管理研讨会（SCOPE EC2000）。

6月4日，担任中国化学会环境化学委员会主任。

6月18日，应邀出席第一届两岸分析化学研讨会暨第八届分析化学技术交流研讨会，任代表团团长。

12月1—5日，参加第五届中德色谱研讨会。

2001 年

5月，参加在上海召开的环境基因组学和药物遗传学国际研讨会。

5月，为第四届中国北京高新技术产业国际周暨中国北京国际科技博览会提交题为《化学（物质）污染与可持续发展》的报告。

10月18日，获何梁何利奖科学技术进步奖。

领导组建了中国化学会环境化学专业委员会，倡导建立了每两年一届的全国环境化学学术大会的机制。

2002 年

7月，被聘为联合国环境规划署（UNEP）和全球环境基金委（GEF）科学技术咨询委员会成员（2002—2004年）。

组织并参加由浙江大学承办的中国化学会环境化学专业委员会第一届全国环境化学学术讨论会。

2004 年

春，去往浙江省、辽宁一带考察污染防治和污染的现状。

6月25日，全国人大常委会批准中国加入《斯德哥尔摩公约》。

2005年

4月22日，于西苑宾馆参加中国履行《斯德哥尔摩公约》国家实施方案第二次技术协调会。

11月，因"典型化学污染物环境过程机制及生态效应"获得国家自然科学奖二等奖。

11月19—20日，参加在江苏宜兴国际饭店召开的"流域优先污染物的管理与对策国际研讨会"，并做报告。

2006年

5月17—18日，参加POPs 2006论坛，获POPs杰出人物奖。

5月27日，为庆祝八十华诞，学生和同行在中国高等教育研究中心和友谊宾馆，召开"有机污染物环境化学前沿与环境可持续发展战略"研讨会。会上作"持久性有机污染物的污染与可持续发展"的报告（与傅珊、刘秀芬合作）。

2007年

3月，因摔伤被送入医院，随即被诊断出身患"阿尔茨海默病"，停止工作，卧床治疗。

2013年

9月，"徐晓白院士学术成长资料采集工程"立项。

获中国科学院杰出科技成就奖励。

2014年

3月27日，在北京去世。

4月2日，遗体告别仪式在八宝山举行。

附录二 徐晓白主要论著目录

[1] 徐晓白. 解放后的前中央研究院化学研究所[J]. 科学通报, 1950 (1-8): 326-326.

[2] 徐晓白. 关于波特列洛夫学说的简单介绍[J]. 自然科学, 1952 (1-5): 409-412.

[3] 徐晓白, 王新瑞, 崔仙航, 等. 库尔纳可夫(Н. С. Курнаков)学派的工作及物理化学分析的发展[J]. 化学通报, 1953 (8): 317-320+332.

[4] 徐晓白. 盐湖的分类[J]. 化学世界, 1958 (1-1): 122-125.

[5] 脱隆涅夫 ВГ, 徐晓白. 民主德国希有元素的研究及生产[J]. 化学通报, 1958 (11): 672.

[6] 鲁日娜娅 НП, 徐晓白. 氯化锂-氯化钾-氯化锶体系[J]. 化学学报, 1958 (1-6): 356-364.

[7] 徐晓白. 新型阴极材料六硼化镧简介[J]. 化学通报, 1964 (12): 34-40.

[8] 徐晓白, 郭可信. 六硼化镧于800及1000℃时在空气中的氧化作用[J]. 化学学报, 1965 (1-6): 271-277.

[9] 张惠民, 刘孚禹, 徐晓白. 三硫化二铈和一硫化铈的几种制备方法之

比较[J]. 硅酸盐学报, 1965（4）：251-254.

[10] 张丙乾，徐晓白，郭可信. 六硼化铈在高温空气中的氧化作用[J]. 化学学报, 1981（S）：90-95.

[11] 徐晓白，王菊思. 第182次美国化学会年会简介——环境化学分科部分[J]. 环境科学, 1982（3）：81.

[12] 徐晓白，彭美生，曹嘉正. 六硼化镧和六硼化铈与二氧化碳在高温下的作用[J]. 化学学报, 1982（1-6）：233-243.

[13] 徐晓白. 硝基多环芳烃——环境中最近发现的直接致突变物和潜在致癌物[J]. 环境化学, 1984（1）：1-17.

[14] 徐晓白，Dod R L，张世哲，等. 用X射线光电子能谱（ESCA）和加热释气分析法（EGA）初步探讨北京大气飘尘中硫和氮等的化学状态[J]. 环境科学学报, 1984（4）：392-400.

[15] 徐晓白，钟晋贤，金祖亮，等. 北京地区大气飘尘中检出潜在致癌物——硝基多环芳烃[J]. 环境科学学报, 1984（3）：296-300.

[16] 金祖亮，董淑萍，何宇联，李玉琴，徐晓白. 大气飘尘中硝基多环芳烃的高效液相色谱分析[J]. 环境化学, 1985（3）：25-30.

[17] 姚渭溪，崔文炬，何宇联，李玉琴，徐晓白. 锅炉烟道气中多环芳烃的测定[J]. 环境科学, 1987（3）：68-68.

[18] 沈建伟，徐晓白. IRPTC全球性有害化学品目录简介[J]. 环境科学, 1988（2）：96-97.

[19] 夏玲，陈宗良，徐晓白. 气相中挥发性有机酸的分析[J]. 环境化学, 1988（6）：45-52.

[20] 夏玲，陈宗良，徐晓白. 二甲苯-NO_2-空气体系的光化学反应研究[J]. 环境化学, 1988（5）：25-31.

[21] 金祖亮，董淑萍，李玉琴，徐晓白. 加压煤气化工艺排放废水中多环芳烃的分析[J]. 环境科学, 1988（1）：41-44.

[22] 徐晓白，蒋可，康致泉，等. 柴油机尾气颗粒物中硝基多环芳烃的分离和GC/MS研究[J]. 质谱学报, 1988（1）：1-9.

[23] 金祖亮，竺洒恺，徐晓白. 工业碳黑有机溶剂提取物的致突变性和

化学成分初探［J］. 卫生毒理学杂志，1988（2）：106-107.

［24］金祖亮，董淑萍，李玉琴，徐维并，徐晓白. 碳黑中的硝基多环芳烃分析［J］. 环境化学，1988（1）：28-33.

［25］王西奎，金祖亮，徐晓白. 鲁奇煤气化工艺低温煤焦油中酚类化合物的 GC-MS 研究［J］. 环境化学，1989（4）：16-23.

［26］徐晓白. 生命与环境［J］. 现代化杂志，1989（9）：42-48.

［27］蒋可，徐晓白. 质谱/质谱法快速检出国产五氯酚中的痕量剧毒杂质——四氯二苯并呋喃［J］. 环境科学学报，1990（1）：96-100.

［28］徐晓白. 有毒有机化合物环境转归和潜在毒性研究若干动态［J］. 环境化学. 1991（3）：36-41.

［29］李钧，金祖亮，张大仁，徐晓白. HPLC 法分析硝基多环芳烃——还原剂的选择与还原产物萃取性能研究［J］. 环境化学，1991（6）：36-45.

［30］王西奎，金祖亮，徐晓白. 气相色谱保留指数法测定细菌细胞脂肪酸的研究［J］. 色谱，1992（1-6）：92-94.

［31］刘国光，金祖亮，徐晓白. 灭幼脲（Ⅲ）在甲醇中的光解作用［J］. 环境化学，1992（3）：7-16.

［32］刘国光，金祖亮，徐晓白. 灭幼脲（Ⅲ）在模拟大气条件下光解行为的研究［J］. 环境科学学报，1992（2）：200-208.

［33］金祖亮，沈晓航，陈恩泽，徐晓白. 高效液相色谱与热能分析联用测定血液中的硝酸甘油浓度［J］. 色谱，1992（1-6）：158-160.

［34］沈建伟，竺乃恺，金祖亮，徐晓白. 2-硝基芴在大鼠肝匀浆 S-9 组分作用下的还原代谢［J］. 环境科学学报，1992（2）：209-215.

［35］王西奎，金祖亮，徐晓白，等. 鲁奇低温煤焦油的致突变性及致突变性组分的鉴定［J］. 环境科学学报，1992（3）：306-315.

［36］刘国光，徐晓白. 灭幼脲类农药对非靶生物的影响及其在生物体内的代谢［J］. 环境科学，1993（6）：47-51.

［37］刘国光，徐晓白. 灭幼脲（Ⅲ）在水相中光解产物的鉴定［J］. 环境化学，1993（1）：47-52.

[38] 余刚，徐晓白. 硝基多环芳烃的正辛醇—水分配系数 [J]. 环境化学，1993（4）：299-303.

[39] 余刚，徐晓白. 硝基多环芳烃的致突变活性—结构关系研究进展 [J]. 重庆环境科学，1993（5）：34-38.

[40] 刘国光，徐晓白. 灭幼脲类农药对非靶生物的影响及其在生产体内的代射 [J]. 环境科学，1993（6）：47-50.

[41] 徐晓白，彭美生，曹嘉正. 六硼化镧和六硼化铈与二氧化碳在高温下的作用 [J]. 化学学报，1993（1-6）：233-243.

[42] 崔文垣，姚渭溪，徐晓白. 燃煤污染源多环芳烃的排放规律及其分布特征 [J]. 环境科学学报，1993（1-4）：317-325.

[43] 许后效，徐晓白. 尿中烷化核酸碱基的研究进展 [J]. 化学进展，1994（1-4）：151-161.

[44] 刘国光，徐晓白. 环境中灭幼脲类农药的监测方法及其迁移转化情况 [J]. 环境科学研究，1994（1）：57-61.

[45] 余刚，徐晓白. 利用反相高效液相色谱法测定硝基多环芳烃的正辛醇—水分配系数和水溶解度 [J]. 中国科学院研究生院学报，1994（2）：178-181.

[46] 余刚，徐晓白. 硝基多环芳烃的致突变性理化参数之间的定量结构活性关系 [J]. 重庆环境科学，1994（2）：13-16，41.

[47] 储少岗，徐晓白. 鱼组织中多环芳烃的测定 [J]. 环境科学学报，1994（1-4）：229-236.

[48] 庞叔薇，徐晓白. 典型化学物质的环境行为和生态毒理学研究动态 [J]. 化学进展，1994（1-4）：48-62.

[49] 马明生，徐晓白. 还原—衍生化高分辨气相色谱法测定复杂样品中痕量硝基多环芳烃（NO_2-PAH）的研究 [J]. 环境科学学报，1994（1-4）：374-380.

[50] 王海，习志群，徐晓白. 有机化合物光解实验室模拟测定法 [J]. 环境化学，1994，（3）：210-213.

[51] 余刚，徐晓白，张甬元，等. 硝基多环芳烃在鱼水系统中的归趋和

生物浓缩因子的研究［J］. 环境科学学报，1994（1-4）：32-39.

［52］马明生，徐晓白，康致泉，等. 城市水样中首次检出痕量硝基多环芳烃（NO_2-PAH）［J］. 环境化学，1994（1-6）：543-550.

［53］储少岗，杨春，徐晓白，等. 典型污染地区底泥和土壤中残留多氯联苯（PCBs）的情况调查［J］. 中国环境科学，1995（1-3）：199-203.

［54］苗秀生，储少岗，徐晓白，等. 衍生化气相色谱法测定黄磷诱发氧化水中苯酚降解产物［J］. 环境化学，1995（1-6）：436-442.

［55］姚滑溪，杨春，徐晓白. 超临界流体提取造纸漂白废水中多氯联苯的方法研究［J］. 自然科学进展，1995（1-6）：491-496.

［56］习志群，储少岗，徐晓白，等. 多氯联苯对鲫鱼血液电解质的影响［J］. 环境科学，1995（2）：1-3+91.

［57］徐晓白，祝心如. 化学与生态学交叉学科的前沿研究领域［J］. 中国科学基金，1996（1-4）：270-274.

［58］柳大纲，陈敬清，徐晓白，等. 茶卡盐湖物理化学调查研究［J］. 盐湖研究，1996，（3）：20-42.

［59］徐晓白. 化学（物质）污染与可持续发展［J］. 中国科学院院刊，1996（1-6）：361-365.

［60］徐晓白. 第十三届会议的主要议题为《替代的（毒性）试验方法》［J］. 环境化学，1997（3）：296.

［61］余刚，徐晓白. 草鱼在2-硝基芴试验液中暴露后鳃组织结构变化的初步研究［J］. 环境科学，1997（1）：1-10.

［62］徐晓白，秦涛. 化学品安全性研究若干动态［J］. 癌变. 畸变. 突变，1997（6）：331-332.

［63］储少岗，徐晓白，蔡美琳. 环境样品中非邻位取代共平面多氯联苯的测定［J］. 环境化学，1997（1-6）：327-333.

［64］刘淑芬，蒋湘宁，徐晓白. 硝基多环芳烃的DNA加合物分析［J］. 中国药理学与毒理学杂志，1997（2）：57-57.

［65］徐晓白. 化学（物质）污染与可持续发展［J］. 科学中国人，1997（5）：4-13.

[66] 杜克久, 徐晓白. 环境雌激素研究进展 [J]. 科学通报, 1998, 13 (24): 2241-2252.

[67] 徐晓白. 化学（物质）污染与可持续发展 [J]. 知识就是力量, 1999 (4): 46-48.

[68] 杜克久, 徐晓白. 环境雌激素研究进展 [J]. 科学通报, 2000, 13 (24): 2241-2241.

[69] 徐晓白. 化学（物质）污染与可持续发展 [J]. 国际技术贸易市场信息, 2001 (2): 72-73.

[70] 魏爱雪, 徐晓白. 浅谈风险评价在有毒化学品管理中的作用 [J]. 环境工程学报, 2002 (2): 91-94.

[71] 徐晓白, 陈会明, 秦涛. 脱氧核糖核酸加合物分析技术进展 [J]. 分析化学, 2003 (7): 865-873.

[72] 胡克源, 徐晓白. 忆纪如老师 [J]. 化学通报, 2004 (1): 5-6.

[73] 魏爱雪, 徐晓白. 环境雌激素对男性生育因子的破坏作用 [J]. 环境化学, 2004 (6): 707-712.

[74] 赵汝松, 徐晓白, 刘秀芬. 液相微萃取技术的研究进展 [J]. 分析化学, 2004 (9): 1246-1251.

[75] 胡克源, 胡亚东, 徐晓白. 柳大纲先生传略 [J]. 科学（上海）, 2004 (6): 46-49.

[76] 魏爱雪, 徐晓白. 环境中邻苯酸酯类化合物污染研究概况 [J]. 环境污染治理技术与设备, 2005 (7): 89-93.

[77] 秦占芬, 徐晓白. 非洲爪蟾在生态毒理学研究中的应用：概述和实验动物质量控制 [J]. 科学通报, 2006 (8): 873-878.

[78] 秦占芬, 徐晓白. 生态学：非洲爪蟾在生态毒理学研究中的应用：概述和实验动物质量控制 [J]. 中国学术期刊文摘, 2006 (19): 8-8.

[79] Xu Xiaobai, Wang Liansheng, Dai Shugui, Huang Yuyao. Mechanism for the environmental process & ecological effects of typical chemical pollutants [J]. 中国科学院院刊（英文版）, 2007 (1): 53-54.

[80] Xu Xiao-bai, Song Ning. Optimization of experimental conditions in

studies on metabolism of 4 nitrobiphenyl[J]. 环境科学学报（英文版），1998.

[81] Xu Xiaobai, Pang Shuwei. Briefing of activities relating to the studies on the environmental behavior and eco-toxicology of toxic organics[J]. 环境科学学报（英文版），1992.

[82] Xu Xiaobai, Nachtman JP, Jin ZL, et al. Isolation and identification of mutagenic nitro-PAH in diesel-exhaust particulates [J]. Analytica Chimica Acta, 1982,136（Apr）: 163-174.

[83] Xu Xiaobai, Jin ZL. High-performance liquid-chromatographic studies of environmental carcinogens in China [J]. Journal of Chromatography, 1984, 317（Dec）: 545-555.

[84] Xu Xiaobai, Burlingame AL. Environment application of organic mass spectromentry in China [J]. Biomedical and Environmental Sciences, 1988, 1（3）: 253-269.

[85] Xu Xiaobai, Zhao LX, Li YQ, et al. A preliminary study of the changes in the direct-acting mutagenicities of several nitropolycyclic aromatic hydrocarbons after exposure under sunlight [J]. Biomedical and Environmental Sciences, 1988,1（1）: 83-89.

[86] Xu Xiaobai, Pang SW. Briefing of activities relating to the studies on the environmental behavior and ecotoxicology of toxic organics [J]. Journal of Environmental Sciences, 1992,4（4）: 3-9.

[87] Xu Xiaobai, Chu SG. Application of chromatographic studies of air pollution in China [J]. Joural of Chromatography A, 1995, 710（1）: 21-37.

[88] Xu Xiaobai, Kaur S, Maltby D, Burlingame A. Xenobiotically modified human hemoglobin studied by electrospray mass spectrometry [J]. Chinese Chemical Letters, 1995, 6（5）: 399-402.

[89] Environmental Chemistry of Organic Pollutants and Environmental Strategy for Sustainable Development [M]. CCAST-WL Workshop Series. 175: 2006.

参考文献

[1] 邮传部：筹办商船学校大概情形折［C］// 潘懋元，刘海峰. 高等教育. 上海：上海教育出版社，1993.

[2] 吴淞商船专科学校同学会. 吴淞商船专科学校校史［M］. 1996.

[3] 洪卜仁. 厦门航运百年［M］. 厦门：厦门大学出版社，2010.

[4] 张美平. 民国外语教学研究［M］. 杭州：浙江大学出版社，2012.

[5] 梁树权，徐晓白. 硫酸钡法测定硫［J］. 中国化学会会志，1950，17（2）：19-29.

[6] 梁树权，徐晓白. 钼及钨的测定Ⅳ. 以钼酸钡形式测定钼［J］. 中国化学会会志，1950，17（2）：89-104.

[7] 上海解放［M］. 北京：中国档案出版社，2009.

[8] 万良. 创造奇迹的人们［M］. 武汉：湖北教育出版社，2001.

[9] 陈斯文，陈雅丹. 摘下绽放的北极星（下卷）［M］. 北京：中国科学技术出版社，2008.

[10] 徐晓白. 解放后的前中央研究院化学研究所［J］. 科学通报，1950（5）：326.

[11] 胡克源，胡亚东，徐晓白. 柳大纲传略［C］// 柳大纲科学论著选集. 北京：科学出版社，1997.

[12] 胡克源，徐晓白. 忆纪如老师［C］// 仪征文史资料第 11 辑 柳大纲纪念文

集．政协仪征市委员会学习、文史资料研究委员会编．1998．

[13] 张均仁．对柳大纲老师的怀念［C］//仪征文史资料第11辑 柳大纲纪念文集．政协仪征市委员会学习、文史资料研究委员会编．1998．

[14] 霍为尔．访中国科学院长春综合研究所［N］．东北日报，1955-09-25．

[15] 武衡．东北区科学技术发展史资料 解放战争时期和建国初期（二）科研管理卷［M］．北京：中国学术出版社，1986．

[16] 武衡．吴学周所长组织上海物理化学所搬迁长春的前前后后［C］//中国科学院长春应用化学研究所，江西省政协文史资料研究委员会，萍乡市政协文史资料研究委员会．吴学周．合肥：黄山书社，1993．

[17] 长春市政协文史和学习委员会：吴学周［C］//吴学周日记．1997．

[18] 高小霞．吴所长风范永存［C］//中国科学院长春应用化学研究所，江西省政协文史资料研究委员会，萍乡市政协文史资料研究委员会．吴学周．合肥：黄山书社，1993．

[19] 柳大纲，徐晓白等．卤磷酸钙系日光灯荧光料制备研究［C］//仪征文史资料第11辑柳大纲纪念文集．政协仪征市委员会学习、文史资料研究委员会编．1998．

[20] 马彰，中国甜菜糖业发展史料［M］．沈阳：辽宁人民出版社，1986．

[21] 王扬宗，曹效业．中国科学院院属单位简史（第一册，上）［M］．北京：科学出版社，2010．

[22] 杨小林．化学研究所——访谈胡亚东［C］//胡亚东等．中关村科学城的兴起（1953-1966）．长沙：湖南教育出版社，2009．

[23] 米哈伊尔·阿·克罗契科．一位苏联科学家在中国［M］．长沙：湖南教育出版社，2010．

[24]《当代中国》丛书编辑部．中国科学院（上）［M］．北京：当代中国出版社，1994．

[25] 柳大纲，陈敬清，徐晓白，等．茶卡盐湖物理化学调查研究［J］．盐湖研究，1996（3-4）．

[26] 徐晓白．盐湖的分类［J］．化学世界，1958（3）．

[27] 徐晓白．新型阴极材料六硼化镧简介［J］．化学通报，1965（12）．

[28] 徐晓白，郭可信．六硼化镧于800及1000℃时在空气中的氧化作用［J］．化学学报，1965（4）：271-277．

［29］徐晓白，彭美生，曹嘉正. 六硼化镧和六硼化铈与二氧化碳在高温下的作用［J］. 化学学报，1993（1-6）：233-243.

［30］徐晓白，蒋可，康致泉，等. 柴油机尾气颗粒物中硝基多环芳烃的分离和GC/MS研究［J］. 质谱学报，1988，9（1）：1-9.

［31］徐晓白. 硝基多环芳烃——环境中最近发现的直接致突变物和潜在致癌物［J］. 环境化学，1984（1）：1-16.

［32］姚渭溪，徐晓白，何玉联，等. 锅炉烟道气中多环芳烃的测定［J］. 环境科学，1987（3）：68-72.

［33］徐晓白. 有毒有机化合物环境转归和潜在毒性研究若干动态［J］. 环境化学，1991（3）：36-40.

［34］徐晓白，戴树桂，黄玉瑶. 典型化学污染物在环境中的变化及生态效应［M］. 北京：科学出版社，1998.

［35］铁铮. 如何面对化学品充斥的世界——中科院院士徐晓白一席谈［C］// 绿色风云集. 北京：中国传媒大学出版社，2006.

［36］闫宏飞，解志涛. 创造美好环境的女化学家——记中国科学院生态环境研究中心徐晓白院士［J］. 中国科技奖励，2006（8）：30-34.

［37］杨凤城. 中国共产党的知识分子理论与政策研究［M］. 北京：中共党史出版社，2005.

后 记

　　我们与徐院士的第一次见面，是在她那间不大的卧室里，当时她已经身患重病不得不卧倒于狭窄的床上。听了对我们小组成员的介绍之后，她坐起来看着我们，但并没有说话。在与徐院士第一次会面之前，我们已经阅读过她的相关资料，最初产生的想象，徐院士应是一位干练、矍铄，又不乏慈祥的女科学家，但在真正见面后，徐院士的情形令我们心中伤感，岁月令她白发苍苍，因为病痛她行动不便，身体浮肿，目光茫然，这一切都令我们不胜唏嘘。

　　那时候的徐院士，已经因为阿尔茨海默病，记忆缺失，无法接受小组的任何访谈。所幸她的丈夫、中国科学院生态环境研究中心的胡克源研究员热情接待了我们。胡先生既是徐院士的亲人，也是与她一起并肩工作了半个多世纪的同事，他们是生活和事业上最亲密的伙伴。从20世纪40年代末期起，他们便一同在我国老一辈的化学家柳大纲先生门下学习，在无机化学的研究道路上共同奋进；中华人民共和国成立后不久，他们来到长春，为建设祖国的东北默默奉献；20世纪50年代中期以后，他们调到中国科学院化学研究所，开展新事业。"文化大革命"风暴后，他们在新成立的中国科学院环境化学研究所，即今日的中国科学院生态环境研究中心潜心科研，一边培养学生，一边探索环境化学的新方向。胡先生对徐院士的学术成长之路十分了解。他在照顾病人之余,为我们的采集工作指出了工作方向。在胡先生的指点下,我们前去拜访了徐院士的同事、朋友、学生,听他们讲述了徐院士的过往。我们所访谈的每一位先生,都毫无保留,向我们描述着他们所知道的徐晓白,回忆与徐院士相处的一点一滴。我们深深感到,每一位受访者对徐院士的情感都十分真挚。从徐院士的同事和朋友的叙述中,我们体会到她对工作的认真、对化学事业的执着。徐院士的学生们,如今许多都是化学行业里的科研带头人,他们深情地回忆起老师当年对自己的殷殷教导和慈母般的情怀,感怀不已。通过这些讲述,我们渐渐能够把徐院士的一生,把她走过的每一步脚印在脑海中串了起来,徐院士在我们心中的形象越来越清晰,她的学术和人格魅力令我们小组的每一个人都深深景仰!

印象很深的一件事是,郑明辉研究员和我们提起徐院士为人非常亲切,她总是怕麻烦别人,80 岁的时候还总是四处出差,在外面调研的时候,年轻人考虑到她年岁较大,需要照顾,但她总是拒绝,很怕麻烦别人。不仅如此,徐院士做学问、做事情都事必躬亲,为了争取课题经费,为了给学生们找合用的实验仪器,她总是四处去找人帮忙,丝毫没有院士的架子。

我们总是感慨徐院士对生活要求很低,她从不关心自己的日常吃穿,而是把全部精力都投入到了工作中。晚年的她,衣着打扮和留存下来的 20 世纪 40 年代的老照片中那位知性、美丽、活泼的上海摩登女郎的形象反差太大了。记得有一件事,徐院士老年时不讲究穿戴,在与国外公司合作的一个项目谈判上,外国代表看到这位有点"土气"的老太太,面上表现出了轻视。结果徐院士一开口,她那流利的英文和精深广博的知识面,令在场的外国代表十分惊讶,事后提起徐院士,所有人都敬佩不已。徐院士总是这样平实,她靠的是人格魅力和睿智来征服周围的人。徐院士的女儿胡永洁女士告诉我们,她眼中的母亲虽然衣着朴素,但是内心却很喜欢美丽的事物。她总是尽可能把女儿打扮得漂漂亮亮,在她生病期间,如果谁送来了一束漂亮的花儿,她的脸上也会露出愉悦的神情。

就这样,我们用了一年多的时间专门采集口述资料,通过不同人的回忆，我们渐渐了解到有关徐晓白院士的一系列往事。口述为我们的写作提供了大量有用的线索和资料。

但令人遗憾的是，在我们的采集工作刚展开不久，2014年3月27日，徐晓白因病抢救无效，在北京逝世。噩耗传来，小组成员潸然泪下。在八宝山殡仪馆大厅里，伴随着缓缓的哀乐，电子屏幕上一遍又一遍遍播放着徐院士从青年时代以来的一幅幅照片，我们的脑海里也一遍遍回忆起徐院士的事迹，我们都为她的离去深感遗憾和痛心。

在徐院士去世以后，我们争分夺秒开始了抢救性的采集。在克服了失去亲人的巨大悲痛后，胡克源研究员也加入到我们的工作中来，他不顾年老体迈，每天花费好几个小时的时间，整理徐晓白院士的遗作和遗物，精心帮我们挑选和整理出大量的材料。他将各种相关材料进行分类，并仔细标注好。我们感念他的辛苦，他却说，因为整理这些材料，他回忆起了过去很多美好的事情，对妻子的经历有了许多新的理解，也越来越觉得妻子很了不起。他多次邀请我们到家里筛选和整理材料，多次热情挽留我们，用丰盛的饭菜招待我们。每次找到新的材料，他总是第一时间打电话告知我们。遇到他不熟悉的事件或背景，他便热心为我们推荐书籍，为我们介绍可以去访谈的对象。胡克源研究员为我们的采集工作付出了大量的心血，令我们深深感受到一位老科学家忘我奉献的精神。同时，他还抽出时间，向我们讲述他所知道的徐院士的点滴故事。随着时间的流逝，徐院士的形象越来越鲜明，我们的了解越来越深刻，也愈发为徐晓白院士执着、奉献的科学精神所感动。

2015年秋天，采集小组已经采集并整理了大量与徐院士相关的资料，我们一边参加课题验收，一边开展了传记的写作。通过一年多的努力，传记已成稿，经中国科协采集工程管理办公室专家的审读后我们又做了大量修改。虽然在写作中我们已经尽可能根据已有材料还原徐院士的生平，但是书稿还存许多遗漏和欠缺，请读者体谅！要说的是，本小组的工作不限于本书稿，在未来的日子里，我们还将择机对徐院士的学术成长特点做进一步的深入研究！

在这里，我们向每一位为徐晓白院士学术成长资料采集工程提供了帮助的人们致以真诚的谢意！首先要感谢胡克源研究员为采集工作的顺利开展做出的重要贡献，他既帮助我们整理资料，又多次为我们修改传记，鼓励我们安心开展工作。同时感谢朱桐、王仲钧、张赣南、招禄基、蒋国澄、彭美生（已故）、金祖亮、钟晋贤、许后效、魏爱雪、蒋湘宁、郑明辉、余刚、刘国光、秦占芬、李兴红等诸位先生百忙之中抽出时间来接受我们的访谈，并提供给我们大量宝贵的材料和线索。尤其感谢郑明辉研究员帮助我们校订传记！感谢傅珊博士和胡永洁女士多次为我们沟通，最大程度给予我们方便和帮助！还要感谢中国科协采集工程首席专家张藜教授的指导和宽容！感谢中国科学院大学罗兴波博士的鼓励和协助！

尽管徐晓白院士已经永远离开我们了，但是每一位认识她的人都在想念着她，在深深怀念着她！

本传记由胡晓菁主笔，黄少凯撰写学科专业内容，黄艳红补充并修订。

胡晓菁、黄少凯、黄艳红

2017 年 8 月 16 日

老科学家学术成长资料采集工程丛书
已出版（100种）

《卷舒开合任天真：何泽慧传》　　　　《此生情怀寄树草：张宏达传》
《从红壤到黄土：朱显谟传》　　　　　《梦里麦田是金黄：庄巧生传》
《山水人生：陈梦熊传》　　　　　　　《大音希声：应崇福传》
《做一辈子研究生：林为干传》　　　　《寻找地层深处的光：田在艺传》
《剑指苍穹：陈士橹传》　　　　　　　《举重若重：徐光宪传》

《情系山河：张光斗传》　　　　　　　《魂牵心系原子梦：钱三强传》
《金霉素·牛棚·生物固氮：沈善炯传》　《往事皆烟：朱尊权传》
《胸怀大气：陶诗言传》　　　　　　　《智者乐水：林秉南传》
《本然化成：谢毓元传》　　　　　　　《远望情怀：许学彦传》
《一个共产党员的数学人生：谷超豪传》《没有盲区的天空：王越传》

《含章可贞：秦含章传》　　　　　　　《行有则　知无涯：罗沛霖传》
《精业济群：彭司勋传》　　　　　　　《为了孩子的明天：张金哲传》
《肝胆相照：吴孟超传》　　　　　　　《梦想成真：张树政传》
《新青胜蓝惟所盼：陆婉珍传》　　　　《情系粱菽：卢良恕传》
《核动力道路上的垦荒牛：彭士禄传》　《笺草释木六十年：王文采传》

《探赜索隐　止于至善：蔡启瑞传》　　《妙手生花：张涤生传》
《碧空丹心：李敏华传》　　　　　　　《硅芯筑梦：王守武传》
《仁术宏愿：盛志勇传》　　　　　　　《云卷云舒：黄士松传》
《踏遍青山矿业新：裴荣富传》　　　　《让核技术接地气：陈子元传》
《求索军事医学之路：程天民传》　　　《论文写在大地上：徐锦堂传》

《一心向学：陈清如传》　　　　　　　《钤记：张兴钤传》
《许身为国最难忘：陈能宽》　　　　　《寻找沃土：赵其国传》
《钢锁苍龙　霸贯九州：方秦汉传》　　《虚怀若谷：黄维垣传》
《一丝一世界：郁铭芳传》　　　　　　《乐在图书山水间：常印佛传》
《宏才大略：严东生传》　　　　　　　《碧水丹心：刘建康传》

《我的气象生涯：陈学溶百岁自述》　《我的教育人生：申泮文百岁自述》
《赤子丹心 中华之光：王大珩传》　《阡陌舞者：曾德超传》
《根深方叶茂：唐有祺传》　《妙手握奇珠：张丽珠传》
《大爱化作田间行：余松烈传》　《追求卓越：郭慕孙传》
《格致桃李伴公卿：沈克琦传》　《走向奥维耶多：谢学锦传》
《躬行出真知：王守觉传》　《绚丽多彩的光谱人生：黄本立传》
《草原之子：李博传》

《宏才大略 科学人生：严东生传》　《探究河口 巡研海岸：陈吉余传》
《航空报国 杏坛追梦：范绪箕传》　《胰岛素探秘者：张友尚传》
《聚变情怀终不改：李正武传》　《一个人与一个系科：于同隐传》
《真善合美：蒋锡夔传》　《究脑穷源探细胞：陈宜张传》
《治水殆与禹同功：文伏波传》　《星剑光芒射斗牛：赵伊君传》
《用生命谱写蓝色梦想：张炳炎传》　《蓝天事业的垦荒人：屠基达传》
《远古生命的守望者：李星学传》

《善度事理的世纪师者：袁文伯传》　《化作春泥：吴浩青传》
《"齿"生无悔：王翰章传》　《低温王国拓荒人：洪朝生传》
《慢病毒疫苗的开拓者：沈荣显传》　《苍穹大业赤子心：梁思礼传》
《殚思求火种　深情寄木铎：黄祖洽传》　《仁者医心：陈灏珠传》
《合成之美：戴立信传》　《神乎其经：池志强传》
《誓言无声铸重器：黄旭华传》　《种质资源总是情：董玉琛传》
《水运人生：刘济舟传》　《当油气遇见光明：翟光明传》
《在断了 A 弦的琴上奏出多复变
　　最强音：陆启铿传》　《微纳世界中国芯：李志坚传》
　《至纯至强之光：高伯龙传》
《弄潮儿向涛头立：张乾二传》　《材料人生：涂铭旌传》
《一爆惊世建荣功：王方定传》　《寻梦衣被天下：梅自强传》
《轮轨丹心：沈志云传》　《海潮逐浪镜水周回：童秉纲口述
《继承与创新：五二三任务与青蒿素研发》　　人生》